职业技能等级认定学练丛书

货装值班员

中国铁路呼和浩特局集团有限公司　编

中国铁道出版社有限公司

2024年·北京

内容简介

本书是中国铁路呼和浩特局集团有限公司组织编写的职业技能等级认定学练丛书之一，适用于货装值班员工种。内容包括货装值班员中级工、高级工、技师应熟悉和掌握的职业技能问答题目各100题，以及中级工、高级工、技师模拟考核项目各20项，职工通过学习可以提升实作技能。

图书在版编目（CIP）数据

货装值班员/中国铁路呼和浩特局集团有限公司编. —北京：中国铁道出版社有限公司，2024.3
（职业技能等级认定学练丛书）
ISBN 978-7-113-30973-2

Ⅰ.①货… Ⅱ.①中… Ⅲ.①铁路运输-货物运输-装卸工艺-职业技能-鉴定-教材 Ⅳ.①U294.26

中国国家版本馆CIP数据核字(2024)第044807号

书　　名：货装值班员
作　　者：中国铁路呼和浩特局集团有限公司

责任编辑：聂宏伟　李纯一　　　**编辑部电话：**(010)51873024
封面设计：刘　莎
责任校对：苗　丹
责任印制：高春晓

出版发行：中国铁道出版社有限公司(100054，北京市西城区右安门西街8号)
网　　址：http://www.tdpress.com
印　　刷：北京联兴盛业印刷股份有限公司
版　　次：2024年3月第1版　2024年3月第1次印刷
开　　本：787 mm×1 092 mm　1/16　**印张：**17.5　**字数：**394千
书　　号：ISBN 978-7-113-30973-2
定　　价：115.00元

编　委　会

前　言

为进一步提高铁路职工教育培训的针对性和实效性，大力促进全局职工队伍岗位技能达标，2015 年劳动和卫生部组织专业技术人员编写了“铁路特有工种操作技能鉴定学练丛书”。该丛书为同期职业技能鉴定培训提供了有力的支撑，在铁路高技能人才培养选拔、落实全员持证上岗制度和确保运输生产安全稳定发展方面发挥了重大的作用。

随着我国铁路建设的持续发展，新技术、新设备不断更新应用，铁道行业标准、《铁路技术管理规程》等规章标准相应提升变化，丛书的范围和内容已经不能适应新时代铁路职工职业技能等级认定培训学习需求，急需进行修订完善和扩充拓展。

党的二十大报告要求，深入实施人才强国战略。为落实二十大精神，集团公司在技能人才队伍培养方面推出了一系列的新举措。其中，丛书修订完善作为一项重要工作进行落实，在对 62 个铁路特有工种进行修订完善的基础上，将丛书拓展为 90 个铁路特有工种和 8 个通用工种，并更名为“职业技能等级认定学练丛书”。

“职业技能等级认定学练丛书”在编写内容上力求体现以“优化职业活动为导向，以提升职业技能为核心”为指导思想，以“国家职业标准”“铁路特有工种技能培训规范”“高速铁路岗位培训规范”等为标准，以客观评价职工操作技能水平为目标，力求知识的系统性、连贯性和精炼性，突出针对性、典型性和适用性。

“职业技能等级认定学练丛书”是铁路职工职业等级认定操作技能考试前培训和自学教材，对职工各类在职教育和考试也有重要的参考价值。

“职业技能等级认定学练丛书”的编写是一项系统性、全面性的工作，工作难度比较大。在丛书的编写和审定过程中得到了集团公司职培部、各业务部及有关单位的大力支持和帮助，在此表示感谢！由于编写水平有限，加之时间仓促，恳请读者提出宝贵意见和建议。

中国铁路呼和浩特局集团有限公司

2023 年 9 月

目　　录

第一部分　中　级　工

第二部分　高　级　工

第三部分　技　　师

第一部分　中　级　工

1. 篷布是如何分类的?(《货车篷布管理规则》第3条)

答:篷布是铁路货车辅助用具,按产权分为铁路篷布和自备篷布。铁路篷布是承运人提供的篷布。自备篷布是托运人购置的篷布。

2. 篷布的使用范围是什么?(《货车篷布管理规则》第7条)

答:篷布仅用于苫盖敞车装运的怕湿、易燃货物或其他需要苫盖篷布的货物。毒害品、腐蚀性物品及污染性物品不得使用铁路篷布。

3. 装车使用的篷布必须符合哪些要求?(《货车篷布管理规则》第10条)

答:装车使用的篷布必须质量良好,篷布绳齐全,标记、号码完整清晰。篷布不得横苫、垫车、苫在车内。

4. 铁路篷布如何存放保管?(《货车篷布管理规则》第25条)

答:铁路篷布应固定存放地点,妥善保管,进行日常整理和晾晒,运用、待修、待报废篷布应分别码放。搬运过程中,严禁在地面拖拉篷布。

5. 篷布号码如何编制?(《货车篷布管理规则》第43条)

答:篷布编号由国铁集团货运部统一公布。铁路篷布采用7位编号,第1位是生产年份,后6位为顺序号。自备篷布采用9位编号,前4位为生产年份和月份,后5位为顺序号。

6. 篷布苫盖前的质量检查要求是什么?(《货车篷布管理规则》附件1)

答:布体完整,无破损,眼圈完好,标记、号码完整清晰。绳索齐全、完整、无接头、插接牢固,与篷布连接正确。

7. 如何苫盖篷布绳网?(《货车篷布管理规则》附件1)

答:苫盖篷布绳网时,网要盖正,网眼完全张开,与篷布密贴。先从车辆两侧拴结,使篷布绳网完全盖住篷布,最后拴结车辆两端的拴结点。篷布绳网与货车的捆绑按照篷布与货车的捆绑要求办理。

8. 加固货物所用绳索或加固线捆绑拴结后的余尾部分长度有何要求?(《铁路货物装载加固规则》第 24 条)

答:加固货物时,所用绳索或加固线捆绑拴结后的余尾部分,长度一般不得超过 300 mm,不短于 100 mm;超过 300 mm 时应采取有效措施予以固定。

9. 圆柱形货物如何加固?(《铁路货物装载加固规则》第 45 条)

答:圆柱形货物可选用适当规格和材质的凹木、三角挡、座架等材料和装置,并采取腰箍下压、拉牵等方式进行加固。

10. 铁路货物装载加固方案分为哪几种?(《铁路货物装载加固规则》第 61 条)

答:铁路货物装载加固方案分为装载加固定型方案(简称定型方案)、装载加固暂行方案(简称暂行方案)和装载加固试运方案(简称试运方案)。

11. 托运哪些货物应记明货物的容许运输期限?(《铁路货物运输规程》第 12 条)

答:托运易腐货物、"短寿命"放射性货物时,应记明货物的容许运输期限。容许运输期限至少须大于货物运到期限三天。

12. 何谓货物交付完毕?(《铁路货物运输规程》第 35 条)

答:承运人组织卸车和发站由承运人组织装车到站由收货人组织卸车的货物,在向收货人点交货物或办理交接手续后,即为交付完毕;发站由托运人组织装车,到站由收货人组织卸车的货物,在货车交接地点交接完毕,即为交付完毕。

13. 货物应如何堆码?(《铁路货物运输管理规则》第 6 条)

答:货物应稳固、整齐地堆码在指定货位上。整车货物要定型堆码,保持一定高度。零担和集装箱货物,要按批堆码,货签向外,留有通道。需要隔离的,应按规定隔离。货物与线路或站台边缘的距离必须符合规定。

14. 车站应如何做好取送车作业?(《铁路货物运输管理规则》第 12 条)

答:车站应做好日班装车作业计划和卸车预确报工作,并根据装卸作业、待装货物和货位情况,确定取送车计划,及时取送。送车要对准货位。装卸作业始末时间和取送车始末时间,均应有汇报和登记制度。

15. 装卸作业中,货运员卸车作业的要点是什么?(《铁路货物装卸安全技术规则》第 14 条)

答:卸车,必须由货运员启封或检查后才能开始作业。卸下的货物要件数清楚,码放稳妥,便于清点,发现破损件应交由货运员处理。

16. 装卸作业人数和间歇时间有何规定？(《铁路货物装卸安全技术规则》第 35 条)

答：装卸作业要保证必要的人数，配备必要的辅助作业人员，确保装卸作业安全。连续作业 2 h 或 1 车后，应有不少于 10 min 的间歇时间。

17. 桥(门)式起重机电源电压出现波动时有什么规定？(《铁路货物装卸安全技术规则》第 80 条)

答：当电源电压降超过额定电压的 7％时，应降低额定负荷 30％作业，当电压波动超过±10％时应停止作业。

18. 起吊集装箱前司机应注意观察哪些事项？(《铁路货物装卸安全技术规则》第 83 条)

答：起吊集装箱前，司机应注意观察吊具开闭锁标牌或信号指示灯，确定锁闭良好后方可起升。起升接近上限位 500 mm 左右时，改为低速挡，禁止用起升限位或旋转限位作停止开关使用。

19. 哪些材料不能作为装载加固材料及装置？(《铁路货物装载加固规则》第 22 条)

答：禁止使用菱苦土(菱镁混凝土)、水泥、砖、石等材料作为装载加固材料和制作装载加固装置。

篷布、篷布绳网、篷布支架不能作为装载加固材料。

20. 列车在区间装卸车如何办理？(《铁路技术管理规程(普速铁路部分)》第 384 条)

答：列车在区间装卸车时，装卸车负责人应指挥列车停于指定地点。装卸车完毕后，其负责人应负责检查装卸货物的装载、堆码状态，确认限界，清好道沿，关好车门，通知司机开车。

21. 铁路信号如何分类？(《铁路技术管理规程(普速铁路部分)》第 409 条)

答：铁路信号分为视觉信号和听觉信号。

视觉信号的基本颜色：

红色——停车；

黄色——注意或减低速度；

绿色——按规定速度运行。

听觉信号：号角、口笛、响墩发出的音响和机车、自轮运转特种设备的鸣笛声。

22. 托运人托运哪些货物需派人押运？押运人数有何规定？(《铁路货物运输规程》第 18 条)

答：活动物、需要浇水运输的鲜活植物、生火加温运输的货物、挂运的机车和轨道起重机以及特殊规定应派押运人的货物，托运人必须派人押运。押运人数，除特定者外，每批不应超过

2人。托运人要求增派押运人或对上述以外的货物，要求派人押运时，须经承运人承认。

23. 哪些货物由托运人或收货人负责组织装车或卸车？（《铁路货物运输规程》第22条）

答：罐车运输的货物、冻结易腐货物、未装容器的活动物、蜜蜂、鱼苗、一件重量超过1 t的放射性同位素，以及用人力装卸带有动力的机械和车辆，均由托运人或收货人负责组织装车或卸车。其他货物由于性质特殊，经托运人或收货人要求，并经承运人同意，也可由托运人或收货人组织装车或卸车。

24. 货物变更到站后，保价费应如何核算？（《铁路保价运输规则》第11条）

答：货物变更到站后，保价运输继续有效。托运人在承运后发送前取消托运或因铁路运输企业责任造成的取消托运，如果货物未发生损失，保价费应全部退还托运人；如果货物发生损失并按有关规定处理的，保价费不再退还。

25. 哪些原因造成保价货物损失的，铁路运输企业依法不承担赔偿责任？（《铁路保价运输规则》第13条）

答：(1)不可抗力；

(2)货物中的物品本身的自然属性，或者合理损耗；

(3)托运人(含押运人)、收货人的过错。

26. 哪些货物运输应建立“重点保价货物(△B)运输台账”？（《铁路保价运输管理办法》第8条）

答：受理一批保价金额在50万元及以上的整车(含批量零散快运)、集装箱货物，一批保价金额在20万元及以上的零担(含零散快运)货物，或其他需要重点看护的保价货物，应建立“重点保价货物(△B)运输台账”，并在货物运单“承运人记事”栏内选择“△B”。

27. 哪些货物不得通过安检？（《铁路零散货物快运、货物混装运输安全检查管理办法》第31条）

答：对品名不符、包装不符、形态不符、包装上无中文品名(进出口货物包装上仅有外文时，托运人须提供中外文对照)、理化性质不清的货物和危险货物，以及超出该托运人零散货物运单(需求联)、“货物混装运输进站单”或“物品清单”范围的货物，不得通过安检。

28. 危险货物押运的规定是什么？（《铁路危险货物运输管理规则》第49条）

答：运输爆炸品(烟花爆竹除外)、硝酸铵、剧毒品(铁路危险货物品名表“特殊规定”栏有第67条特殊规定的)、罐车装运气体类(含空车)危险货物实行全程押运。装运剧毒品的罐车和罐式箱不需押运。其他危险货物需要押运时按有关规定办理。

29. 哪些危险货物可按普通货物运输?(《铁路危险货物运输管理规则》第26条)

答:铁路危险货物品名表“特殊规定”栏规定符合按普通货物运输条件的,铁路局集团公司应在其包装方法和包装标志满足危险货物要求,并使用整车或集装箱装载单一品名的情况下,批准其可按普通货物条件运输。托运人应在货物运单“托运人记载事项”栏内注明“×××(铁危编号),可按普通货物运输”。

30. 任何人员及所携带的物件与牵引供电设备的安全距离是如何规定的?(《电气化铁路有关人员电气安全规则》第6条)

答:为保证人身安全,除牵引供电专业人员按规定作业外,任何人员及所携带的物件、作业工器具等须与牵引供电设备高压带电部分保持2 m以上的距离,与回流线、架空地线、保护线保持1 m以上距离,距离不足时,牵引供电设备须停电。

31. 机械设备在电气化铁路区段作业时与牵引供电设备的安全距离是如何规定的?(《电气化铁路有关人员电气安全规则》第7条)

答:电气化铁路区段,具有升降、伸缩、移动平台等功能的机械设备进行施工、装卸等作业时,作业范围与牵引供电设备高压带电部分须保持2 m以上的距离,与回流线、架空地线、保护线保持1 m以上距离,距离不足时,牵引供电设备须停电。

32. 发现牵引供电设备断线及其部件损坏或挂有异物,如何处理?(《电气化铁路有关人员电气安全规则》第12条)

答:发现牵引供电设备断线及其部件损坏,或发现牵引供电设备上挂有线头、绳索、塑料布或脱落搭接等异物,均不得与之接触,应立即通知附近车站,在牵引供电设备检修人员到达未采取措施以前,任何人员均应距已断线索或异物处所10 m以外。

33. 哪些货物应施封?(《铁路货物运输规程》第29条)

答:使用棚车、冷藏车、罐车、集装箱运输的货物,由组织装车或装箱单位负责在货车或集装箱上施封。但派有押运人的货物,需要通风运输的货物以及组织装车单位认为不需施封的货物(集装箱运输的货物除外),可以不施封。

34. 装卸机械通过道口时有何规定?(《铁路货物装卸安全技术规则》第9条)

答:装卸机械通过道口时,要有专人引导,低速行驶,禁止换挡,防止熄火。履带式装卸机械横越道口时,要在钢轨上或履带上采取绝缘措施,防止产生红光带。

35. 同一线路上两个及以上工组同时作业时,防护信号应如何设置?(《铁路货物装卸安全技术规则》第5条)

答:同一线路上两个及以上工组同时作业时,应由最先开班作业的工组(或专人)设置防护信号,最后结束作业的工组(或专人)撤除防护信号。各作业工组(有专人负责设置、撤除防护信号除外)应在防护信号上锁挂工组标识,作业完毕及时摘除。除作业工组(或专人)外,其他人员无权撤除防护信号。

36. 在哪些情况下,装卸作业必须设置防护信号?(《铁路货物装卸安全技术规则》第5~7条)

答:(1)在货物线上进行装卸作业。

(2)在货物线附近搬运作业,装卸、运输机具和人员进入距钢轨头部外侧1.5 m以内的空间。

(3)跨越货物线装卸作业。

37. 对正在进行装卸作业的车辆中途调车时,应如何办理?(《铁路货物装卸安全技术规则》第8条)

答:对正在进行装卸作业的车辆中途调车时,须事先通知货运员,由货运员通知装卸工组,装卸工组接到通知后须停止作业,整理好车内(上)货物,防止倒塌、坠落和侵限,关好车门、车窗,人员、机具全部撤出限界,撤除防护信号,经货运员确认后,方可进行调车作业。

38. 装卸作业中,装车时的作业要求是什么?(《铁路货物装卸安全技术规则》第13条)

答:装车时,由货运员核对车号、货物(箱号),向装卸工组交代装载加固方案及注意事项后,装卸工组才能作业,做到不错装、不漏装、巧装满载,防止超偏载,棚车装载货物防止挤住车门或长大货物堵塞车门。对易磨损货物采取必要的防磨措施,对怕污染货物采取有效隔离措施。

39. 车站应如何落实货物运输实名制?(《铁路货运票据电子化作业办法》第5条)

答:托运人为个人的,查验托运人身份证原件,留存复印件;托运人为单位的,查验营业执照、经办人身份证原件,留存营业执照、经办人身份证复印件及注明经办人信息、联系方式、联系地址及所用印章的证明材料。承运零散快运货物时,车站查验经办人身份证原件,留存经办人身份证复印件或采集影像资料。

40. 装车后货物总重心有何要求?(《铁路货物装载加固规则》第12条)

答:装车后货物总重心的投影应位于货车纵、横中心线的交叉点上。必须偏离时,横向偏离量不得超过100 mm;纵向偏离时,每个车辆转向架所承受的货物重量不得超过货车容许载重量的二分之一,且两转向架承受重量之差不得大于10 t。

41. 保价运输业务受理渠道有哪些?受理时应审查什么?(《铁路保价运输管理办法》第6、7条)

答:(1)铁路局集团公司、专业运输公司可利用货运营业窗口、12306平台、铁路货运电子商务系统(铁路 95306)、客服电话、上门服务等渠道,全面开展保价运输业务受理。

(2)受理货物保价运输时,应审查运输单据中有关保价运输货物价格的填记情况,正确核收保价费。

42. 货物安检时,对问题货物及发现的危险货物应如何处置?(《铁路零散货物快运、货物混装运输安全检查管理办法》第 41 条)

答:对存在问题的货物,发站应通知托运人及时将货物搬出铁路货场;需临时存放的,应固定区域,并进行标识,禁止与其他货物混存;发现危险货物的,发站应立即停止办理承运手续,报告所在地区铁路监管局,并将危险货物移交有关部门处理,违反治安管理或涉嫌犯罪的,应当向公安机关报案。移交前,危险货物需临时存放的,应专库、专区存放,确保库内消防设施设备良好,装卸和搬运、存放和保管时严格落实危险货物作业要求,派人 24 h 看守,纳入岗位交接。

43. 机动车或者非机动车在铁路道口内发生故障或者装载物掉落应如何处理?(《铁路安全管理条例》第 48 条)

答:机动车或者非机动车在铁路道口内发生故障或者装载物掉落的,应当立即将故障车辆或者掉落的装载物移至铁路道口停止线以外或者铁路线路最外侧钢轨 5 m 以外的安全地点。无法立即移至安全地点的,应当立即报告铁路道口看守人员;在无人看守道口,应当立即在道口两端采取措施拦停列车,并就近通知铁路车站或者公安机关。

44. 装卸作业人员发生人身伤害时的应急处置要点有哪些?(《铁路货物装卸安全技术规则》第 153 条)

答:(1)立即停止作业,停机(断电),将受伤人员移至安全区域,将中毒、中暑人员移至阴凉、通风处所。不宜移动或无法移动的应就近采取急救措施。

(2)对受伤人员进行必要的救护。

(3)立即向负责人或值班调度人员报告,组织送医院或拨打急救电话。

(4)保护好现场,积极协助有关部门调查、取证。

45. 货物堆码要遵守哪几个安全距离?(《铁路货物装卸安全技术规则》第 15 条)

答:货物距钢轨头部外侧要保持 1.5 m 以上,并不得侵入轨行式机械走行安全警示线。站台上堆码货物,货垛与站台边沿距离不得小于 1 m。货垛之间应留出机械或人行通道,机械通道宽度不小于机身宽度 1.3 倍,人行通道宽度不少于 1 m。货垛距电源开关、消防设施等不得少于 2 m。

46. 危险货物分为哪几类?(《铁路危险货物运输管理规则》第 6 条)

答:铁路危险货物按其具有的危险性或主要危险性划入 9 类中的一类:

第 1 类爆炸品。

第 2 类气体。

第 3 类易燃液体。

第 4 类易燃固体、易于自燃的物质、遇水放出易燃气体的物质。

第 5 类氧化性物质和有机过氧化物。

第 6 类毒性物质和感染性物质。

第 7 类放射性物质(物品)。

第 8 类腐蚀性物质。

第 9 类杂项危险物质和物品。

47. 何谓危险货物办理站？分为哪几种类型？(《铁路危险货物运输管理规则》第 14 条)

答:危险货物办理站是站内或接轨的专用线(含专用铁路)办理危险货物发送(含换装)、到达业务的车站。按类型分为三种:

(1)站内办理站:仅在站内办理危险货物业务的车站。

(2)专用线接轨站:仅在接轨的专用线办理危险货物业务的车站。

(3)兼办站:在站内和接轨的专用线均办理危险货物业务的车站。

48. 集装箱是指具备哪些条件的运输设备？(《铁路集装箱运输规则》第 5 条)

答:(1)具有足够的强度和刚度,在有效使用期内可以反复使用;

(2)适于一种或多种运输方式运送货物,途中无需倒装;

(3)设有供快速装卸的装置,便于从一种运输方式转到另一种运输方式;

(4)便于箱内货物装满和卸空;

(5)内容积不小于 1 m^3。

集装箱不包括车辆和一般包装。

49. 铁路箱如何预定？(《铁路集装箱运输规则》第 16 条)

答:铁路箱通过中国铁路 95306 网站实行网上预订,出站后重去重回的、车上装箱的不需订箱;空箱按“先到先得”的原则自动分配,并在中国铁路 95306 网站实时自动公示。配箱后自动生成运单需求联。

50. 集装箱的装箱要求是什么？(《铁路集装箱运输规则》第 23 条)

答:集装箱的装箱由托运人负责。装箱时应码放稳固,装载均衡,不超载、不集重、不偏重、不偏载、不撞砸箱体,采取防止货物移动、滚动或开门时倒塌的措施,保证箱内货物和集装箱运输安全。铁路局集团公司应与托运人明确约定:敞顶箱装运易扬尘货物,托运人应采取苫盖篷布或抑尘等环保措施;敞顶箱冬季运输时,托运人应按铁路局集团公司具体要求采取喷洒防冻液等防冻措施。

51. 对未安装 F-TR 型锁的集装箱专用平车或共用平车装运空集装箱时有何要求？（《铁路集装箱运输规则》第 48 条）

答：未安装 F-TR 型锁的集装箱专用平车或共用平车装运空集装箱时，须使用 4 股及以上 8 号镀锌铁线捆绑牢固。其中，使用共用平车时，将集装箱底部角件与车辆捆绑牢固；使用专用平车时，将相邻两箱底部角件捆绑在一起，仅装运一箱时，将集装箱底部角件与车辆底架捆绑牢固。卸车前，须将铁线剪断并清除干净，防止损坏车辆和箱体。

52. 铁路篷布损坏、丢失，车站应如何处理？（《货车篷布管理规则》第 13 条）

答：铁路篷布损坏、丢失时，车站应按规定向责任者核收赔偿费，因托运人或收货人责任损坏、丢失的，自送回车站之日起，至赔偿当日止，同时核收篷布延期使用费。车站收取赔款后，向集装箱公司拍发电报，内容包括：责任单位、篷布张数、篷布号码、赔偿金额、延期使用费金额、杂费收据号码。集装箱公司应及时在铁路货车篷布管理信息系统中进行维修、丢失等操作。

53. 发站、专用铁路、铁路专用线使用铁路篷布，应如何办理？（《货车篷布管理规则》第 14 条）

答：发站使用篷布前，应逐张检查质量。使用铁路篷布时，将篷布号码填记在货物运单“篷布号”栏内；使用自备篷布时，应检查托运人是否在货物运单“托运人记事”栏内注明自备篷布号码。专用铁路、铁路专用线使用铁路篷布时，由托运人到车站领取，并在 95306 网对“货车篷布交接单”进行电子签认。需要使用货运票据封套时，应将铁路篷布号码填制在货运票据封套篷布号码栏内。

54. 苫盖篷布的敞车有哪些规定？装车后，车站应如何检查篷布苫盖质量？（《货车篷布管理规则》第 15、16 条）

答：(1)苫盖篷布的敞车必须在发站加盖篷布绳网，使用篷布绳卡。篷布绳网、篷布绳卡由托运人自备，限一次性使用。

(2)装车后，车站应按“货车篷布苫盖方法”检查篷布苫盖质量，发现问题及时处理，货物沉降、篷布松脱时须整理。

55. 运输途中车站发现需要补苫篷布或未按规定使用篷布绳网时，如何处理？（《货车篷布管理规则》第 20、21 条）

答：车站对运输途中的货车补苫篷布的，应在货物运单、货运票据封套、列车编组顺序表作相应修改，同时编制普通记录。运输途中发现未按规定使用篷布绳网时，发现站补苫后方可继续运输，相关费用向发站清算，并将漏苫和处理情况拍发电报通知发站、发局并抄所在局、国铁集团货运部。

56. 哪些情况下承运人不办理变更业务？(《铁路货物运输规程》第 38 条,《铁路危险货物运输管理规则》第 85 条)

答:承运人不办理:

(1)违反国家法律、行政法规、物资流向、运输限制和蜜蜂的变更;

(2)变更后的货物运到期限大于容许运输期限;

(3)变更一批货物中的一部分;

(4)第二次变更到站。

气体类危险货物罐车运输不允许办理运输变更或重新托运,如遇特殊情况需要变更或重新托运时,需经铁路局集团公司批准。

57. 承运人与托运人或收货人办理货物交接的地点有何规定？(《铁路货物运输规程》第 46 条)

答:托运人组织装车或收货人组织卸车的货物,除派有押运人的不办理交接外,承运人与托运人或收货人应在下列地点进行交接:

(1)车站内或专用线内装车或卸车的货物,在各该装卸地点。在特殊情况下,专用线内装车或卸车的,也可在商定的地点。

(2)专用铁路内装车或卸车的货物,在交接协议中指定的货车交接地点。

58. 托运人组织装车或收货人组织卸车的货物,发、到站办理交接有何规定？(《铁路货物运输规程》第 47 条)

答:托运人组织装车或收货人组织卸车的货物,发站与托运人,到站与收货人应使用货车调送单按下列规定办理交接:

(1)施封的货车,凭封印交接。

(2)不施封的货车,棚车、冷藏车凭货车门窗关闭状态交接,敞车、平车、砂石车不苫盖篷布的,凭货物装载状态或规定标记交接,苫盖篷布的,凭篷布现状交接。

59. 请写出保价货物发生损失后赔偿金额的计算标准。(《铁路保价运输规则》第 18 条)

答:(1)全批损失时,最高不超过该批货物的保价金额;

(2)部分损失时,按损失货物占全批货物的价值比例乘以保价金额计算;

(3)分项填记物品名称和保价金额的,赔偿额分别计算。

赔偿额尾数不足 1 元时,按进整处理至元,起码赔偿额为 1 元。

60. 装卸作业前,如何设置防护信号？(《铁路货物装卸安全技术规则》第 5 条)

答:装卸作业前,装卸工组应在货物线两端来车方向左侧钢轨上设置带脱轨器的固定或移动式防护信号(尽头线路只在来车一端防护)。移动式防护信号设置在距离车列不小于 20 m 处;作业车停留位置距警冲标不足 20 m 时,防护信号设在与警冲标相齐处。如在同一线路上车辆分解后作业时，应在该线路的最前部与最后部车辆外端防护，分解间隔大于 40 m 时，可在间隔 20 m 以外处设置。

61. 装卸工组装车前三检包括哪些内容？（《铁路货物装卸安全技术规则》第 12 条）

答：(1)配合货运员检查车门、车窗、盖阀、槽轮、车厢、地板、内衬、钩链、集装箱平车锁头等是否完好，车内清洁情况及有无异味。

(2)配合货运员检查核对货物，清点件数；货物堆码是否稳固，包装是否完好，有无破损、湿损、污损；集装箱有无破损、异状、变形或渗漏。

(3)检查确认装卸机械及工索具性能是否良好、安全装置是否齐全有效，防护信号设置是否符合规定，作业区域、机械运行区域有无障碍物或非作业人员。

62. 装卸车附属作业包括哪些项目？（《铁路货物运输管理规则》第 18 条）

答：(1)铺垫或整理防湿垫枕，苫盖、撤除、折叠和取送篷布；

(2)清扫货车、货位，关闭拧固车门、车窗、盖、阀；

(3)整理装车后剩余货物，必要时用篷布苫盖或搬入库台；

(4)安装或撤除支柱、挡板、垫板、禽畜支架；

(5)装载货物的捆绑加固(需要铆接、焊接等特殊加固除外)；

(6)托盘、网络等铁路装卸工具的铺设、撤移、整理和堆码。

63. 统计装车数中整车货物包括哪些？（《铁路货车统计规则》第 31 条）

答：(1)由营业站承运的装车；

(2)港口站的装车及不同轨距联轨站换装货物的装车；

(3)填制货物运单的游车；

(4)填制货物运单免费回送货主的货车用具和加固材料的整车装车；

(5)按 80%核收运费的企业自备车、企业租用车和路用车的装车(按轴公里计费的除外)；

(6)填制货物运单核收运费的站内搬运的装车。

64. 某客户有三批货物到站，收货人相同。第一批货物为冰蛋(承运温度−18 ℃以下)**和冷却的鲜蛋**(承运温度−1～3 ℃)**；第二批货物为冷却的荔枝**(1～5 ℃)**和冷却的哈密瓜**(3～6 ℃)**；第三批货物为未冷却的调味奶**(3～6 ℃)**和未冷却的大头菜**(0～3 ℃)**，要求使用 3 辆铁路机械冷藏车装运。车站能否受理上述货物运输需求并说明依据。**（《铁路鲜活货物运输规则》第 19 条）

答：第一批货物不能受理。使用机械冷藏车时，不同热状态的易腐货物不得按一批托运。

第二批货物可以受理。按一批托运的易腐货物，一般限同一品名；不同品名的易腐货物，如运输温度要求接近、货物性质允许混装的，可按一批托运，在同一机械冷藏车内组织混装运输，此时，托运人应与发站和乘务组商定运输条件，签订运输协议，并将运输条件记录在货物运单"托运人记事"栏和"机械冷藏车作业单"内。

第三批货物不可以受理。一般情况下,蔬菜和乳制品货物不得混装运输。

65. 5月1日,甲站发乙站铁矿石1车;5月10日,该车到达乙站;当日,收货人安排人员到乙站,提出将该车铁矿石到站由乙站变更为丙站。请问:乙站能否受理收货人提出的货物运输变更需求?如果托运人提出货物运输变更需求,应该如何办理?(《铁路货运票据电子化作业办法》第35条,《铁路货物运输规程》第40条)

答:(1)乙站不能受理收货人提出的货物运输变更需求。依据《铁路货运票据电子化作业办法》第35条:"途中或到站仅受理托运人提出的货物运输一次变更需求。"

(2)如果托运人提出货物运输变更需求,应按以下流程办理:一是托运人向乙站提出货物运输变更需求,乙站负责审核运单托运人存查联、领货凭证、货物运输变更要求书;电子领货的,验证领货密码,打印领货凭证。二是乙站将托运人提出的货物运输变更需求上报所属铁路局集团公司同意后,在货票系统中录入货物运输变更要求书,运单状态变为"变更完成",并在纸质运单托运人存查联、领货凭证上修改相关信息,加盖车站日期戳或带有站名的人名章后交托运人。电子领货的,向托运人申明,原领货密码失效,凭变更后的纸质领货凭证领货。三是乙站还应电知甲站、丙站及所属铁路局集团公司财务部(收入部)。

66. 某站铁路货场接卸了一车甲醇,货物密度为804.8 kg/m^3,所用车辆为标重52 t、容积60 m^{3}的G60型铁路产权罐车装运。请问:违反了哪些运输条件?如使用该车型企业自备车装运,请确定充装量。(《铁路危险货物运输管理规则》第77、82条)

答:(1)铁路货场接卸甲醇违反车站办理限制。依据《铁路危险货物运输管理规则》第77条:"危险货物罐车装卸作业应在专用线内办理。"使用铁路产权罐车装运甲醇违反车站使用限制。依据《铁路危险货物运输管理规则》第77条:"铁路产权罐车限装品名为原油、汽油、煤油、航空煤油、柴油、石脑油、溶剂油、轻质燃料油及非危险货物的重油、润滑油。"

(2)充装量计算:根据 $0.83V_{标} \leqslant V_{许装} \leqslant 0.95V_{标}$。

许装体积下限:60×0.83=49.8(m^3);

许装重量下限:49.8×804.8≈40 079(kg);

许装体积上限:60×0.95=57(m^3);

许装重量上限:57×804.8≈45 873(kg)。

该车最大充装量为45 873 kg,最小充装量为40 079 kg。

67. 某站于2023年5月16日17时05分到达一车玉米,车号P62NK3327629,送该站粮食储备专用线由收货人自卸(取送里程9 km),该车于18时50分送到该专用线,企业方于5月17日8时05分开始卸车作业,10时25分卸完,并于11时50分取出。车站应收取哪些费用?费用分别为多少?(《铁路货物运价规则》第34、38、51、58条,《中国铁路总公司关于调整部分铁路货运杂费有关事项的通知》)

答:(1)车站应向收货人收取取送车费及货车延期使用费。

(2)取送车费:8.10元/车公里×1车×9 km=72.90元。

延期占用时间:24时00分-18时50分+10时25分-4时00分=11 h 35 min→12 h。

货车延期占用费=(10 h×5.7元/车小时+2 h×11.4元/车小时)×1车=79.80元。

68. 集装箱施封有何要求?(《铁路集装箱运输规则》第24条)

答:集装箱施封由托运人负责。托运的重集装箱应当施封(结构上无法施封的除外);通用集装箱施封时,确认左右箱门锁舌和把手入座后,在右侧箱门把手锁件施封孔处施封一枚;其他类型集装箱根据实际情况采取适合的施封方法。铁路局集团公司应与托运人明确约定:托运的空集装箱可不施封,托运人应关闭箱门,确认左右箱门锁舌和把手入座。对已施加海关封或托运人已施加自备商业封的集装箱,可不再施加铁路封。不施加铁路封时,铁路局集团公司应与托运人明确约定:托运人应在货物运单"托运人记事"栏内注明"交接集装箱使用××海关封(托运人自备商业封)";施封号码填写海关封或托运人自备商业封号码。

69. 托运人或收货人使用铁路箱,何时核收集装箱延期使用费?(《铁路集装箱运输规则》第28条)

答:托运人或收货人使用铁路箱超过下列免费使用期限,自超过之日起核收集装箱延期使用费。

(1)站内装箱的,应于约定进货日期当日装完。站内掏箱的,应于领取的当日内掏完。

(2)到达的集装箱,应于铁路局集团公司发出领货通知的次日起算,2日内领取集装箱。

(3)集装箱出站的,重去空回或空去重回时,应于领取的次日送回;重去重回时,应于领取的3日内送回。铁路局集团公司可延长免费使用期限,但最长不得超过领取的7日内。

(4)集装箱出站的,空去空回时,应于出站之日起核收集装箱延期使用费。

70. 铁路局集团公司执行集装箱开箱检查制度有何要求?(《铁路集装箱运输规则》第31条)

答:铁路局集团公司应与托运人、收货人明确约定:铁路局集团公司有权对集装箱货物品名、重量、数量、包装、装载状况等进行检查;需要开箱检查货物时,在发站应通知托运人到场,在到站应通知收货人到场。托运人违反合同约定或有关规定应承担违约责任的,铁路局集团公司应按合同约定或有关规定向托运人或收货人核收违约金和因检查产生的作业费用。可继续运输的,车站应会同托运人补封,编制普通记录。

71. 某站货场装运的农用化肥(P_{70}3803149)如图1-1所示,运行至到站发现存在问题需处理。请指出存在的问题,并分析导致该问题的原因。(《铁路货物运输规程》第25条,《铁路货物运输管理规则》第14条)

答:存在问题:选车不当,使用技术状态不良的货车装载,车地板有破口随意采用木板铺垫。

(1)违反《铁路货物运输规程》第25条:"承运人应拨配状态良好,清扫干净的货车装运货

图 1-1

物。装车前,装车单位应对车厢的完整和清洁状况进行检查”。

(2)违反《铁路货物运输管理规则》第 14 条:“装车前,认真检查货车的车体(包括透光检查)、车门、车窗、盖阀是否完整良好”。

(3)车站装车前发现车地板有破损,贸然采取措施强行装车,不顾安全后果,反映现场作业人员安全意识淡薄。

72. 使用铁路货车装运集装箱时,有哪些要求?(《铁路集装箱运输规则》第 50 条)

答:使用铁路货车装运集装箱时,全车集装箱总重不得超过货车标记载重,且应符合货车装载技术条件要求,保证货车不出现超载、偏载、偏重等问题。集装箱不得与其他货物装入同一辆货车内。集装箱宜使用集装箱专用平车或共用平车装运,禁止使用普通平车装运。需要使用敞车装运集装箱时,运行速度应执行有关规定。端部有门的 20 英尺箱使用集装箱专用平车或共用平车装运时,箱门应朝向相邻集装箱;但使用 X4K 型集装箱平车,两端箱位装载集装箱、中间箱位未装载集装箱时,箱门应朝向外侧门挡。

73. 如何调配铁路空集装箱?(《铁路集装箱运输规则》第 56、58 条)

答:铁路箱空箱凭调度命令调整。经铁路运输时,车站在“特殊货车及运送用具回送清单”上记明箱号、命令号,办理免费回送。在铁路局集团公司管内,凭调度命令可经其他运输方式调整空箱、办理还箱。调度命令应发给交出站和接收站。交出站填制“铁路箱出站单”;接收站加盖站名日期戳和经办人章,将收据交还箱人。跨局调整铁路箱空箱时,到局可根据需要调整到站,新到站限本局车站;其他各局均不得调整到站。国铁集团调度中心可根据需要对铁路箱空箱调整到站。

74. 运输超限货物如何计费?(《铁路货物运价规则》第 14、15 条)

答:运输超限货物,发站应将超限货物的等级在货物运单内注明,按下列规定计费:

(1)一级超限货物:按运价率加 50%;

(2)二级超限货物:按运价率加 100%;

(3)超级超限货物:按运价率加 150%。

对安装超限货物检查架的车辆,不另收运费。需要限速运行(不包括仅通过桥梁、隧道、出入站线限速运行)的货物,按运价率加 150%计费。需要限速运行的超限货物,只核收加成运费,不另核收超限货物加成运费。

75. 依据《铁路危险货物运输安全监督管理规定》禁止运输哪些物品?(《铁路危险货物运输安全监督管理规定》第 3 条)

答:禁止运输下列物品:

(1)法律、行政法规禁止生产和运输的危险物品;

(2)危险性质不明、可能存在安全隐患的物品;

(3)未采取安全措施的过度敏感物品;

(4)未采取安全措施的能自发反应而产生危险的物品。

高速铁路、城际铁路等客运专线及旅客列车禁止运输危险货物,法律、行政法规等另有规定的除外。

76. 铁路各相关单位应如何加强铁路运输过程中△B货物的安全防范?(《铁路保价运输管理办法》第 10~12 条)

答:各相关单位应加强铁路运输过程中的安全防范,对△B货物采取有效的安全防范措施,保证运输安全。发站对△B货物应重点组织装车、及时挂运,运送途中严格交接检查。沿途各编组站、区段站对装有△B货物的车辆应及时挂运,发现问题及时处理。对保留列车中装有△B货物的车辆,车站负责组织人员重点看护。△B货物运抵到站后,车站应及时组织卸车并通知收货人领取。对装有△B货物的整车,铁路局集团公司可根据需要组织押运护送,并在货物运单"承运人记事"栏内注明"铁路保价押运",免收押运人乘车费。

77. 保价货物在铁路运输(包括门到站、站到门、门到门)**过程中发生损失时,如何处理?**(《铁路保价运输管理办法》第 13、14 条)

答:保价货物在铁路运输(包括门到站、站到门、门到门)过程中发生损失时,车站应编制证明货物损失的记录交给客户或通过铁路 95306 通知客户。同时,当面或通过铁路 95306 告知客户免除或减轻铁路责任等与对方有重大利害关系的条款、索赔流程、时限及需要准备的证明文件。对符合保价赔偿责任范围和赔偿条件的货物损失,收货人或托运人(含委托人)向承运人提出赔偿要求时,承运人应受理。货物损失赔偿程序及权限、期限等,分别按货物损失赔偿的有关规定执行。赔偿金额按《铁路保价运输规则》的规定计算。

78. 何谓保价补偿?保价补偿的范围是什么?(《铁路保价运输管理办法》第 18、19 条)

答:(1)保价货物在铁路运输过程中发生损失,经调查不属于承运人责任的,承运人不承担赔偿责任。但不是托运人、收货人以及押运人故意或过失行为造成的,承运人可酌情对保价货物损失进行补偿(简称保价补偿)。

(2)保价补偿范围包括:

①集装箱运输的货物;

②托运人、收货人自装卸的货物;

③有押运人的货物;

④因超过运到期限造成使用价值降低的货物;

⑤其他特定条件的货物。

79. 某站货场集装箱堆码如图 1-2 所示,请指出存在的不标准堆码问题。(《铁路集装箱运输规则》第 41 条)

图 1-2

答:(1)集装箱货区码放集装箱时,集装箱箱门未关闭;

(2)集装箱码放不整齐,而且箱门朝向未保持一致;

(3)两层码放时,集装箱角件未对齐。

80. 到站台州南站集装箱如图 1-3 所示,请指出装载存在的问题及违反的规定。(《铁路货物装载加固规则》第 4 条,《铁路集装箱运输规则》第 49、50 条)

图 1-3

答:(1)存在问题:

①集装箱装在敞车一侧,发生偏载问题。

②装到台州南站集装箱使用敞车装运。

(2)违反规定:

①《铁路货物装载加固规则》第 4 条装载加固的基本技术要求和《铁路集装箱运输规则》第 50 条,使用铁路货车装运集装箱时,全车集装箱总重不得超过货车标记载重,且应符合货车装载技术条件要求,保证货车不出现超载、偏载、偏重等问题。

②《铁路集装箱运输规则》第 49 条:发往台州南站的集装箱不得使用敞车装运。

81. 同一线路多台轨行式装卸机械同时作业时安全距离有何规定?(《铁路货物装卸安全技术规则》第 74 条)

答:同一线路上,2 台及以上轨行式装卸机械,应安设防撞保护装置,保持 3 m 以上安全距离。顺向作业时,应隔车进行;相向作业至最后一辆货车时,须单台机械作业。

同一区域,多台流动式装卸机械同时作业时,安全间距应不小于下列数值:

(1)集装箱正面吊、抓(扒)料机、汽车吊、轮胎吊:30 m。

(2)装载机、5 t 以上叉车:间隔 1 辆车。

(3)小型叉车:3 m。

82. 各种机械发生突然熄火或断电时,应如何应急处置?(《铁路货物装卸安全技术规则》第 163 条)

答:(1)立即将控制器恢复"0"位,关闭总开关。

(2)如货物在空中,应使货物缓慢降落。

(3)如装卸机具(包括抓斗、钩头、料(铲)斗、电磁吸盘)或货物侵入限界,不得撤除防护信号。

83. 装卸集装箱平车(F-TR 锁)时有何规定?(《铁路货物装卸安全技术规则》第 136 条)

答:(1)辅助作业人员不得少于 2 人。

(2)装车:同一箱位的四个锁头须同端同向,装 40 英尺集装箱时,中间锁头应为非工作位。应以低速挡将集装箱平稳下落至锁头上方 120 mm 左右悬停,调整箱体位置,确认角件孔与车辆锁头对正后,方可继续平稳下落,防止发生剧烈碰撞。

(3)卸车:应先以低速挡点动起升 100 mm 左右,确认集装箱角件孔与车辆锁头分离后,方可继续起升。集装箱角件孔与车辆角座连挂、卡死时,应立即停止,落箱后点动缓钩排除。起吊过程中负荷突然加大,应立即停车,通知辅助人员检查处理,严禁臆测起吊。

84. 铁路篷布应如何回送?(《货车篷布管理规则》第 28~30 条)

答:铁路篷布凭调度命令回送。车站应填制"特殊货车及运送用具回送清单"(简称"回送清单")。"回送清单"填记回送铁路篷布的总张数,并将铁路篷布号码准确填制在"货车篷布交接单”上。运用篷布与待修、待报废篷布混装回送时，应分垛码放。铁路局集团公司管内可利用行李车（一批限10张以内）或采用零散货物快运方式免费回送铁路篷布。经行李车回送时，按路用品运输有关规定办理。采用零散货物快运方式回送时，凭“回送清单”办理。

85. 什么情况下，篷布必须报废？（《货车篷布管理规则》第49条）

答：篷布满足以下两个条件之一时，必须报废：

（1）修补面积达40%或修补处达200处；

（2）达到使用期限。

篷布使用期限一般为48个月。超过48个月需继续使用的，产权单位须每6个月进行一次安全风险评估。经评估可继续使用的，自备篷布由产权单位向铁路局集团公司提出申请，铁路局集团公司同意后方可继续使用；铁路篷布由集装箱公司通知铁路局集团公司继续使用，并抄送国铁集团货运部。

86. 货车篷布苫盖方法的基本要求是什么？（《货车篷布管理规则》附件1）

答：（1）货物装载高度超过端侧墙1 m以上或有押运人乘坐的敞车不得苫盖篷布。

（2）篷布、篷布绳网不得作为货物加固材料使用。

（3）需要加固的货物必须在苫盖篷布前捆绑加固完毕。

（4）货车绳栓上无残留的旧绳头、铁线等废弃物。

（5）货物装载高度低于车辆端侧墙时，可安置篷布支架，支架突出部位与篷布接触处应采取防磨措施。

（6）苫盖篷布不得遮盖侧墙车梯。

87. 篷布苫盖后检查什么？（《货车篷布管理规则》附件1）

答：（1）篷布苫盖平坦，货物不外露，两端包角密贴，两侧线条流畅。各部位不超限。

（2）绳索拴结、捆绑位置正确，绳结牢固，无松弛脱落，捆绑在绳栓上的绳索呈蝶翅形结，绳头余尾长度100～300 mm。

（3）货车人力制动机一端篷布下垂遮盖端板部分长度300～500 mm。货车人力制动机闸盘外露，不影响人力制动机及提钩杆使用。另一端的下垂高度600 mm左右，篷布过长时可超过此长度，但不得影响压绳使用。

（4）车辆两侧篷布下垂高度一致。

（5）篷布（包括篷布绳网）苫盖完毕后，装车单位对车辆两侧（包括篷布号码）、两端篷布苫盖状态各拍照一张，留存3个月。

88. 车站对客户提报的需求实货核实，在电商系统确认后，运单受理需审核哪些内容？（《铁路货运票据电子化作业办法》第7条）

答：（1）检查需求信息是否完整、准确。

(2)审核发到站办理限制、起重能力、专用线办理范围、危险货物办理限制、临时停限装、特定运输条件、接取送达等信息。

(3)审核证明文件、技术资料等原件,采集影像资料,并在证明文件背面注明托运货物数量,加盖车站日期戳,退还托运人或按规定存查。

(4)运单受理通过前对成组或整列运输的运单需求联进行标识。

(5)选择添加承运人标准记事和运输戳记;填记装载加固方案号码、费用浮动项目号及相关记事。

(6)国际联运出口(含过境)运输,还需审核客户是否在电商系统中填制国际联运运单,即客户提供的纸质国联运单是否有电商系统生成的 8 位国联运单号,纸质运单托运人填记部分的各栏内容是否与电商系统中填记的一致。

89. 指出图 1-4 所示的防护牌安设存在的问题及防护牌安设规定。(《铁路货物装卸安全技术规则》第 5 条)

图 1-4

答:(1)存在问题:

①防护牌安设在来车方向的右侧钢轨上;

②防护牌安设距离小于 20 m;

③防护牌未贴反光膜或刷反光漆。

(2)安设规定:装卸作业前,装卸工组应在货物线两端来车方向左侧钢轨上设置带脱轨器的固定或移动式防护信号(尽头线路只在来车一端防护)。移动式防护信号设置在距离车列不小于 20 m 处;作业车停留位置距警冲标不足 20 m 时,防护信号设在与警冲标相齐处。如在同一线路上车辆分解后作业时,应在该线路的最前部与最后部车辆外端防护,分解间隔大于 40 m 时,可在间隔 20 m 以外处设置。

90. 某站篷布苫盖捆绑后的状态如图 1-5 所示,请指出违章之处。(《货车篷布管理规则》第 15 条、附件 1,《铁路货物运输管理规则》第 14 条,《铁路货物装卸安全技术规则》第 13 条)

答:(1)未加盖篷布绳网和使用篷布绳卡,违反《货车篷布管理规则》第 15 条“苫盖篷布的

图 1-5

敞车必须在发站加盖篷布绳网，使用篷布绳卡”的规定。

（2）苫盖的篷布遮盖了货车车号，违反《铁路货物运输管理规则》第 14 条、《铁路货物装卸安全技术规则》第 13 条“篷布不得遮盖车号和货车表示牌”的规定。

（3）货车篷布遮盖侧墙车梯，违反《货车篷布管理规则》附件 1“苫盖篷布不得遮盖侧墙车梯”的规定。

（4）货车人力制动机一端篷布下垂遮盖端板部分过长，违反《货车篷布管理规则》附件 1“货车人力制动机一端篷布下垂遮盖端板部分长度 300～500 mm”的规定。

91. 某站受理一批机械设备，使用 N17K 装载（N17K 自重 21 t，空车重心高 723 mm，车地板高度 1 211 mm），**主机一件重 42 t，货物重心高 1 300 mm，另有附属设备两件，其中一件重 6 t，货物重心高 800 mm，另一件重 8 t，货物重心高 1 000 mm，装载方法为主机下使用 200 mm 横垫木两根装在车辆中部，另两件货物分别装在车辆两端，直接落在车地板上。请确定：该车重车重心高；该车运行条件。**（《铁路货物装载加固规则》第 13 条、附件 2）

答：（1）重车重心高

$$H=\frac{Q_1h_1+Q_2h_2+Q_3h_3+Q_{车}h_{车}}{Q_1+Q_2+Q_3+Q_{车}}$$

$$=\frac{42\times(1\ 300+1\ 211+200)+6\times(1\ 211+800)+8\times(1\ 211+1\ 000)+21\times 723}{42+6+8+21}$$

$$\approx 2\ 063(\text{mm})$$

（2）运行条件

该车重车重心高 $H=2\ 063$ mm，2 000 mm$<H\leqslant$2 400 mm，可确定该车运行条件为运行限速 50 km/h，通过侧向道岔限速 15 km/h。

92. 用 60 t N17AK 型平车装一件 40 t 货物，货物重心高度为 1 520 mm，车辆自重 20.8 t，装载后车地板自轨面起高 1 170 mm，车辆重心高 723 mm，试计算重车重心高。若重车重心超高，选用一件预计装车后重心高为 1 800 mm 的货物配重，应如何选择配重货物？如不能配重，请确定运输条件。（《铁路货物装载加固规则》附件 2、附件 3、附件 6、第 13 条）

答：（1）重车重心高：

$H=(Q_{车}h_{车}+Qh)/(Q_{车}+Q)$

$=[20.8\times723+40\times(1\ 170+1\ 520)]/(20.8+40)$

$\approx2\ 018(mm)$

重车重心超高。

(2)配重重量:

$Q_{配}=Q_{总}(H-2\ 000)/(2\ 000-h_{配})$

$=60.8\times(2\ 018-2\ 000)/(2\ 000-1\ 800)$

$\approx5.5(t)$

故配重货物重量不得小于 5.5 t,但因货车允许载重不得超过 60 t,故最大不得超过 60－40＝20(t)。

(3)该车重车重心高为 2 018 mm,超过 2 000 mm,小于 2 400 mm,若无法采取配重措施降低重车重心高,则应运行限速 50 km/h,通过侧向道岔限速 15 km/h。由装车站以文电向铁路局集团公司请示。

93. 2022 年 5 月 1 日 A 站承运一个 40 英尺集装箱装糖果到 B 站,保价 70 万,运价里程为 2 100 km,2022 年 5 月 17 日到达 B 站,当日卸车完毕。请计算货物运到期限,并判定是否逾期,如逾期,逾期几天?(《铁路货物运输规程》第 36 条)

答:运到期限:

(1)货物发送期间 1 日;

(2)货物运输期间:2 100÷250＝8.4(日),不满 1 日进为 1 日,进为 9 日;

(3)运到期限为 1＋9＝10(日)。

逾期情况:

货物实际运到日数为从 5 月 2 日起至 17 日,共计 16 日。

因此该车逾期,逾期 6 日。

94. 哪些货物必须使用棚车装运?哪些货物也应使用棚车装运?哪些货物不能使用棚车装运?(《铁路货物运输规程》第 24 条,《铁路货物运输管理规则》第 13 条,《铁路货物装载加固规则》第 10 条)

答:(1)对保密物资、涉外物资、精密仪器、展览品,能用棚车装运的必须使用棚车装运,不得用其他货车代替。

(2)装运货物要合理使用货车,车种要适合货种,除规定必须使用棚车装运的货物外,对怕湿或易于被盗、丢失的货物,也应使用棚车装运。

(3)下列货物不能使用棚车装运:散装的煤、灰、焦炭、砂、石、土、矿石、砖,超长货物,超限货物,钢轨,组成的机动车辆(组成的摩托车、手扶拖拉机及小型车辆可使用棚车)。

95. 如何开关敞、棚车车门?(《铁路货物装卸安全技术规则》第 20 条)

答:(1)开关车门须使用拉门绳,迎面禁止站人,禁止手扶、肩靠门框直接推拉车门,防止车门落下或货物溜下砸伤。禁止用手推车、叉车等装卸机具顶撞车门。不得擅自拆卸车门、车窗。

(2)开启棚车车门前,要先检查确认门鼻、滑轮、轮槽无损坏、出槽及其他异状,再用拉门绳将门拉开小缝,检查车内货物有无倒塌,确认车门无脱落危险后再将车门开到最大,然后翻转门柱上的车门止铁,阻挡车门滑动。关车门时,也要先检查后用绳拉。禁止从棚车窗口装卸货物。

(3)敞车中门开启后,须固定牢靠。开启敞车下侧门时,应用拉门绳从车上拉起,将下侧门折页上的挂环挂到上侧梁的挂钩上,或用支门器支开、车门卡卡牢,不准掩夹石块等物,车上人员要防止车门开启后随货物滑落。开关敞车车门必须逐个地开关。开关下侧门时应做好呼唤应答,确认门下无人后再开启或放下;关闭中门,须确认闭锁可靠。进出敞车车厢应从中门进出,不得从开启的敞车下侧门钻进钻出。

96. 2022年3月8日某站装卸承包企业,于17时20分按该站货运员的通知安排,在车站货场货1线装麸皮1车,卸煤炭4车,作业前均安设防护信号;作业中该站调车作业时,因车站值班员未提前通知货运员停止装卸作业,调车人员不认真检查线路、车辆,于当天21时调车推送车辆碰轧防护信号造成车辆脱轨,构成铁路交通一般D2事故。请分析造成事故的原因。(《铁路货物装卸安全技术规则》第8条,《铁路技术管理规程(普速铁路部分)》第290条)

答:(1)调车人员对正在进行装卸作业的车辆中途调车时,须事先通知货运员,由货运员通知装卸工组,装卸工组接到通知后须停止作业,整理好车内(上)货物,防止倒塌、坠落和侵界,关好车门、车窗,人员、机具全部撤出限界,撤除防护信号,经货运员确认后方可进行调车作业。

(2)调车作业人员不认真检查线路、车辆,违反《铁路技术管理规程(普速铁路部分)》第290条调车作业必须做好检查线路准备的有关规定。

(3)车站值班员未严格执行《车站行车工作细则》有关规定,特别在装卸作业车中途调车管理方面存在隐患。

97. 10月26日18时,某站货2道整列成组装车作业,承包叉车二班在12库1区装零散货物,车号P_{70}3832362。当货物装至棚车的近三分之一时,使用8号叉车的承包工司机,叉取车门口右侧汽车配件集装托盘,为将叉取托盘装进车厢,开车向后直行,倒车以左转调整叉车方向过程中,仅向左后瞭望且未按喇叭警示,导致站台上位于叉车后方正在点件(距车门约2.5 m)**的物流公司人员被叉车右后轮刮碰,造成右内踝受伤。试分析上述作业过程有哪些违规行为。**(《铁路货物装卸安全技术规则》第69、70条)

答:(1)流动式装卸机械作业时,未在作业区关键位置设置安全警示标志。未在整列成组装车作业线路设置防护区域。

(2)承包工司机违反"各种装卸机械操作前要鸣喇叭(铃)示意。流动式装卸机械进出车门、库门、箱门,通过人员、设备通道,在坡道、转弯等视线不良地段或繁忙地带应减速鸣笛或停车避让”的规定。

(3)对“非作业人员、设备,不得进入作业区域”的规定未落实。

98. 某站12月12日装冻肉一批到A站(运价里程1 151 km)**,货物运单托运人记事栏内记载允许运到期限10日,12月17日该车到达A站后,托运人要求变更到B站**(A站至B站运价里程258 km)**,A站能否受理?为什么?**(《铁路货物运输规程》第36条,《铁路鲜活货物运输规则》第17条)

答:A站不能受理。

(1)原货物运到期限6日,容许运到期限10日;

(2)该车从12月12日承运至12月17日到达A站共经历5日;

(3)A站至B站新的运到期限3日;

(4)扣除已发生的运送天数,容许运到期限还剩10－5＝5(日),与新运到期限相差5－3＝2(日)＜3日。

易腐货物容许运到期限至少须大于铁路规定的运到期限3日时,才能办理变更。故A站不能受理该车货物的变更。

99.《铁路货物装卸安全技术规则》对货物堆码的基本要求是什么?(《铁路货物装卸安全技术规则》第15条)

答:(1)货物堆码应按照《铁路运输货物堆码标准》和包装指示标志进行,做到轻拿轻放、大不压小、重不压轻、稳固整齐、标签向外、按批分清。纸箱包装要箱口向上,液体货物封口向上。怕湿货物露天堆码地面要进行防湿铺垫,随卸随铺,随装随撤,上部要起脊并苫盖严密。货垛码放形状要便于清点保管和下一道工序的装卸、搬运。

(2)货物距钢轨头部外侧要保持1.5 m以上,并不得侵入轨行式机械走行安全警示线。站台上堆码货物,货垛与站台边沿距离不得小于1 m。货垛之间应留出机械或人行通道,机械通道宽度不小于机身宽度1.3倍,人行通道宽度不少于1 m。货垛距电源开关、消防设施等不得少于2 m。

(3)易滚动的货物应垂直于线路堆放,平顺整齐,打掩挤牢,防止磕碰挤压,不应斜插交错,不得在货物上登爬、坐卧、站立和走动。

100. 某站货运室拟装铁矿粉10车,配空车10辆C_{70}型车到达货物线后,车站货运人员组织进行装车前检查时,发现有2辆车的状态不良,请问应如何处理并说明依据。(《铁路货物运输规程》第25条,《铁路货物运输管理规则》第14条,《铁路货运票据电子化作业办法》第11条)

答:车站应使用其中状态良好的8辆C_{70}型车装运铁矿粉;2辆状态不良的C_{70}型车不使用,在货运站系统中填写“不良货车通知单”,打印交车站签收,并继续请求配空2辆敞车装运铁矿粉。

依据：

(1)《铁路货物运输规程》第 25 条“承运人应拨配状态良好，清扫干净的货车装运货物。装车前，装车单位应对车厢的完整和清洁状况进行检查”。

(2)《铁路货物运输管理规则》第 14 条“铁路组织装车时，车站应做到：装车前，认真检查货车的车体(包括透光检查)、车门、车窗、盖阀是否完整良好”。

(3)《铁路货运票据电子化作业办法》第 11 条“整车装车。装车前三检，发现货车损坏不能使用的，填制‘不良货车通知单’(运统 25)，递送车站签收在现车系统标记‘不良货车’标识”。

S1 确定货物运到期限

铁道行业职业技能认定货装值班员中级操作技能考核准备通知单

考核时间:60 min

一、鉴定站准备

1. 材料准备

序 号	材 料 名 称	规 格	数 量	备 注
1	《铁路货物运输规程》	本	1	
2	《中国铁路总公司关于铁路货运实行门到门运输及制定调整相关费目和费率的通知》	本	1	

2. 考场准备

(1)作业现场或演练场,场地条件及工具、量具应满足实际操作的需要,不得存在安全隐患,必要时需酌情配设辅助操作人员。

(2)如因客观原因场地条件不能满足实际操作需要时,可采取模拟的方式进行操作。

①供模拟考试用教室1间。

②考场内须光线充足,空气良好,环境安静,卫生整洁。

二、考生准备

考生按现场作业要求,着规定的作业服,佩戴标志,严格执行劳动保护的有关规定。考生需自备考试工具。

铁道行业职业技能认定货装值班员中级操作技能考核试卷(考评员用)

试题名称:确定货物运到期限

试题内容:A站2022年8月22日承运至B站面粉一车,计费里程3 134 km,托运人要求"门到门"运输,上门接取送达、装卸货物,2022年9月20日23时到达B站货场卸车,次日2时10分卸车完毕。请计算货物是否逾期。横越停有机车、车辆(组)的线路时,如何通过?

一、技术要求

1. 答题符合相关法律、法规、规章和标准的规定。
2. 技术用语规范。
3. 工具、设备使用应符合规定。
4. 在不违反试题内容的前提下,未给定条件可自设。

二、考核要求

1. 作业过程完整。

2. 本项技能认定属综合型考试。

3. 本项技能认定由被认定人独立完成。

三、考核时限

1. 准备时间:10 min。

2. 正式操作时间:60 min。

3. 在规定时间内全部完成,不加分,也不扣分。每超时 1 min,从总分扣 5 分,总超时 5 min 停止作业。

四、考核评分

1. 考评人员 3 名及以上。

2. 评分点见“考核评分记录表”。

3. 评分程序及规则:考评员各自根据考生作业程序在评分表上给予记录评分,取平均分为评定得分。

4. 算分方法:百分制计算,满分 100 分,60 分为及格。

五、否定项

若考生发生下列情况之一,则应及时终止其考试,该考生成绩记为零分。

1. 操作不当造成设备、工具、仪器和材料损坏。

2. 严重违反安全作业规程,违反考试纪律。

铁道行业职业技能认定货装值班员中级操作技能考核试卷(考生用)

单位:　　　　　　　　　　　　　　姓名:　　　　　　　　　　　　　　准考证号:

试题内容:A 站 2022 年 8 月 22 日承运至 B 站面粉一车,计费里程 3 134 km,托运人要求“门到门”运输,上门接取送达、装卸货物,2022 年 9 月 20 日 23 时到达 B 站货场卸车,次日 2 时 10 分卸车完毕。请计算货物是否逾期。横越停有机车、车辆(组)的线路时,如何通过?

铁道行业职业技能认定货装值班员中级操作技能考核评分记录表

准考证号:　　　　　　　姓名:　　　　　　　性别:　　　　　　　单位:

试题名称:确定货物运到期限　　　　　　　　　　　　　　　　　　　考核时间:60 min

操作开始时间:　　时　　分　　　　　　　　操作结束时间:　　时　　分

序号	考核内容	考 核 要 点	配分	评 分 标 准	扣分	得分
1	确定货物运到期限	确定的依据、货物发送期间	15	每漏、错 1 处扣 5 分		
		货物运输期间	10	每漏、错 1 处扣 5 分		
		特殊作业时间	15	每漏、错 1 处扣 5 分		
		货物运到期限	10	每漏、错 1 处扣 5 分		

续上表

序号	考核内容	考核要点	配分	评分标准	扣分	得分
2	确定是否逾期	实际运到日数	5	漏、错扣5分		
		逾期日数	10	每漏、错1处扣5分		
		支付违约金的比例	15	每漏、错1处扣5分		
3	人身安全	横越停有机车、车辆(组)的线路时,如何通过	10	每漏、错1处扣5分		
4	试卷质量	层次分明、清晰、整洁、文字流畅、无错别字	5	未达到1处扣1分		
5	着装,标志佩戴	按规定着装,标志齐全	5	未按规定着装扣5分,未佩戴标志扣2分		
合计			100			
备注	超时1 min从总分扣5分,超时5 min停止作业					
否定项:若考生发生下列情况之一,则应及时终止其考试,该考生成绩记为零分。 1. 操作不当造成设备、工具、仪器和材料损坏。 2. 严重违反安全作业规程,违反考试纪律。						

考评员: 总分人: 年 月 日

参考答案要点

(1)货物运到期限

货物发送期间:1日;

货物运输期间:3 134/250≈13(日);

特殊作业时间:门到发站、到站到门、上门装货、上门卸货各另加1日,共4日。

货物运到期限=1+13+4=18(日)。

(2)运到逾期确定

①实际运到日数:8月23日至9月21日,共30日;

②逾期日数:30日−18日=12日;

③支付违约金:逾期总日数占运到期限=12/18≈6.7/10,大于5/10,应向收货人支付运费20%的违约金。

(3)人身安全

横越停有机车、车辆(组)的线路时,先确认机车、车辆(组)无移动可能,然后在距离该机车、车辆(组)端部5 m以外绕行通过。

S2 货物运到逾期处理

铁道行业职业技能认定货装值班员中级操作技能考核准备通知单

考核时间:60 min

一、鉴定站准备

1. 材料准备

序 号	材 料 名 称	规 格	数 量	备 注
1	《铁路货物运输规程》	本	1	
2	《铁路货物运输管理规则》	本	1	

2. 考场准备

(1)作业现场或演练场,场地条件及工具、量具应满足实际操作的需要,不得存在安全隐患,必要时需酌情配设辅助操作人员。

(2)如因客观原因场地条件不能满足实际操作需要时,可采取模拟的方式进行操作。

①供模拟考试用教室1间。

②考场内须光线充足,空气良好,环境安静,卫生整洁。

二、考生准备

考生按现场作业要求,着规定的作业服,佩戴标志,严格执行劳动保护的有关规定。考生需自备考试工具。

铁道行业职业技能认定货装值班员中级操作技能考核试卷(考评员用)

试题名称:货物运到逾期处理

试题内容:A站6月24日承运到B站整车大米一车,200件,保价运输。A站到B站距离为1 000 km。收货人于7月3日持领货凭证到B站提货,经查货物未到达;7月16日又到车站查询亦未到;最终于8月2日到达B站,并有100件大米发生霉变。问在此期间到站B站应如何正确处理?横越停有机车、车辆(组)的线路时,如何通过?

一、技术要求

1. 技术用语规范。
2. 在不违反试题内容的前提下,未给定条件可自设。

二、考核要求

1. 作业过程完整。
2. 本项技能认定由被认定人独立完成。

三、考核时限

1. 准备时间:10 min。
2. 正式操作时间:60 min。
3. 在规定时间内全部完成,不加分,也不扣分。每超时1 min,从总分扣5分,总超时5 min停止作业。

四、考核评分

1. 考评人员3名及以上。

2. 评分点见“考核评分记录表”。

3. 评分程序及规则：考评员各自根据考生作业程序在评分表上给予记录评分，取平均分为评定得分。

4. 算分方法：百分制计算，满分 100 分，60 分为及格。

五、否定项

若考生发生下列情况之一，则应及时终止其考试，该考生成绩记为零分。

1. 操作不当造成设备、工具、仪器和材料损坏。

2. 严重违反安全作业规程，违反考试纪律。

铁道行业职业技能认定货装值班员中级操作技能考核试卷（考生用）

单位：　　　　　　　　　　　　姓名：　　　　　　　　　　　　准考证号：

试题内容：A 站 6 月 24 日承运到 B 站整车大米一车，200 件，保价运输。A 站到 B 站距离为 1 000 km。收货人于 7 月 3 日持领货凭证到 B 站提货，经查货物未到达；7 月 16 日又到车站查询亦未到；最终于 8 月 2 日到达 B 站，并有 100 件大米发生霉变。问在此期间到站 B 站应如何正确处理？横越停有机车、车辆（组）的线路时，如何通过？

铁道行业职业技能认定货装值班员中级操作技能考核评分记录表

准考证号：　　　　　　姓名：　　　　　　性别：　　　　　　单位：

试题名称：货物运到逾期处理　　　　　　　　　　　　考核时间：60 min

操作开始时间：　　时　　分　　　　　　操作结束时间：　　时　　分

序号	考核内容	考 核 要 点	配分	评 分 标 准	扣分	得分
1	货物运到逾期如何处理	计算运到期限，最晚应到时间	15	每漏、错 1 处扣 5 分		
		逾期，初来查询处理办法	10	每漏、错 1 处扣 5 分		
		逾期 15 天未到，答复收货人	10	每漏、错 1 处扣 5 分		
		逾期 15 天未到，到站处理办法	15	每漏、错 1 处扣 5 分		
		逾期 30 天未到，到站处理办法	10	每漏、错 1 处扣 5 分		
		货物到达，逾期 34 天到站处理办法	10	每漏、错 1 处扣 5 分		
		铁路责任，途中积压引起的霉变，赔偿办法	10	每漏、错 1 处扣 5 分		
2	人身安全	横越停有机车、车辆（组）的线路时，如何通过	10	每漏、错 1 处扣 5 分		
3	试卷质量	层次分明、清晰、整洁、文字流畅、无错别字	5	未达到 1 处扣 1 分		
4	着装，标志佩戴	按规定着装，标志齐全	5	未按规定着装扣 5 分，未佩戴标志扣 2 分		
合计			100			
备注	超时 1 min 从总分扣 5 分，超时 5 min 停止作业					
否定项：若考生发生下列情况之一，则应及时终止其考试，该考生成绩记为零分。 1. 操作不当造成设备、工具、仪器和材料损坏。 2. 严重违反安全作业规程，违反考试纪律。						

考评员：　　　　　　　　　　　　总分人：　　　　　　　　　　　　年　　月　　日

参考答案要点

(1)货物运到逾期如何处理

①运到期限＝发送期间 1 天＋运输期间 4 天(1 000/250＝4)＝5 天,货物最晚应该在 6 月 29 日 24 时前到达。

②根据《铁路货物运输规程》第 31 条规定,7 月 3 日收货人初次来查询时,货物未到,到站 B 站应在领货凭证背面加盖车站日期戳证明货物未到。向收货人耐心做好解释工作,车辆到达后尽快组织卸车并及时通知收货人提货。

③7 月 16 日查询还未到达,应该根据《铁路货物运输规程》第 51 条规定,货物的运到期限满期后经过 15 天,仍不能在到站交付货物时,车站应于当日编制货运记录交给收货人。

④根据《铁路货物运输管理规则》第 28 条规定,到站除按规定编制货运记录外,还必须负责货物的查询工作,依次从发站顺序查询。被查询的车站,应自接到查询的次日起两日内将查询结果电告到站,并向下一作业站(编组、区段或保留站)继续查询。到站应将查询的最终结果及时通知收货人。

⑤根据《铁路货物运输规程》第 51 条规定,运到期限满期后,经过 30 天,仍不能在到站交付货物时,托运人、收货人可按货物灭失向到站要求赔偿。7 月 30 日货主可以按全批灭失向到站请求赔偿。

⑥因为途中积压,8 月 2 日运到,致使运到逾期 34 天。根据《铁路货物运输规程》第 37 条规定,从承运人发出领货通知的次日起(不能实行领货通知或会同收货人卸车的货物为卸车的次日起),如收货人于两日内将货物领出,则应向收货人支付运到逾期违约金。最高为运费的 20%。

⑦因为铁路责任,途中积压引起的霉变,到站应再次编制货运记录,按实际损失对收货人进行赔偿,但最高不超过保价额。

(2)人身安全

横越停有机车、车辆(组)的线路时,先确认机车、车辆(组)无移动可能,然后在距离该机车、车辆(组)端部 5 m 以外绕行通过。

S3　确定重车重心高和运行条件

铁道行业职业技能认定货装值班员中级操作技能考核准备通知单

考核时间:60 min

一、鉴定站准备

1. 材料准备

序　号	材　料　名　称	规　格	数　量	备　注
1	《铁路货物装载加固规则》	本	1	

2. 考场准备

(1)作业现场或演练场，场地条件及工具、量具应满足实际操作的需要，不得存在安全隐患，必要时需酌情配设辅助操作人员。

(2)如因客观原因场地条件不能满足实际操作需要时，可采取模拟的方式进行操作。

①供模拟考试用教室 1 间。

②考场内须光线充足，空气良好，环境安静，卫生整洁。

二、考生准备

考生按现场作业要求，着规定的作业服，佩戴标志，严格执行劳动保护的有关规定。考生需自备考试工具。

铁道行业职业技能认定货装值班员中级操作技能考核试卷(考评员用)

试题名称：确定重车重心高和运行条件

试题内容：某站受理一批机械设备，使用 N_{17K} 装载，主机一件重 42 t，货物重心高 1 300 mm，另有附属设备两件，其中一件重 6 t，货物重心高 800 mm，另一件重 8 t，货物重心高 1 000 mm，装载方法为主机下使用 200 mm 横垫木两根装在车辆中部，另两件货物分别装在车辆两端，直接落在车地板上。(N_{17K} 自重 21 t，空车重心高 723 mm，车地板高度 1 211 mm)(1)请确定该车重车重心高；(2)确定该车运行条件；(3)横越停有机车、车辆(组)的线路时，如何通过？

一、技术要求

1. 答题符合相关法律、法规、规章和标准的规定。
2. 在不违反试题内容的前提下，未给定条件可自设。

二、考核要求

1. 作业过程完整。
2. 本项技能认定由被认定人独立完成。

三、考核时限

1. 准备时间：10 min。
2. 正式操作时间：60 min。
3. 在规定时间内全部完成，不加分，也不扣分。每超时 1 min，从总分扣 5 分，总超时 5 min 停止作业。

四、考核评分

1. 考评人员 3 名及以上。
2. 评分点见“考核评分记录表”。
3. 评分程序及规则：考评员各自根据考生作业程序在评分表上给予记录评分，取平均分为评定得分。

4. 算分方法：百分制计算，满分 100 分，60 分为及格。

五、否定项

若考生发生下列情况之一，则应及时终止其考试，该考生成绩记为零分。

1. 操作不当造成设备、工具、仪器和材料损坏。
2. 严重违反安全作业规程，违反考试纪律。

铁道行业职业技能认定货装值班员中级操作技能考核试卷(考生用)

单位： 姓名： 准考证号：

试题内容：某站受理一批机械设备，使用 N_{17K} 装载，主机一件重 42 t，货物重心高 1 300 mm，另有附属设备两件，其中一件重 6 t，货物重心高 800 mm，另一件重 8 t，货物重心高 1 000 mm，装载方法为主机下使用 200 mm 横垫木两根装在车辆中部，另两件货物分别装在车辆两端，直接落在车地板上。(N_{17K} 自重 21 t，空车重心高 723 mm，车地板高度 1 211 mm)(1)请确定该车重车重心高；(2)确定该车运行条件；(3)横越停有机车、车辆(组)的线路时，如何通过？

铁道行业职业技能认定货装值班员中级操作技能考核评分记录表

准考证号： 姓名： 性别： 单位：

试题名称：确定重车重心高和运行条件 考核时间：60 min

操作开始时间： 时 分 操作结束时间： 时 分

序号	考核内容	考 核 要 点	配分	评 分 标 准	扣分	得分
1	货物装车后重心高	货物 1 装车后重心高	10	每漏、错 1 处扣 5 分		
		货物 2 装车后重心高	10	每漏、错 1 处扣 5 分		
		货物 3 装车后重心高	10	每漏、错 1 处扣 5 分		
2	代入公式计算	公式	10	每漏、错 1 处扣 5 分		
		代入公式计算	10	每漏、错 1 处扣 5 分		
		重车重心高度	10	每漏、错 1 处扣 5 分		
3	确定运行条件	确定重车重心高度所在范围	10	每漏、错 1 处扣 5 分		
		确定运行限速	5	漏、错扣 5 分		
		确定通过侧向道岔限速	5	漏、错扣 5 分		
4	人身安全	横越停有机车、车辆(组)的线路时，如何通过	10	每漏、错 1 处扣 5 分		
5	试卷质量	层次分明、清晰、整洁、文字流畅、无错别字	5	未达到 1 处扣 1 分		
6	着装，标志佩戴	按规定着装，标志齐全	5	未按规定着装扣 5 分，未佩戴标志扣 2.5 分		
合计			100			
备注	超时 1 min 从总分扣 5 分，超时 5 min 停止作业					
否定项：若考生发生下列情况之一，则应及时终止其考试，该考生成绩记为零分。 1. 操作不当造成设备、工具、仪器和材料损坏。 2. 严重违反安全作业规程，违反考试纪律。						

考评员： 总分人： 年 月 日

参考答案要点

(1)货物装车后重心高

$h_1=1\ 300+1\ 211+200=2\ 711$(mm)

$h_2=1\ 211+800=2\ 011$(mm)

$h_3=1\ 211+1\ 000=2\ 211$(mm)

(2)计算重车重心高

$$H=\frac{Q_1h_1+Q_2h_2+Q_3h_3+Q_{车}h_{车}}{Q_1+Q_2+Q_3+Q_{车}}$$

$$=\frac{42\times2\ 711+6\times2\ 011+8\times2\ 211+21\times723}{42+6+8+21}$$

$$\approx2\ 063(\mathrm{mm})$$

该车重车重心高为 2 063 mm。

(3)确定运行条件

该车重车重心高 $H=2\ 063$ mm,依据《铁路货物装载加固规则》,2 000 mm$<H\leqslant$2 400 mm,可确定该车运行条件为运行限速 50 km/h,通过侧向道岔限速 15 km/h。

(4)人身安全

横越停有机车、车辆(组)的线路时,先确认机车、车辆(组)无移动可能,然后在距离该机车、车辆(组)端部 5 m 以外绕行通过。

S4　利用配重货物降低重车重心高度并确定运输条件

铁道行业职业技能认定货装值班员中级操作技能考核准备通知单

考核时间:60 min

一、鉴定站准备

1. 材料准备

序　号	材　料　名　称	规　格	数　量	备　注
1	《铁路货物装载加固规则》	本	1	

2. 考场准备

(1)作业现场或演练场,场地条件及工具、量具应满足实际操作的需要,不得存在安全隐患,必要时需酌情配设辅助操作人员。

(2)如因客观原因场地条件不能满足实际操作需要时,可采取模拟的方式进行操作。

①供模拟考试用教室 1 间。

②考场内须光线充足,空气良好,环境安静,卫生整洁。

二、考生准备

考生按现场作业要求,着规定的作业服,佩戴标志,严格执行劳动保护的有关规定。考生需自备考试工具。

铁道行业职业技能认定货装值班员中级操作技能考核试卷(考评员用)

试题名称:利用配重货物降低重车重心高度并确定运输条件

试题内容:用 60 t N17AK 型平车装一件 40 t 货物,货物重心高度为 1 520 mm,车辆自重 20.8 t,装载后车地板自轨面起高 1 170 mm,车辆重心高 723 mm。(1)试计算重车重心高。(2)若重车重心超高,选用一件预计装车后重心高为 1 800 mm 的货物配重,应如何选择配重货物?(3)如不能配重,请确定运输条件。(4)横越停有机车、车辆(组)的线路时,如何通过?

一、技术要求

1. 技术用语规范。

2. 在不违反试题内容的前提下,未给定条件可自设。

二、考核要求

1. 作业过程完整。

2. 本项技能认定由被认定人独立完成。

三、考核时限

1. 准备时间:10 min。

2. 正式操作时间:60 min。

3. 在规定时间内全部完成,不加分,也不扣分。每超时 1 min,从总分扣 5 分,总超时 5 min 停止作业。

四、考核评分

1. 考评人员 3 名及以上。

2. 评分点见“考核评分记录表”。

3. 评分程序及规则:考评员各自根据考生作业程序在评分表上给予记录评分,取平均分为评定得分。

4. 算分方法:百分制计算,满分 100 分,60 分为及格。

五、否定项

若考生发生下列情况之一,则应及时终止其考试,该考生成绩记为零分。

1. 操作不当造成设备、工具、仪器和材料损坏。

2. 严重违反安全作业规程,违反考试纪律。

铁道行业职业技能认定货装值班员中级操作技能考核试卷(考生用)

单位：　　　　　　　　　　　　姓名：　　　　　　　　　　　　准考证号：

试题内容：用 60 t N_{17AK} 型平车装一件 40 t 货物，货物重心高度为 1 520 mm，车辆自重 20.8 t，装载后车地板自轨面起高 1 170 mm，车辆重心高 723 mm。(1)试计算重车重心高。(2)若重车重心超高，选用一件预计装车后重心高为 1 800 mm 的货物配重，应如何选择配重货物？(3)如不能配重，请确定运输条件。(4)横越停有机车、车辆(组)的线路时，如何通过？

铁道行业职业技能认定货装值班员中级操作技能考核评分记录表

准考证号：　　　　　姓名：　　　　　性别：　　　　　单位：

试题名称：利用配重货物降低重车重心高度并确定运输条件　　　　　　　　考核时间：60 min

操作开始时间：　时　分　　　　操作结束时间：　时　分

序号	考核内容	考 核 要 点	配分	评 分 标 准	扣分	得分
1	重车重心高	公式	5	漏、错扣 5 分		
		代入公式、计算	10	每漏、错 1 处扣 5 分		
		重车重心高度	10	每漏、错 1 处扣 5 分		
2	配重重量	公式	5	漏、错扣 5 分		
		代入公式、计算	10	每漏、错 1 处扣 5 分		
		配重的重量	10	每漏、错 1 处扣 5 分		
		配重货物重量最小、最大值	6	每漏、错 1 处扣 3 分		
3	确定运行条件	确定重车重心高度范围	6	漏、错扣 6 分		
		确定运行限速	6	漏、错扣 6 分		
		确定通过侧向道岔限速	6	漏、错扣 6 分		
		请示铁路局集团公司	6	漏、错扣 6 分		
4	人身安全	横越停有机车、车辆(组)的线路时，如何通过	10	每漏、错 1 处扣 5 分		
5	试卷质量	层次分明、清晰、整洁、文字流畅、无错别字	5	未达到 1 处扣 1 分		
6	着装，标志佩戴	按规定着装，标志齐全	5	未按规定着装扣 5 分，未佩戴标志扣 2.5 分		
	合计		100			
备注	超时 1 min 从总分扣 5 分，超时 5 min 停止作业					

否定项：若考生发生下列情况之一，则应及时终止其考试，该考生成绩记为零分。
1. 操作不当造成设备、工具、仪器和材料损坏。
2. 严重违反安全作业规程，违反考试纪律。

考评员：　　　　　　　　　　总分人：　　　　　　　　　　年　　月　　日

参考答案要点

(1)重车重心高

$H=(Q_{车}h_{车}+Qh)/(Q_{车}+Q)$

$=[20.8\times723+40\times(1\ 170+1\ 520)]/(20.8+40)$

$\approx2\ 018(\text{mm})$

重车重心超高。

(2)配重重量

$$Q_{配}=Q_{总}(H-2\,000)/(2\,000-h_{配})$$
$$=60.8\times(2\,018-2\,000)/(2\,000-1\,800)$$
$$\approx5.5(\text{t})$$

故配重货物重量不得小于 5.5 t,但因货车允许载重不得超过 60 t,故最大不得超过 60－40＝20(t)。

(3)运行条件

该车重车重心高为 2 018 mm,超过 2 000 mm,小于 2 400 mm,若无法采取配重措施降低重车重心高,则应运行限速 50 km/h,通过侧向道岔限速 15 km/h。由装车站以文电向铁路局集团公司请示。

(4)人身安全

横越停有机车、车辆(组)的线路时,先确认机车、车辆(组)无移动可能,然后在距离该机车、车辆(组)端部 5 m 以外绕行通过。

S5　生产组织模拟题

铁道行业职业技能认定货装值班员中级操作技能考核准备通知单

考核时间:60 min

一、鉴定站准备

1. 材料准备

序　号	材　料　名　称	规　格	数　量	备　注
1	《铁路货物装卸安全技术规则》	本	1	

2. 考场准备

(1)作业现场或演练场,场地条件及工具、量具应满足实际操作的需要,不得存在安全隐患,必要时需酌情配设辅助操作人员。

(2)如因客观原因场地条件不能满足实际操作需要时,可采取模拟的方式进行操作。

①供模拟考试用教室 1 间。

②考场内须光线充足,空气良好,环境安静,卫生整洁。

二、考生准备

考生按现场作业要求,着规定的作业服,佩戴标志,严格执行劳动保护的有关规定。考生需自备考试工具。

铁道行业职业技能认定货装值班员中级操作技能考核试卷(考评员用)

试题名称:生产组织模拟题

试题内容:某站货装值班员李某18点接班后,接车站夜班第一阶段计划安排装一车钢板(C624621340),钢板每件重5 t(长10 m,宽2.4 m),共计12件,敞车20点上货4道,22点拉走。货4道有2台门吊,1号36 t,2号10 t,门吊班组2个,1班3人,司机1人,起重工2人;2班4人,司机1人,起重工3人。假设你是李某,请编制该车的装卸作业方案。

作业地点	作业别	货物名称	件重/总重	车种车号	作业机具	作业人员	作业时间	装卸搬运工艺	备注
1	2	3	4	5	6	7	8	9	10

编制人: 日期:

一、技术要求

1. 技术用语规范。
2. 在不违反试题内容的前提下,未给定条件可自设。

二、考核要求

1. 作业过程完整。
2. 本项技能认定属综合型考试。
3. 本项技能认定由被认定人独立完成。

三、考核时限

1. 准备时间:10 min。
2. 正式操作时间:60 min。
3. 在规定时间内全部完成,不加分,也不扣分。每超时1 min,从总分扣5分,总超时5 min停止作业。

四、考核评分

1. 考评人员3名及以上。
2. 评分点见"考核评分记录表"。
3. 评分程序及规则:考评员各自根据考生作业程序在评分表上给予记录评分,取平均分为评定得分。
4. 算分方法:百分制计算,满分100分,60分为及格。

五、否定项

若考生发生下列情况之一,则应及时终止其考试,该考生成绩记为零分。

1. 操作不当造成设备、工具、仪器和材料损坏。

2. 严重违反安全作业规程,违反考试纪律。

铁道行业职业技能认定货装值班员中级操作技能考核试卷(考生用)

单位: 姓名: 准考证号:

试题内容:某站货装值班员李某18点接班后,接车站夜班第一阶段计划安排装一车钢板(C_{62}4621340),钢板每件重5 t(长10 m,宽2.4 m),共计12件,敞车20点上货4道,22点拉走。货4道有2台门吊,1号36 t,2号10 t,门吊班组2个,1班3人,司机1人,起重工2人;2班4人,司机1人,起重工3人。假设你是李某,请编制该车的装卸作业方案。

作业地点	作业别	货物名称	件重/总重	车种车号	作业机具	作业人员	作业时间	装卸搬运工艺	备注
1	2	3	4	5	6	7	8	9	10

编制人: 日期:

铁道行业职业技能认定货装值班员中级操作技能考核评分记录表

准考证号: 姓名: 性别: 单位:

试题名称:生产组织模拟题 考核时间:60 min

操作开始时间: 时 分 操作结束时间: 时 分

序号	考核内容	考核要点	配分	评分标准	扣分	得分
1	根据阶段计划选择门吊	采用件重10 t以下钢板门吊装车工艺	15	每漏、错1处扣5分		
2	长大货物作业	吊装8 m(包括8 m)以上长大货物,填写作业注意事项	15	每漏、错1处扣5分		
3	编制该车的装卸作业方案	各项内容填写正确	50	每漏、错1处扣5分		
4	人身安全	横越停有机车、车辆(组)的线路时,如何通过	10	每漏、错1处扣5分		
5	试卷质量	层次分明、清晰、整洁、文字流畅、无错别字	5	未达到1处扣1分		
6	着装,标志佩戴	按规定着装,标志齐全	5	未按规定着装扣5分,未佩戴标志扣2分		
合计			100			
备注	超时1 min从总分扣5分,超时5 min停止作业					

否定项:若考生发生下列情况之一,则应及时终止其考试,该考生成绩记为零分。

1. 操作不当造成设备、工具、仪器和材料损坏。

2. 严重违反安全作业规程,违反考试纪律。

考评员: 总分人: 年 月 日

参考答案要点

(1)根据阶段计划,决定使用2号门吊作业,并配套使用钢板夹钳、均衡梁;作业工组为门吊 2 组，作业时间 1 h 30 min(20:10—21:40)，采用件重 10 t 以下钢板门吊装车工艺。考虑到这车钢板为 8 m 以上长大货物，应在备注栏填写作业注意事项，详见下表。吊装 8 m(包括 8 m)以上长大货物进入车厢前或车厢内司索完毕后，车内禁止留人。

作业地点	作业别	货物名称	件重/总重	车种车号	作业机具	作业人员	作业时间	装卸搬运工艺	备注
1	2	3	4	5	6	7	8	9	10
货 4 道吊装 8 m(包括 8 m)以上长大货物	装车	钢板	5 t/60 t	C_{62}4621340	2 号门吊；钢板夹钳；均衡梁	门吊 2 班	20:10—21:40	件重 10 t 以下钢板门吊装车工艺	钢板进入车厢前或车厢内司索完毕后，车内严禁留人

编制人：李某　　　　日期：2023 年 1 月 5 日

(2)人身安全

横越停有机车、车辆(组)的线路时，先确认机车、车辆(组)无移动可能，然后在距离该机车、车辆(组)端部 5 m 以外绕行通过。

S6　车(货)交接检查

铁道行业职业技能认定货装值班员中级操作技能考核准备通知单

考核时间：60 min

一、鉴定站准备

1. 材料准备

序　号	材　料　名　称	规　格	数　量	备　注
1	《铁路货物运输规程》	本	1	
2	《铁路货物运输管理规则》	本	1	
3	《货车篷布管理规则》	本	1	
4	《铁路专用线专用铁路管理办法(试行)》	本	1	
5	《铁路货物装卸安全技术规则》	本	1	

2. 考场准备

(1)作业现场或演练场，场地条件及工具、量具应满足实际操作的需要，不得存在安全隐患，必要时需酌情配设辅助操作人员。

(2)如因客观原因场地条件不能满足实际操作需要时，可采取模拟的方式进行操作。

①供模拟考试用教室 1 间。

②考场内须光线充足，空气良好，环境安静，卫生整洁。

二、考生准备

考生按现场作业要求，着规定的作业服，佩戴标志，严格执行劳动保护的有关规定。考生需自备考试工具。

铁道行业职业技能认定货装值班员中级操作技能考核试卷(考评员用)

试题名称:车(货)交接检查

试题内容:甲站发乙站化肥一车，7 月 10 日专用线装车，车号 C_{64K}4822578，苫盖铁路篷布(篷布号码 7000123)一块，7 月 18 日该车货物到达乙站货场卸车，车站发出领货通知后收货人按时领取。(1)请按规定完成甲站装车使用铁路篷布应做好的相关工作及乙站对铁路篷布的处理。(2)横越停有机车、车辆(组)的线路时，如何通过?

一、技术要求

1. 技术用语规范。
2. 在不违反试题内容的前提下，未给定条件可自设。

二、考核要求

1. 作业过程完整。
2. 本项技能认定属综合型考试。
3. 本项技能认定由被认定人独立完成。

三、考核时限

1. 准备时间:10 min。
2. 正式操作时间:60 min。
3. 在规定时间内全部完成，不加分，也不扣分。每超时 1 min，从总分扣 5 分，总超时 5 min 停止作业。

四、考核评分

1. 考评人员 3 名及以上。
2. 评分点见“考核评分记录表”。
3. 评分程序及规则:考评员各自根据考生作业程序在评分表上给予记录评分，取平均分为评定得分。
4. 算分方法:百分制计算，满分 100 分，60 分为及格。

五、否定项

若考生发生下列情况之一，则应及时终止其考试，该考生成绩记为零分。

1. 操作不当造成设备、工具、仪器和材料损坏。

2. 严重违反安全作业规程，违反考试纪律。

铁道行业职业技能认定货装值班员中级操作技能考核试卷（考生用）

单位：　　　　　　　　　　　　　姓名：　　　　　　　　　　　　　准考证号：

试题内容：甲站发乙站化肥一车，7 月 10 日专用线装车，车号 C_{64K}4822578，苫盖铁路篷布（篷布号码 7000123）一块，7 月 18 日该车货物到达乙站货场卸车，车站发出领货通知后收货人按时领取。（1）请按规定完成甲站装车使用铁路篷布应做好的相关工作及乙站对铁路篷布的处理。（2）横越停有机车、车辆（组）的线路时，如何通过？

铁道行业职业技能认定货装值班员中级操作技能考核评分记录表

准考证号：　　　　　姓名：　　　　　　　性别：　　　　　　　单位：

试题名称：车（货）交接检查　　　　　　　　　　　　　　　　　　考核时间：60 min

操作开始时间：　时　分　　　　　　　　操作结束时间：　时　分

序号	考核内容	考 核 要 点	配分	评 分 标 准	扣分	得分
1	领取篷布	铁路专用线使用铁路篷布，如何办理	8	每漏、错 1 处扣 4 分		
		检查篷布质量	8	每漏、错 1 处扣 4 分		
		使用篷布绳网、篷布绳卡的标准	8	每漏、错 1 处扣 4 分		
2	交接检查	根据票据核对现车车号、篷布号码	6	每漏、错 1 处扣 3 分		
		检查车辆技术状态、检修日期	6	每漏、错 1 处扣 3 分		
		苫盖后检查	24	每漏、错 1 处扣 4 分		
3	到达篷布处理	根据票据核对现车车号、篷布号码	5	漏、错扣 5 分		
		篷布按规定折叠，放到指定地点	5	漏、错扣 5 分		
		使用铁路篷布，货物运输票据记载的号码与实际不符时，如何处理	10	每漏、错 1 处扣 5 分		
4	人身安全	横越停有机车、车辆（组）的线路时，如何通过	10	每漏、错 1 处扣 5 分		
5	试卷质量	层次分明、清晰、整洁、文字流畅、无错别字	5	未达到 1 处扣 1 分		
6	着装，标志佩戴	按规定着装，标志齐全	5	未按规定着装扣 5 分，未佩戴标志扣 2 分		
合计			100			
备注	超时 1 min 从总分扣 5 分，超时 5 min 停止作业					

否定项：若考生发生下列情况之一，则应及时终止其考试，该考生成绩记为零分。
1. 操作不当造成设备、工具、仪器和材料损坏。
2. 严重违反安全作业规程，违反考试纪律。

考评员：　　　　　　　　　　　　　总分人：　　　　　　　　　　　　　年　月　日

参考答案要点

（1）领取篷布

①铁路专用线使用铁路篷布时，由托运人到车站领取，并在中国铁路 95306 网对“货车篷布交接单”进行电子签认。

②检查篷布质量良好，篷布绳齐全，标记、号码完整清晰。

③苫盖篷布的敞车必须在发站加盖篷布绳网，使用篷布绳卡。篷布绳网、篷布绳卡由托运

人自备,限一次性使用。篷布绳卡、篷布绳网必须符合国铁集团技术标准。篷布绳卡、篷布绳网须凭2年内的、合格的产品质量检测报告,方可在铁路运输中使用。

(2)交接检查

①对照运单核对车号、篷布号码。

②检查车辆技术状态,车门、插销等关闭加固。

③苫盖后检查:

a. 篷布苫盖平坦,货物不外露,两端包角密贴,两侧线条流畅。各部位不超限。

b. 绳索拴结、捆绑位置正确,绳结牢固,无松弛脱落,捆绑在绳栓上的绳索呈蝶翅形结,绳头余尾长度100～300 mm。

c. 货车人力制动机一端篷布下垂遮盖端板部分长度300～500 mm。货车人力制动机闸盘外露,不影响人力制动机及提钩杆使用。另一端的下垂高度600 mm左右,篷布过长时可超过此长度,但不得影响压绳使用。

d. 车辆两侧篷布下垂高度一致。

e. 篷布(包括篷布绳网)苫盖完毕后,装车单位甲站对车辆两侧(包括篷布号码)、两端篷布苫盖状态各拍照一张,留存3个月。

f. 加盖篷布绳网,使用篷布绳卡,绳索捆绑正确。

(3)到达篷布处理

①根据票据核对现车车号、篷布号码。

②篷布按规定折叠,放到指定地点。

③使用铁路篷布,货物运输票据记载的号码与实际不符时,发现单位应按实际在铁路货车篷布管理信息系统中更正,编制普通记录。

(4)人身安全

横越停有机车、车辆(组)的线路时,先确认机车、车辆(组)无移动可能,然后在距离该机车、车辆(组)端部5 m以外绕行通过。

S7 运单受理

铁道行业职业技能认定货装值班员中级操作技能考核准备通知单

考核时间:60 min

一、鉴定站准备

1. 材料准备

序 号	材 料 名 称	规 格	数 量	备 注
1	《铁路货运票据电子化作业办法》	本	1	
2	《铁路货运票据电子化管理暂行办法》	本	1	

2. 考场准备

(1)作业现场或演练场,场地条件及工具、量具应满足实际操作的需要,不得存在安全隐患,必要时需酌情配设辅助操作人员。

(2)如因客观原因场地条件不能满足实际操作需要时,可采取模拟的方式进行操作。

①供模拟考试用教室 1 间。

②考场内须光线充足,空气良好,环境安静,卫生整洁。

二、考生准备

考生按现场作业要求,着规定的作业服,佩戴标志,严格执行劳动保护的有关规定。考生需自备考试工具。

铁道行业职业技能认定货装值班员中级操作技能考核试卷(考评员用)

试题名称:运单受理

试题内容:7 月 20 日,托运人向大朗站提出发到鸡西站未冷却巧克力 35 t,纸箱包装,100 件,保价 20 万元。请按规定对货物运单进行受理。横越停有机车、车辆(组)的线路时,如何通过?

一、技术要求

1. 答题符合相关法律、法规、规章和标准的规定。
2. 在不违反试题内容的前提下,未给定条件可自设。

二、考核要求

1. 作业过程完整。
2. 本项技能认定由被认定人独立完成。

三、考核时限

1. 准备时间:10 min。
2. 正式操作时间:60 min。
3. 在规定时间内全部完成,不加分,也不扣分。每超时 1 min,从总分扣 5 分,总超时 5 min 停止作业。

四、考核评分

1. 考评人员 3 名及以上。
2. 评分点见“考核评分记录表”。
3. 评分程序及规则:考评员各自根据考生作业程序在评分表上给予记录评分,取平均分为评定得分。

4. 算分方法：百分制计算，满分 100 分，60 分为及格。

五、否定项

若考生发生下列情况之一，则应及时终止其考试，该考生成绩记为零分。

1. 操作不当造成设备、工具、仪器和材料损坏。
2. 严重违反安全作业规程，违反考试纪律。

铁道行业职业技能认定货装值班员中级操作技能考核试卷（考生用）

单位： 姓名： 准考证号：

试题内容：7 月 20 日，托运人向大朗站提出发到鸡西站未冷却巧克力 35 t，纸箱包装，100 件，保价 20 万元。请按规定对货物运单进行受理。横越停有机车、车辆（组）的线路时，如何通过？

铁道行业职业技能认定货装值班员中级操作技能考核评分记录表

准考证号： 姓名： 性别： 单位：

试题名称：运单受理 考核时间：60 min

操作开始时间： 时 分 操作结束时间： 时 分

序号	考核内容	考 核 要 点	配分	评 分 标 准	扣分	得分
1	实货核实	实货核实、电商系统内确认	10	每漏、错 1 处扣 5 分		
2	托运人填记部分	发、到站	10	每漏、错 1 处扣 5 分		
		托运人、收货人等信息	5	漏、错扣 5 分		
		品名、热状态	5	漏、错扣 5 分		
		件数、重量、包装、保价金额	5	漏、错扣 5 分		
		付费方式	5	漏、错扣 5 分		
		确定货物重量	5	漏、错扣 5 分		
		"托运人记事"栏	10	每漏、错 1 处扣 5 分		
		托运人盖章签字	5	漏、错扣 5 分		
3	承运人填记部分	审核证明文件	10	漏、错扣 10 分		
		添加记事和戳记	10	每漏、错 1 处扣 5 分		
4	人身安全	横越停有机车、车辆（组）的线路时，如何通过	10	每漏、错 1 处扣 5 分		
5	试卷质量	层次分明、清晰、整洁、文字流畅、无错别字	5	未达到 1 处扣 1 分		
6	着装，标志佩戴	按规定着装，标志齐全	5	未按规定着装扣 5 分，未佩戴标志扣 2.5 分		
	合计		100			
备注	超时 1 min 从总分扣 5 分，超时 5 min 停止作业					
否定项：若考生发生下列情况之一，则应及时终止其考试，该考生成绩记为零分。 1. 操作不当造成设备、工具、仪器和材料损坏。 2. 严重违反安全作业规程，违反考试纪律。						

考评员： 总分人： 年 月 日

参考答案要点

(1)车站对客户提报的需求实货核实,在电商系统确认后,进行运单受理。

(2)托运人填记部分:

①发、到站。(审核办理限制、临时停限装、接取送达等信息)

②托运人、收货人、经办人、电话号码、地址。

③品名、热状态。

④件数、重量、包装、保价金额。

⑤付费方式。

⑥货物重量不得超过货车标记载重量。

⑦"托运人记事"栏填记:货物容许运到期限、检疫证明名称和号码,注明装载巧克力的运输温度要求和"途中控温"字样。

⑧托运人盖章签字。

(3)承运人填记部分:

①审核检疫证明原件,采集影像资料,并在证明文件背面注明托运货物数量,加盖日期戳。

②选择添加承运人标准记事和运输戳记Ⓚ;货物运到期限至少大于容许运到期限 3 日。

(4)人身安全:

横越停有机车、车辆(组)的线路时,先确认机车、车辆(组)无移动可能,然后在距离该机车、车辆(组)端部 5 m 以外绕行通过。

S8　案例分析

铁道行业职业技能认定货装值班员中级操作技能考核准备通知单

考核时间:60 min

一、鉴定站准备

1. 材料准备

序　号	材　料　名　称	规　格	数　量	备　注
1	《铁路货物装卸安全技术规则》	本	1	

2. 考场准备

(1)作业现场或演练场,场地条件及工具、量具应满足实际操作的需要,不得存在安全隐患,必要时需酌情配设辅助操作人员。

(2)如因客观原因场地条件不能满足实际操作需要时,可采取模拟的方式进行操作。

①供模拟考试用教室 1 间。

②考场内须光线充足，空气良好，环境安静，卫生整洁。

二、考生准备

考生按现场作业要求，着规定的作业服，佩戴标志，严格执行劳动保护的有关规定。考生需自备考试工具。

铁道行业职业技能认定货装值班员中级操作技能考核试卷（考评员用）

试题名称：案例分析

试题内容：10 月 26 日 18 时，某站货 2 道整列成组装车作业，承包叉车二班在 12 库 1 区装零散货物，车号 P3450778。当货物装至棚车的近三分之一时，使用 8 号叉车的承包工司机，叉取车门口右侧汽车配件集装托盘，为将叉取托盘装进车厢，开车向后直行倒车以左转调整叉车方向中，仅向左后瞭望且未按喇叭警示，导致站台上位于叉车后方正在点件（距车门约 2.5 m）的货运人员被叉车右后轮刮碰，造成右内踝受伤。试分析上述作业过程有哪些违规行为？发生人身伤害的应急处置要点有哪些内容？横越停有机车、车辆（组）的线路时，如何通过？

一、技术要求

1. 技术用语规范。
2. 在不违反试题内容的前提下，未给定条件可自设。

二、考核要求

1. 作业过程完整。
2. 本项技能认定由被认定人独立完成。

三、考核时限

1. 准备时间：10 min。
2. 正式操作时间：60 min。
3. 在规定时间内全部完成，不加分，也不扣分。每超时 1 min，从总分扣 5 分，总超时 5 min 停止作业。

四、考核评分

1. 考评人员 3 名及以上。
2. 评分点见“考核评分记录表”。
3. 评分程序及规则：考评员各自根据考生作业程序在评分表上给予记录评分，取平均分为评定得分。
4. 算分方法：百分制计算，满分 100 分，60 分为及格。

五、否定项

若考生发生下列情况之一，则应及时终止其考试，该考生成绩记为零分。

1. 操作不当造成设备、工具、仪器和材料损坏。

2. 严重违反安全作业规程，违反考试纪律。

铁道行业职业技能认定货装值班员中级操作技能考核试卷（考生用）

单位：　　　　　　　　　　姓名：　　　　　　　　　　准考证号：

试题内容：10 月 26 日 18 时，某站货 2 道整列成组装车作业，承包叉车二班在 12 库 1 区装零散货物，车号 P3450778。当货物装至棚车的近三分之一时，使用 8 号叉车的承包工司机，叉取车门口右侧汽车配件集装托盘，为将叉取托盘装进车厢，开车向后直行倒车以左转调整叉车方向中，仅向左后瞭望且未按喇叭警示，导致站台上位于叉车后方正在点件（距车门约 2.5 m）的货运人员被叉车右后轮刮碰，造成右内踝受伤。试分析上述作业过程有哪些违规行为？发生人身伤害的应急处置要点有哪些内容？横越停有机车、车辆（组）的线路时，如何通过？

铁道行业职业技能认定货装值班员中级操作技能考核评分记录表

准考证号：　　　　　姓名：　　　　　性别：　　　　　单位：

试题名称：案例分析　　　　　　　　　　　　　　　　考核时间：60 min

操作开始时间：　时　分　　　　　　　操作结束时间：　时　分

序号	考核内容	考 核 要 点	配分	评 分 标 准	扣分	得分
1	作业过程的违规行为	流动式装卸机械作业，在作业区关键位置设置安全警示标志	10	每漏、错 1 处扣 5 分		
		流动式装卸机械进出车门、库门、箱门，通过人员、设备通道，在坡道、转弯等视线不良地段或繁忙地带应减速鸣笛或停车避让	20	每漏、错 1 处扣 5 分		
		非作业人员、设备，不得进入作业区域	10	每漏、错 1 处扣 5 分		
2	发生人身伤害应急处置要点	4 项内容	40	每漏、错 1 处扣 10 分		
3	人身安全	横越停有机车、车辆（组）的线路时，如何通过	10	每漏、错 1 处扣 5 分		
4	试卷质量	层次分明、清晰、整洁、文字流畅、无错别字	5	未达到 1 处扣 1 分		
5	着装，标志佩戴	按规定着装，标志齐全	5	未按规定着装扣 5 分，未佩戴标志扣 2 分		
合计			100			
备注	超时 1 min 从总分扣 5 分，超时 5 min 停止作业					

否定项：若考生发生下列情况之一，则应及时终止其考试，考生该试题成绩记为零分。

1. 操作不当造成设备、工具、仪器和材料损坏。

2. 严重违反安全作业规程，违反考试纪律。

考评员：　　　　　　　　　总分人：　　　　　　　　　年　月　日

参考答案要点

（1）作业过程的违规行为

①流动式装卸机械作业时，未在作业区关键位置设置安全警示标志。未在整列成组装车

作业线路设置防护区域。

②承包工司机违反“各种装卸机械操作前要鸣喇叭(铃)示意。流动式装卸机械进出车门、库门、箱门,通过人员、设备通道,在坡道、转弯等视线不良地段或繁忙地带应减速鸣笛或停车避让”的规定。

③对“非作业人员、设备,不得进入作业区域”的规定未落实。

(2)发生人身伤害应急处置要点

①立即停止作业,停机(断电),将受伤人员移至安全区域,不宜移动或无法移动的应就近采取急救措施。

②对受伤人员进行必要的救护。

③立即向负责人或值班调度人员报告,组织送医院或拨打急救电话。

④保护好现场,积极协助有关部门调查、取证。

(3)人身安全

横越停有机车、车辆(组)的线路时,先确认机车、车辆(组)无移动可能,然后在距离该机车、车辆(组)端部 5 m 以外绕行通过。

S9 装卸计算

铁道行业职业技能认定货装值班员中级操作技能考核准备通知单

考核时间:60 min

一、鉴定站准备

1. 材料准备

序　号	材　料　名　称	规　格	数　量	备　注
1	《铁路货物装卸安全技术规则》	本	1	
2	《铁路货物运输管理规则》	本	1	

2. 考场准备

(1)作业现场或演练场,场地条件及工具、量具应满足实际操作的需要,不得存在安全隐患,必要时需酌情配设辅助操作人员。

(2)如因客观原因场地条件不能满足实际操作需要时,可采取模拟的方式进行操作。

①供模拟考试用教室 1 间。

②考场内须光线充足,空气良好,环境安静,卫生整洁。

二、考生准备

考生按现场作业要求,着规定的作业服,佩戴标志,严格执行劳动保护的有关规定。考生需自备考试工具。

铁道行业职业技能认定货装值班员中级操作技能考核试卷(考评员用)

试题名称:装卸计算

试题内容:某站有一台 10 t 汽车吊和一台 15 t 轮胎吊。问:(1)两台吊机是否可以抬吊?(2)两台吊机最大可抬吊多少吨?(3)有一长 10 m、重 20 t 的均重匀质钢锭,如图所示,10 t 汽车吊索点 P_1 定在距 A 端 2 m,求 15 t 轮胎吊索点 P_2 距 B 端多少米?(计算结果保留 2 位小数,末位四舍五入)(4)横越停有机车、车辆(组)的线路时,如何通过?

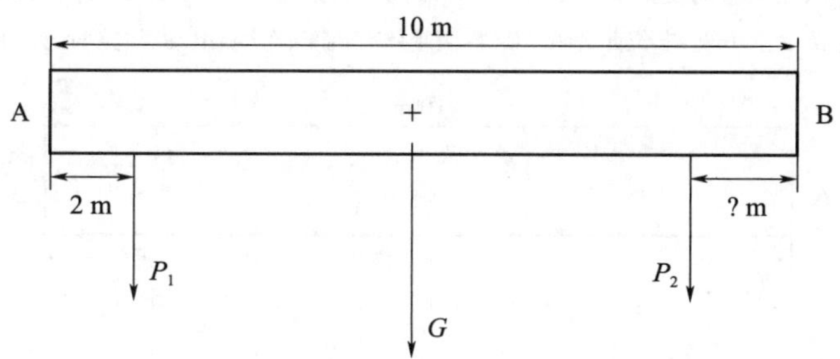

一、技术要求

1. 技术用语规范。
2. 在不违反试题内容的前提下,未给定条件可自设。

二、考核要求

1. 作业过程完整。
2. 本项技能认定由被认定人独立完成。

三、考核时限

1. 准备时间:10 min。
2. 正式操作时间:60 min。
3. 在规定时间内全部完成,不加分,也不扣分。每超时 1 min,从总分扣 5 分,总超时 5 min 停止作业。

四、考核评分

1. 考评人员 3 名及以上。
2. 评分点见“考核评分记录表”。
3. 评分程序及规则:考评员各自根据考生作业程序在评分表上给予记录评分,取平均分为评定得分。
4. 算分方法:百分制计算,满分 100 分,60 分为及格。

五、否定项

若考生发生下列情况之一,则应及时终止其考试,该考生成绩记为零分。

1. 操作不当造成设备、工具、仪器和材料损坏。
2. 严重违反安全作业规程，违反考试纪律。

铁道行业职业技能认定货装值班员中级操作技能考核试卷(考生用)

单位：　　　　　　　　　　　　姓名：　　　　　　　　　　　　准考证号：

试题内容：某站有一台 10 t 汽车吊和一台 15 t 轮胎吊。问：(1)两台吊机是否可以抬吊？(2)两台吊机最大可抬吊多少吨？(3)有一长 10 m、重 20 t 的均重匀质钢锭，如图所示，10 t 汽车吊索点 P_1 定在距 A 端 2 m，求 15 t 轮胎吊索点 P_2 距 B 端多少米？(计算结果保留 2 位小数，末位四舍五入)(4)横越停有机车、车辆(组)的线路时，如何通过？

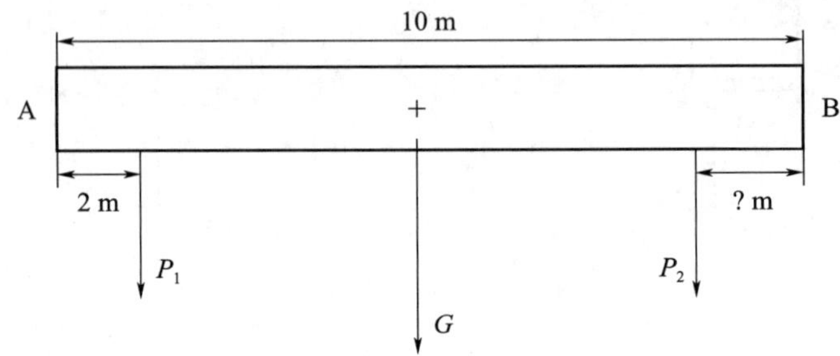

铁道行业职业技能认定货装值班员中级操作技能考核评分记录表

准考证号：　　　　　　　姓名：　　　　　　　性别：　　　　　　　单位：

试题名称：装卸计算　　　　　　　　　　　　　　　　　　　　考核时间：60 min

操作开始时间：　时　分　　　　　　　　操作结束时间：　时　分

序号	考核内容	考核要点	配分	评分标准	扣分	得分
1	确定是否可以抬吊	两台起重机能力大小之比不得大于 3∶2	15	每漏、错 1 处扣 5 分		
2	检定抬吊是否符合荷重能力	荷重不得超过两台起重机总能力的 80%	15	每漏、错 1 处扣 5 分		
3	计算索点	绑扎索点使负荷分配不得超过每台起重机起重能力的 85%	10	每漏、错 1 处扣 5 分		
		计算	30	每漏、错 1 处扣 5 分		
		结论	10	每漏、错 1 处扣 5 分		
4	人身安全	横越停有机车、车辆(组)的线路时，如何通过	10	每漏、错 1 处扣 5 分		
5	试卷质量	层次分明、清晰、整洁、文字流畅、无错别字	5	未达到 1 处扣 1 分		
6	着装，标志佩戴	按规定着装，标志齐全	5	未按规定着装扣 5 分，未佩戴标志扣 2 分		
合计			100			
备注	超时 1 min 从总分扣 5 分，超时 5 min 停止作业					

否定项：若考生发生下列情况之一，则应及时终止其考试，该考生成绩记为零分。
1. 操作不当造成设备、工具、仪器和材料损坏。
2. 严重违反安全作业规程，违反考试纪律。

考评员：　　　　　　　　　　　　总分人：　　　　　　　　　　　　年　月　日

参考答案要点

(1)确定是否可以抬吊

根据《铁路货物装卸安全技术规则》,两台起重机能力大小之比不得大于3∶2。

15∶10=3∶2。符合规定比例3∶2,可以抬吊。

(2)检定抬吊是否符合荷重能力

规定荷重不得超过两台起重机总能力的80%,即10+15=25(t),25×80%=20(t)。两台吊机最大可以抬吊20 t。

(3)计算索点

规定绑扎索点使负荷分配不得超过每台起重机起重能力的85%,所以P_1最大为10×85%=8.5(t),P_2最大为15×85%=12.75(t)。

设P_2距右端为x:

当$P_1=8.5$ t时,则$8.5\times3=(20-8.5)\times(5-x)$。

$x\approx2.78$ m

当$P_2=12.75$ t时,则$7.25\times3=12.75\times(5-x)$。

$x\approx3.29$ m

所以P_2应距B端2.78～3.29 m。

(4)人身安全

横越停有机车、车辆(组)的线路时,先确认机车、车辆(组)无移动可能,然后在距离该机车、车辆(组)端部5 m以外绕行通过。

S10　停　限　装

铁道行业职业技能认定货装值班员中级操作技能考核准备通知单

考核时间:60 min

一、鉴定站准备

1. 材料准备

序　号	材　料　名　称	规　格	数　量	备　注
1	《铁路货物运输规程》	本	1	
2	《铁路货物运输管理规则》	本	1	
3	《货运日常工作组织办法》	本	1	

2. 考场准备

(1)作业现场或演练场,场地条件及工具、量具应满足实际操作的需要,不得存在安全隐患,必要时需酌情配设辅助操作人员。

(2)如因客观原因场地条件不能满足实际操作需要时,可采取模拟的方式进行操作。

①供模拟考试用教室1间。

②考场内须光线充足，空气良好，环境安静，卫生整洁。

二、考生准备

考生按现场作业要求，着规定的作业服，佩戴标志，严格执行劳动保护的有关规定。考生需自备考试工具。

铁道行业职业技能认定货装值班员中级操作技能考核试卷（考评员用）

试题名称：停限装

试题内容：2022 年 10 月太原北站由于重车积压卸车困难，要求发站必须停装或限装，请问：太原北站应如何办理？横越停有机车、车辆（组）的线路时，如何通过？

一、技术要求

1. 技术用语规范。
2. 在不违反试题内容的前提下，未给定条件可自设。

二、考核要求

1. 作业过程完整。
2. 本项技能认定由被认定人独立完成。

三、考核时限

1. 准备时间：10 min。
2. 正式操作时间：60 min。
3. 在规定时间内全部完成，不加分，也不扣分。每超时 1 min，从总分扣 5 分，总超时 5 min 停止作业。

四、考核评分

1. 考评人员 3 名及以上。
2. 评分点见“考核评分记录表”。
3. 评分程序及规则：考评员各自根据考生作业程序在评分表上给予记录评分，取平均分为评定得分。
4. 算分方法：百分制计算，满分 100 分，60 分为及格。

五、否定项

若考生发生下列情况之一，则应及时终止其考试，该考生成绩记为零分。

1. 操作不当造成设备、工具、仪器和材料损坏。
2. 严重违反安全作业规程，违反考试纪律。

铁道行业职业技能认定货装值班员中级操作技能考核试卷(考生用)

单位：　　　　　　　　　　　　姓名：　　　　　　　　　　　　准考证号：

试题内容：2022年10月太原北站由于重车积压卸车困难，要求发站必须停装或限装，请问：太原北站应如何办理？横越停有机车、车辆(组)的线路时，如何通过？

铁道行业职业技能认定货装值班员中级操作技能考核评分记录表

准考证号：　　　　　　姓名：　　　　　　性别：　　　　　　单位：

试题名称：停限装　　　　　　　　　　　　　　　　　　　　　　考核时间：60 min

操作开始时间：　　时　　分　　　　　　　　操作结束时间：　　时　　分

序号	考核内容	考核要点	配分	评分标准	扣分	得分
1	太原北站办理停限装的处理方法	如何办理停限装	20	每漏、错1处扣5分		
		收到停限装，及时处理	10	每漏、错1处扣5分		
		批准权限	15	每漏、错1处扣5分		
		“五定”班列、口岸站进口物资停限装规定	10	每漏、错1处扣5分		
		停限装办理	10	每漏、错1处扣5分		
		对收货人拒卸重车处理方法	15	每漏、错1处扣5分		
2	人身安全	横越停有机车、车辆(组)的线路时，如何通过	10	每漏、错1处扣5分		
3	试卷质量	层次分明、清晰、整洁、文字流畅、无错别字	5	未达到1处扣1分		
4	着装，标志佩戴	按规定着装，标志齐全	5	未按规定着装扣5分，未佩戴标志扣2分		
合计			100			
备注	超时1 min从总分扣5分，超时5 min停止作业					
否定项：若考生发生下列情况之一，则应及时终止其考试，该考生成绩记为零分。 1. 操作不当造成设备、工具、仪器和材料损坏。 2. 严重违反安全作业规程，违反考试纪律。						

考评员：　　　　　　　　　　　　总分人：　　　　　　　　　　　　年　　月　　日

参考答案要点

(1)太原北站办理停限装的处理方法

①卸车站太原北站要求发站停装和限装时，应说明原因和要求停限装的具体时间，并标明是否为“五定”班列或大宗货物直达列车的卸车站，以“停限装请求报告”逐级上报。太原局集团公司报国铁集团“停限装请求报告”后，有关人员应及时处理。1个月内的临时停卸装通过铁路运输调度管理系统上报；1个月以上的，太原北站以正式文件逐级上报至国铁集团，国铁集团公布后实施。

②各级货运调度收到“停限装请求报告”后，有关人员应及时处理。

③发站、到站为同一局管内的停限装由铁路局集团公司批准；跨局的由国铁集团批准；国际联运和出口货物必须国铁集团批准。

④"五定"班列、口岸站进口物资原则上不准停装，特殊情况必须停装时，须报国铁集团批准。

⑤停装或限装必须以调度命令批准，逐级下达。车站接到停装或限装命令后，要及时将停限装的原因和具体时间通知发货单位。

⑥对已到达卸车站收货人拒卸重车，车站应查明原因协调解决，未经国铁集团批准，任何单位不得原车退回发站。

(2)人身安全

横越停有机车、车辆(组)的线路时，先确认机车、车辆(组)无移动可能，然后在距离该机车、车辆(组)端部5 m以外绕行通过。

S11　危险货物卸车作业

铁道行业职业技能认定货装值班员中级操作技能考核准备通知单

考核时间：60 min

一、鉴定站准备

1. 材料准备

序　号	材　料　名　称	规　格	数　量	备　注
1	《铁路危险货物运输管理规则》	本	1	
2	《铁路危险货物品名表》	本	1	

2. 考场准备

(1)作业现场或演练场，场地条件及工具、量具应满足实际操作的需要，不得存在安全隐患，必要时需酌情配设辅助操作人员。

(2)如因客观原因场地条件不能满足实际操作需要时，可采取模拟的方式进行操作。

①供模拟考试用教室1间。

②考场内须光线充足，空气良好，环境安静，卫生整洁。

二、考生准备

考生按现场作业要求，着规定的作业服，佩戴标志，严格执行劳动保护的有关规定。考生需自备考试工具。

铁道行业职业技能认定货装值班员中级操作技能考核试卷(考评员用)

试题名称：危险货物卸车作业

试题内容：某货场有货物线2条，货1线有效长139 m，货2线有效长216 m(有端式站台和雨棚)，1月5日8时20分到达P62NK3348796装载集装袋硅铁(30%≤含硅<90%)60件，单件重量1 000 kg，卸车发现其中1袋有1直径15 mm破洞。(1)请计算线路容车数。(2)请按规定组织卸车。(3)横越停有机车、车辆(组)的线路时，如何通过？

一、技术要求

1. 技术用语规范。
2. 在不违反试题内容的前提下，未给定条件可自设。

二、考核要求

1. 作业过程完整。
2. 本项技能认定由被认定人独立完成。

三、考核时限

1. 准备时间：10 min。
2. 正式操作时间：60 min。
3. 在规定时间内全部完成，不加分，也不扣分。每超时1 min，从总分扣5分，总超时5 min停止作业。

四、考核评分

1. 考评人员3名及以上。
2. 评分点见“考核评分记录表”。
3. 评分程序及规则：考评员各自根据考生作业程序在评分表上给予记录评分，取平均分为评定得分。
4. 算分方法：百分制计算，满分100分，60分为及格。

五、否定项

若考生发生下列情况之一，则应及时终止其考试，该考生成绩记为零分。
1. 操作不当造成设备、工具、仪器和材料损坏。
2. 严重违反安全作业规程，违反考试纪律。

铁道行业职业技能认定货装值班员中级操作技能考核试卷(考生用)

单位：　　　　　　　　姓名：　　　　　　　　准考证号：

试题内容：某货场有货物线2条，货1线有效长139 m，货2线有效长216 m(有端式站台和雨棚)，1月5日8时20分到达P62NK3348796装载集装袋硅铁(30%≤含硅<90%)60件，单件重量1 000 kg，卸车发现其中1袋有1直径15 mm破洞。(1)请计算线路容车数。(2)请按规定组织卸车。(3)横越停有机车、车辆(组)的线路时，如何通过？

铁道行业职业技能认定货装值班员中级操作技能考核评分记录表

准考证号：　　　　姓名：　　　　性别：　　　　单位：

试题名称：危险货物卸车作业　　　　考核时间：60 min

操作开始时间：　时　分　　　　操作结束时间：　时　分

序号	考核内容	考核要点	配分	评分标准	扣分	得分
1	线路容车数计算	货 1 线送车数	10	漏、错扣 10 分		
		货 2 线送车数	15	漏、错扣 15 分		
2	组织卸车	向值班员预报，通知有关人员监卸	10	每漏、错 1 处扣 5 分		
		确定送车线路及货位	10	每漏、错 1 处扣 5 分		
		监控作业，掌握作业时间	10	每漏、错 1 处扣 5 分		
		卸车后处理	15	每漏、错 1 处扣 5 分		
		按标准办理，签认作业流程单	10	每漏、错 1 处扣 5 分		
3	人身安全	横越停有机车、车辆(组)的线路时，如何通过	10	每漏、错 1 处扣 5 分		
4	试卷质量	层次分明、清晰、整洁、文字流畅、无错别字	5	未达到 1 处扣 1 分		
5	着装，标志佩戴	按规定着装，标志齐全	5	未按规定着装扣 5 分，未佩戴标志扣 2 分		
合计			100			
备注	超时 1 min 从总分扣 5 分，超时 5 min 停止作业					

否定项：若考生发生下列情况之一，则应及时终止其考试，该考生成绩记为零分。
1. 操作不当造成设备、工具、仪器和材料损坏。
2. 严重违反安全作业规程，违反考试纪律。

考评员：　　　　总分人：　　　　年　月　日

参考答案要点

(1)线路容车数计算

①货 1 线容车数＝139÷11.0≈12(车)，不得四舍五入。

②货 2 线容车数＝(216－10)÷11.0≈18(车)，不得四舍五入。

(2)组织卸车

①危险货物作业车在送入作业线路前 15 min，通知货运值班员，告知其危险货物的品名、类别，通知有关人员监卸。

②确定卸车线路及货位：分析货物包装特点及性质，P_{62NK}3348796 要送入货 2 线雨棚下进行卸车，并通知货运员检查卸车货位清洁干净，无污染。

③货运调度员监控危险货物卸车作业，掌握好取送车作业时间，并做好记录。

④卸车完毕后督促作业人员清扫干净车辆，关好车门。对撒漏的硅铁要求收货人进行安全处理，不得并入原货件中。按规定在货运站系统中填制“特殊货车及运送用具回送清单”，向指定站回送洗刷除污。

⑤按规定程序和作业标准进行并签认危险货物运输作业流程单。

(3)人身安全

横越停有机车、车辆(组)的线路时，先确认机车、车辆(组)无移动可能，然后在距离该机车、车辆(组)端部 5 m 以外绕行通过。

S12 运输变更

铁道行业职业技能认定货装值班员中级操作技能考核准备通知单

考核时间:60 min

一、鉴定站准备

1. 材料准备

序 号	材 料 名 称	规 格	数 量	备 注
1	《铁路货物运输规程》	本	1	
2	《铁路货运票据电子化作业办法》	本	1	

2. 考场准备

(1)作业现场或演练场,场地条件及工具、量具应满足实际操作的需要,不得存在安全隐患,必要时需酌情配设辅助操作人员。

(2)如因客观原因场地条件不能满足实际操作需要时,可采取模拟的方式进行操作。

①供模拟考试用教室 1 间。

②考场内须光线充足,空气良好,环境安静,卫生整洁。

二、考生准备

考生按现场作业要求,着规定的作业服,佩戴标志,严格执行劳动保护的有关规定。考生需自备考试工具。

铁道行业职业技能认定货装值班员中级操作技能考核试卷(考评员用)

试题名称:运输变更

试题内容:托运人由 A 站运到 C 站一台设备,货物重量 38 t,使用 60 t 棚车装运,在中途 B 站托运人提出变更到 D 站。问 B 站能否受理,应如何办理?横越停有机车、车辆(组)的线路时,如何通过?

一、技术要求

1. 技术用语规范。

2. 在不违反试题内容的前提下,未给定条件可自设。

二、考核要求

1. 作业过程完整。

2. 本项技能认定由被认定人独立完成。

三、考核时限

1. 准备时间:10 min。
2. 正式操作时间:60 min。
3. 在规定时间内全部完成,不加分,也不扣分。每超时 1 min,从总分扣 5 分,总超时 5 min 停止作业。

四、考核评分

1. 考评人员 3 名及以上。
2. 评分点见"考核评分记录表"。
3. 评分程序及规则:考评员各自根据考生作业程序在评分表上给予记录评分,取平均分为评定得分。
4. 算分方法:百分制计算,满分 100 分,60 分为及格。

五、否定项

若考生发生下列情况之一,则应及时终止其考试,该考生成绩记为零分。
1. 操作不当造成设备、工具、仪器和材料损坏。
2. 严重违反安全作业规程,违反考试纪律。

铁道行业职业技能认定货装值班员中级操作技能考核试卷(考生用)

单位: 姓名: 准考证号:

试题内容:托运人由 A 站运到 C 站一台设备,货物重量 38 t,使用 60 t 棚车装运,在中途 B 站托运人提出变更到 D 站。问 B 站能否受理,应如何办理?横越停有机车、车辆(组)的线路时,如何通过?

铁道行业职业技能认定货装值班员中级操作技能考核评分记录表

准考证号: 姓名: 性别: 单位:

试题名称:运输变更 考核时间:60 min

操作开始时间: 时 分 操作结束时间: 时 分

序号	考核内容	考核要点	配分	评分标准	扣分	得分
1	运输变更	规章依据	15	漏、错扣 15 分		
		审核凭证	15	每漏、错 1 处扣 5 分		
		上报铁路局集团公司同意	15	每漏、错 1 处扣 5 分		
		整车货物检查装载加固、施封、票据	15	每漏、错 1 处扣 5 分		
		货票系统操作步骤	10	每漏、错 1 处扣 5 分		
		电知有关单位	10	每漏、错 1 处扣 5 分		

续上表

<table>
<tr><th>序号</th><th>考核内容</th><th>考核要点</th><th>配分</th><th>评分标准</th><th>扣分</th><th>得分</th></tr>
<tr><td>2</td><td>人身安全</td><td>横越停有机车、车辆(组)的线路时,如何通过</td><td>10</td><td>每漏、错1处扣5分</td><td></td><td></td></tr>
<tr><td>3</td><td>试卷质量</td><td>层次分明、清晰、整洁、文字流畅、无错别字</td><td>5</td><td>未达到1处扣1分</td><td></td><td></td></tr>
<tr><td>4</td><td>着装,
标志佩戴</td><td>按规定着装,标志齐全</td><td>5</td><td>未按规定着装扣5分,未佩戴标志扣2分</td><td></td><td></td></tr>
<tr><td colspan="2">合计</td><td></td><td>100</td><td></td><td></td><td></td></tr>
<tr><td>备注</td><td colspan="6">超时1 min从总分扣5分,超时5 min停止作业</td></tr>
<tr><td colspan="7">否定项:若考生发生下列情况之一,则应及时终止其考试,该考生成绩记为零分。
1. 操作不当造成设备、工具、仪器和材料损坏。
2. 严重违反安全作业规程,违反考试纪律。</td></tr>
</table>

考评员: 总分人: 年 月 日

参考答案要点

(1)运输变更

①变更处理站应审核运单托运人存查联、领货凭证、货物运输变更要求书。

②变更到站时,处理站应报铁路局集团公司同意后方可受理。

③整车货物变更到站时,处理站B站应对该车的装载加固情况进行检查,检查施封是否完好,站名、号码是否与票据相符。

④在货票系统中录入货物运输变更要求书,运单状态变为"变更完成",并在纸质运单托运人存查联、领货凭证上修改相关信息,加盖车站日期戳或带有站名的人名章后交托运人。电子领货的,向托运人申明,原领货密码失效,凭变更后的纸质领货凭证领货。

⑤应电知A站、D站及其主管集团公司收入部门。

(2)人身安全

横越停有机车、车辆(组)的线路时,先确认机车、车辆(组)无移动可能,然后在距离该机车、车辆(组)端部5 m以外绕行通过。

S13 货物换装整理

铁道行业职业技能认定货装值班员中级操作技能考核准备通知单

考核时间:60 min

一、鉴定站准备

1. 材料准备

序号	材料名称	规格	数量	备注
1	《铁路货物运输管理规则》	本	1	
2	《铁路货运票据电子化作业办法》	本	1	

2. 考场准备

(1)作业现场或演练场,场地条件及工具、量具应满足实际操作的需要,不得存在安全隐患,必要时需酌情配设辅助操作人员。

(2)如因客观原因场地条件不能满足实际操作需要时,可采取模拟的方式进行操作。

①供模拟考试用教室 1 间。

②考场内须光线充足,空气良好,环境安静,卫生整洁。

二、考生准备

考生按现场作业要求,着规定的作业服,佩戴标志,严格执行劳动保护的有关规定。考生需自备考试工具。

铁道行业职业技能认定货装值班员中级操作技能考核试卷(考评员用)

试题名称:货物换装整理

试题内容:甲站使用 C_{64} 型标重 61 t 敞车装运到丙站的进口矿粉一车(机械装车托运人自装,已按容许载重量收费),途经乙站时,列检发现车体向右侧倾斜超过容许限度,游间压死,出具"车统-23"扣车。经乙站轨道衡检测,货物实际重量 70.0 t。经协商,托运人不同意卸下多余货物。请依据题意分析乙站和丙站对该车的处理程序及方法。横越停有机车、车辆(组)的线路时,如何通过?

一、技术要求

1. 技术用语规范。
2. 在不违反试题内容的前提下,未给定条件可自设。

二、考核要求

1. 作业过程完整。
2. 本项技能认定由被认定人独立完成。

三、考核时限

1. 准备时间:10 min。
2. 正式操作时间:60 min。
3. 在规定时间内全部完成,不加分,也不扣分。每超时 1 min,从总分扣 5 分,总超时 5 min 停止作业。

四、考核评分

1. 考评人员 3 名及以上。
2. 评分点见"考核评分记录表"。

3. 评分程序及规则：考评员各自根据考生作业程序在评分表上给予记录评分，取平均分为评定得分。

4. 算分方法：百分制计算，满分 100 分，60 分为及格。

五、否定项

若考生发生下列情况之一，则应及时终止其考试，该考生成绩记为零分。

1. 操作不当造成设备、工具、仪器和材料损坏。
2. 严重违反安全作业规程，违反考试纪律。

铁道行业职业技能认定货装值班员中级操作技能考核试卷(考生用)

单位：　　　　姓名：　　　　准考证号：

试题内容：甲站使用 C_{64} 型标重 61 t 敞车装运到丙站的进口矿粉一车(机械装车托运人自装，已按容许载重量收费)，途经乙站时，列检发现车体向右侧倾斜超过容许限度，游间压死，出具"车统-23"扣车。经乙站轨道衡检测，货物实际重量 70.0 t。经协商，托运人不同意卸下多余货物。请依据题意分析乙站和丙站对该车的处理程序及方法。横越停有机车、车辆(组)的线路时，如何通过？

铁道行业职业技能认定货装值班员中级操作技能考核评分记录表

准考证号：　　　　姓名：　　　　性别：　　　　单位：

试题名称：货物换装整理　　　　考核时间：60 min

操作开始时间：　　时　　分　　　　操作结束时间：　　时　　分

序号	考核内容	考 核 要 点	配分	评 分 标 准	扣分	得分
1	超重车的换装程序	乙站处理程序分为 7 步	5	漏、错扣 5 分		
		拍站车交接电报	10	每漏、错 1 处扣 5 分		
		在货检系统、货运站系统操作	10	每漏、错 1 处扣 5 分		
		确定实际装载量并换装	10	每漏、错 1 处扣 5 分		
		补收运费	10	每漏、错 1 处扣 5 分		
		填发垫款通知书	10	每漏、错 1 处扣 5 分		
		填发货物换装整理登记簿	10	每漏、错 1 处扣 5 分		
		换装时间超过 2 日拍发电报	5	漏、错扣 5 分		
		丙站的处理程序	10	每漏、错 1 处扣 5 分		
2	人身安全	横越停有机车、车辆(组)的线路时，如何通过	10	每漏、错 1 处扣 5 分		
3	试卷质量	层次分明、清晰、整洁、文字流畅、无错别字	5	未达到 1 处扣 1 分		
4	着装，标志佩戴	按规定着装，标志齐全	5	未按规定着装扣 5 分，未佩戴标志扣 2 分		
合计			100			
备注	超时 1 min 从总分扣 5 分，超时 5 min 停止作业					
否定项：若考生发生下列情况之一，则应及时终止其考试，该考生成绩记为零分。 1. 操作不当造成设备、工具、仪器和材料损坏。 2. 严重违反安全作业规程，违反考试纪律。						

考评员：　　　　总分人：　　　　年　　月　　日

参考答案要点

(1)乙站处理程序

①拍站车交接电报。在到达 120 min 内拍发交接电报通知上一货检站,并抄知发、到站。

②在货检系统、货运站系统编制普通记录将该车送换装线进行换装处理。

③确定实际装载量并换装。经轨道衡检测该车原装货物重 70 t,C_{64} 型敞车最大容许载重量 65.2 t,选配一辆 C_{70} 型的敞车换装,在货运站系统进行换装操作。

④拍发电报给发站、到站,告知到站按规定补收全程运费差价。

⑤属于托运人责任,应填发垫款通知书,记明因换装所发生的装卸费用。

⑥换装整理作业车作业完毕后,填发货物换装整理登记簿。

⑦换装时间如超过 2 日,应拍发电报通知发到站。

(2)丙站处理程序

丙站应按 70 t 补收全程运费差价,并收取 70 t 的装卸费,并按垫款通知书向乙站清算费用。

(3)人身安全

横越停有机车、车辆(组)的线路时,先确认机车、车辆(组)无移动可能,然后在距离该机车、车辆(组)端部 5 m 以外绕行通过。

S14　确定经济合理的装载方案

铁道行业职业技能认定货装值班员中级操作技能考核准备通知单

考核时间:60 min

一、鉴定站准备

1. 材料准备

序　号	材　料　名　称	规　格	数　量	备　注
1	《铁路货物装载加固规则》	本	1	
2	《铁路超限超重货物运输规则》	本	1	

2. 考场准备

(1)作业现场或演练场,场地条件及工具、量具应满足实际操作的需要,不得存在安全隐患,必要时需酌情配设辅助操作人员。

(2)如因客观原因场地条件不能满足实际操作需要时,可采取模拟的方式进行操作。

①供模拟考试用教室 1 间。

②考场内须光线充足,空气良好,环境安静,卫生整洁。

二、考生准备

考生按现场作业要求，着规定的作业服，佩戴标志，严格执行劳动保护的有关规定。考生需自备考试工具。

铁道行业职业技能认定货装值班员中级操作技能考核试卷(考评员用)

试题名称：确定经济合理的装载方案

试题内容：某企业要托运机械设备一件，货重 55 t，长 12 m、宽 2.5 m、高 1.5 m，重心距一端 7 m，使用 N_{17T} 一辆装载(N_{17T} 标重 60 t，车长 $L=13$ m，销距 $l=9$ m)，试分析确定经济合理的装载方案。横越停有机车、车辆(组)的线路时，如何通过？

一、技术要求

1. 技术用语规范。
2. 在不违反试题内容的前提下，未给定条件可自设。

二、考核要求

1. 作业过程完整。
2. 本项技能认定由被认定人独立完成。

三、考核时限

1. 准备时间：10 min。
2. 正式操作时间：60 min。
3. 在规定时间内全部完成，不加分，也不扣分。每超时 1 min，从总分扣 5 分，总超时 5 min 停止作业。

四、考核评分

1. 考评人员 3 名及以上。
2. 评分点见“考核评分记录表”。
3. 评分程序及规则：考评员各自根据考生作业程序在评分表上给予记录评分，取平均分为评定得分。
4. 算分方法：百分制计算，满分 100 分，60 分为及格。

五、否定项

若考生发生下列情况之一，则应及时终止其考试，该考生成绩记为零分。

1. 操作不当造成设备、工具、仪器和材料损坏。
2. 严重违反安全作业规程，违反考试纪律。

铁道行业职业技能认定货装值班员中级操作技能考核试卷(考生用)

单位:　　　　　　　　　　　　姓名:　　　　　　　　　　　　准考证号:

试题内容:某企业要托运机械设备一件,货重 55 t,长 12 m、宽 2.5 m、高 1.5 m,重心距一端 7 m,使用 N_{17T} 一辆装载(N_{17T} 标重 60 t,车长 L=13 m,销距 l=9 m),试分析确定经济合理的装载方案。横越停有机车、车辆(组)的线路时,如何通过?

铁道行业职业技能认定货装值班员中级操作技能考核评分记录表

准考证号:　　　　　　姓名:　　　　　　性别:　　　　　　单位:

试题名称:确定经济合理的装载方案　　　　　　　　　　　　考核时间:60 min

操作开始时间:　　时　　分　　　　　　　　操作结束时间:　　时　　分

序号	考核内容	考核要点	配分	评分标准	扣分	得分
1	方案一	货物总重心投影落在车辆纵横中心线交叉点上的方案	20	每漏、错 1 处扣 5 分		
2	方案二	距重心较远一端与车端平齐时的方案	10	每漏、错 1 处扣 5 分		
		具体计算是否符合规定	20	计算错误扣 10 分		
3	方案三	距重心较远一端突出车端 300 mm 时的方案	10	每漏、错 1 处扣 5 分		
		具体计算是否符合规定	10	计算错误扣 10 分		
4	选出合理方案	正确确定方案	10	每漏、错 1 处扣 5 分		
5	人身安全	横越停有机车、车辆(组)的线路时,如何通过	10	每漏、错 1 处扣 5 分		
6	试卷质量	层次分明、清晰、整洁、文字流畅、无错别字	5	未达到 1 处扣 1 分		
7	着装,标志佩戴	按规定着装,标志齐全	5	未按规定着装扣 5 分,未佩戴标志扣 2 分		
合计			100			
备注	超时 1 min 从总分扣 5 分,超时 5 min 停止作业					

否定项:若考生发生下列情况之一,则应及时终止其考试,该考生成绩记为零分。
1. 操作不当造成设备、工具、仪器和材料损坏。
2. 严重违反安全作业规程,违反考试纪律。

考评员:　　　　　　　　　　总分人:　　　　　　　　　　年　　月　　日

参考答案要点

(1)确定装载方案

方案 1:货物总重心投影落在车辆纵横中心线交叉点上,货物一端突出车辆长度为 500 mm,需要游车一辆,并使用高度符合要求的横垫木。

方案 2:距重心较远一端与车端平齐,$a_{需}$=500 mm。

$P_{容}$ 按标重 60 t 计算,$P_{容}-Q=60-55=5(\text{t})<10$ t。

$a_{容}=[P_{容}/(2Q)-0.5]l=[60/(2\times55)-0.5]\times9\ 000\approx409(\text{mm})$

$a_{容}<a_{需}$,不符合装载要求。

方案 3:距重心较远一端突出车端 300 mm,货物半宽小于车辆半宽,不需加挂游车。

$a_{需}=7\ 000-6\ 500-300=200(\text{mm})$

$a_{容} > a_{需}$，符合装载要求。

综上，方案 1、方案 3 均符合装载要求，但方案 1 需要使用游车 1 辆，从经济角度考虑应选择方案 3。

(2)人身安全

横越停有机车、车辆(组)的线路时，先确认机车、车辆(组)无移动可能，然后在距离该机车、车辆(组)端部 5 m 以外绕行通过。

S15 装载加固处理

铁道行业职业技能认定货装值班员中级操作技能考核准备通知单

考核时间:60 min

一、鉴定站准备

1. 材料准备

序 号	材 料 名 称	规 格	数 量	备 注
1	《铁路货物装载加固规则》	本	1	

2. 考场准备

(1)作业现场或演练场，场地条件及工具、量具应满足实际操作的需要，不得存在安全隐患，必要时需酌情配设辅助操作人员。

(2)如因客观原因场地条件不能满足实际操作需要时，可采取模拟的方式进行操作。

①供模拟考试用教室 1 间。

②考场内须光线充足，空气良好，环境安静，卫生整洁。

二、考生准备

考生按现场作业要求，着规定的作业服，佩戴标志，严格执行劳动保护的有关规定。考生需自备考试工具。

铁道行业职业技能认定货装值班员中级操作技能考核试卷(考评员用)

试题名称:装载加固处理

试题内容:甲站发丙站非均重箱型货物一件(长 12 m，重 38 t，货物重心距一端 7 m)，使用 N_{17AK}5213451 装运，运行至乙站时检查发现货物装载加固的捆绑加固线部分断裂，货物一端垂直面与车端相齐，测量该端距货物重心 7 000 mm，货物重心距车辆纵中心线 60 mm。请分析、判定乙站能否重新加固后继运？横越停有机车、车辆(组)的线路时，如何通过？

一、技术要求

1. 技术用语规范。

2. 在不违反试题内容的前提下，未给定条件可自设。

二、考核要求

1. 作业过程完整。
2. 本项技能认定由被认定人独立完成。

三、考核时限

1. 准备时间：10 min。
2. 正式操作时间：60 min。
3. 在规定时间内全部完成，不加分，也不扣分。每超时 1 min，从总分扣 5 分，总超时 5 min 停止作业。

四、考核评分

1. 考评人员 3 名及以上。
2. 评分点见“考核评分记录表”。
3. 评分程序及规则：考评员各自根据考生作业程序在评分表上给予记录评分，取平均分为评定得分。
4. 算分方法：百分制计算，满分 100 分，60 分为及格。

五、否定项

若考生发生下列情况之一，则应及时终止其考试，该考生成绩记为零分。
1. 操作不当造成设备、工具、仪器和材料损坏。
2. 严重违反安全作业规程，违反考试纪律。

铁道行业职业技能认定货装值班员中级操作技能考核试卷(考生用)

单位： 姓名： 准考证号：

试题内容：甲站发丙站非均重箱型货物一件(长 12 m，重 38 t，货物重心距一端 7 m)，使用 N_{17AK}5213451 装运，运行至乙站时检查发现货物装载加固的捆绑加固线部分断裂，货物一端垂直面与车端相齐，测量该端距货物重心 7 000 mm，货物重心距车辆纵中心线 60 mm。请分析、判定乙站能否重新加固后继运？横越停有机车、车辆(组)的线路时，如何通过？

铁道行业职业技能认定货装值班员中级操作技能考核评分记录表

准考证号： 姓名： 性别： 单位：

试题名称：装载加固处理 考核时间：60 min

操作开始时间： 时 分 操作结束时间： 时 分

序号	考核内容	考 核 要 点	配分	评 分 标 准	扣分	得分
1	引用规章	规章条款引用正确	10	漏、错扣 10 分		

续上表

序号	考核内容	考 核 要 点	配分	评 分 标 准	扣分	得分
2	确定货物总重心偏离车辆纵中心线的距离	横向偏移量小于 100 mm	15	每漏、错 1 处扣 5 分		
3	确定货物总重心偏离车辆横中心线的容许距离	正确运用公式并计算 $P_{标}$	5	漏、错扣 5 分		
		正确运用公式并计算 $a_{容}$	15	公式、结果每漏、错 1 处扣 5 分		
4	确定货物重心偏离车辆横中心线的实际距离	计算过程完整、结果正确	15	每漏、错 1 处扣 5 分		
5	问题处理	对计算结果进行说明	10	每漏、错 1 处扣 5 分		
		重新进行捆绑加固	10	每漏、错 1 处扣 5 分		
6	人身安全	横越停有机车、车辆(组)的线路时,如何通过	10	每漏、错 1 处扣 5 分		
7	试卷质量	层次分明、清晰、整洁、文字流畅、无错别字	5	未达到 1 处扣 1 分		
8	着装,标志佩戴	按规定着装,标志齐全	5	未按规定着装扣 5 分,未佩戴标志扣 2 分		
	合计		100			
备注	超时 1 min 从总分扣 5 分,超时 5 min 停止作业					

否定项:若考生发生下列情况之一,则应及时终止其考试,该考生成绩记为零分。
1. 操作不当造成设备、工具、仪器和材料损坏。
2. 严重违反安全作业规程,违反考试纪律。

考评员: 总分人: 年 月 日

参考答案要点

(1)装载加固处理

①引用规章

《铁路货物装载加固规则》第 12 条:装车后货物总重心的投影应位于货车纵、横中心线的交叉点上。必须偏离时,横向偏离量不得超过 100 mm;纵向偏离时,每个车辆转向架所承受的货物重量不得超过货车容许载重量的二分之一,且两转向架承受重量之差不得大于 10 t。

②判定货物总重心偏离车辆纵中心线的距离

依题意知货物总重心偏离车辆纵中心线的距离为 60 mm,小于 100 mm。

③确定货物总重心偏离车辆横中心线的容许距离

$P_{标}=60-38=22(\text{t})>10\ \text{t}$

$a_{容}=\frac{5}{Q}l=\frac{5}{38}\times 9\ 000\approx 1\ 184.2(\text{mm})$

④确定货物重心偏离车辆横中心线的实际距离

$a_{实}=7\ 000-6\ 500=500(\text{mm})$

即 $a_{容}>a_{实}$。

结论：

a. 不用整理；

b. 直接加固后即可继运。

(2)人身安全

横越停有机车、车辆(组)的线路时，先确认机车、车辆(组)无移动可能，然后在距离该机车、车辆(组)端部 5 m 以外绕行通过。

S16　鲜活货物装车

铁道行业职业技能认定货装值班员中级操作技能考核准备通知单

考核时间：60 min

一、鉴定站准备

1. 材料准备

序　号	材　料　名　称	规　格	数　量	备　注
1	《铁路货物运输规程》	本	1	
2	《铁路鲜活货物运输规则》	本	1	

2. 考场准备

(1)作业现场或演练场，场地条件及工具、量具应满足实际操作的需要，不得存在安全隐患，必要时需酌情配设辅助操作人员。

(2)如因客观原因场地条件不能满足实际操作需要时，可采取模拟的方式进行操作。

①供模拟考试用教室 1 间。

②考场内须光线充足，空气良好，环境安静，卫生整洁。

二、考生准备

考生按现场作业要求，着规定的作业服，佩戴标志，严格执行劳动保护的有关规定。考生需自备考试工具。

铁道行业职业技能认定货装值班员中级操作技能考核试卷(考评员用)

试题名称：鲜活货物装车

试题内容：2020 年 10 月 10 日，A 站发 B 站未冷却青柠檬一车，竹筐包装，每件重量 25 kg，容许运输期限 20 日，运价里程 2 647 km，托运人要求使用棚车装运。请 A 站按规定对相关资料进行审核，并组织装车。横越停有机车、车辆(组)的线路时，如何通过?

一、技术要求

1. 技术用语规范。

2. 在不违反试题内容的前提下，未给定条件可自设。

二、考核要求

1. 作业过程完整。

2. 本项技能认定由被认定人独立完成。

三、考核时限

1. 准备时间：10 min。

2. 正式操作时间：60 min。

3. 在规定时间内全部完成，不加分，也不扣分。每超时 1 min，从总分扣 5 分，总超时 5 min 停止作业。

四、考核评分

1. 考评人员 3 名及以上。

2. 评分点见“考核评分记录表”。

3. 评分程序及规则：考评员各自根据考生作业程序在评分表上给予记录评分，取平均分为评定得分。

4. 算分方法：百分制计算，满分 100 分，60 分为及格。

五、否定项

若考生发生下列情况之一，则应及时终止其考试，该考生成绩记为零分。

1. 操作不当造成设备、工具、仪器和材料损坏。

2. 严重违反安全作业规程，违反考试纪律。

铁道行业职业技能认定货装值班员中级操作技能考核试卷(考生用)

单位： 姓名： 准考证号：

试题内容：2020 年 10 月 10 日，A 站发 B 站未冷却青柠檬一车，竹筐包装，每件重量 25 kg，容许运输期限 20 日，运价里程 2 647 km，托运人要求使用棚车装运。请 A 站按规定对相关资料进行审核，并组织装车。横越停有机车、车辆(组)的线路时，如何通过？

铁道行业职业技能认定货装值班员中级操作技能考核评分记录表

准考证号： 姓名： 性别： 单位：

试题名称：鲜活货物装车 考核时间：60 min

操作开始时间： 时 分 操作结束时间： 时 分

序号	考核内容	考 核 要 点	配分	评 分 标 准	扣分	得分
1	审核运输证明文件	签订运输协议	10	每漏、错 1 处扣 5 分		
		审核检疫证明	5	漏、错扣 5 分		

续上表

序号	考核内容	考 核 要 点	配分	评 分 标 准	扣分	得分
2	检查货物运单	填记货物名称及热状态	5	每漏、错1处扣2.5分		
		计算货物运到期限	10	每漏、错1处扣5分		
		加盖△K戳记	5	漏、错扣5分		
3	检查货物质量	货物承运质量	10	每漏、错1处扣5分		
		货物适用包装	5	漏、错扣5分		
4	组织装车	使用棚车装运	5	漏、错扣5分		
		组织快装	5	漏、错扣5分		
		装载方法	10	每漏、错1处扣5分		
		车门处理	10	每漏、错1处扣5分		
5	人身安全	横越停有机车、车辆(组)的线路时,如何通过	10	每漏、错1处扣5分		
6	试卷质量	层次分明、清晰、整洁、文字流畅、无错别字	5	未达到1处扣1分		
7	着装,标志佩戴	按规定着装,标志齐全	5	未按规定着装扣5分,未佩戴标志扣2分		
合计			100			
备注	超时1 min从总分扣5分,超时5 min停止作业					

否定项:若考生发生下列情况之一,则应及时终止其考试,该考生成绩记为零分。

1. 操作不当造成设备、工具、仪器和材料损坏。
2. 严重违反安全作业规程,违反考试纪律。

考评员:　　　　　　　　　　总分人:　　　　　　　　　　年　　月　　日

参考答案要点

(1)审核运输证明文件

①易腐货物是否适合棚车运输,由托运人确定,并在"托运人记事"栏内记明"要求使用棚车,因此造成的货损自负"字样。

②检查青柠檬植物产品检疫证明并有效。

(2)审核货物运单

①货物品名栏填记"青柠檬",并在其下面填记"未冷却"字样。

②计算货物运到期限为12日,确定货物容许运输期限(20日)大于运到期限(12日)3日,并填记在"托运人记事"栏内。

③货物运单"承运人记事"栏标注"△K"。

(3)检查货物质量

①货物承运质量新鲜,果面清洁、有光泽,果实硬实、不萎蔫。无腐烂、异味、冷害、冻害、病虫害及机械伤。无雨湿、水渍。

②检查25 kg青柠檬竹筐包装符合《铁路鲜活货物运输规则》包装要求。

(4)组织装车

①根据货物质量和气候条件判定青柠檬符合棚车运输条件。

②车站与托运人商定青柠檬进货、装车时间，快速装载。

③采用品字形、一二三三二一、井字形、筐口对装任一方法稳固装载，并留通风空隙。

④车门处理：将车门窗开启固定，并用栅栏将货物挡住，加固材料等突出部位不得超过机车车辆限界。

(2)人身安全

横越停有机车、车辆(组)的线路时，先确认机车、车辆(组)无移动可能，然后在距离该机车、车辆(组)端部 5 m 以外绕行通过。

S17　案例分析

铁道行业职业技能认定货装值班员中级操作技能考核准备通知单

考核时间：60 min

一、鉴定站准备

1. 材料准备

序　号	材　料　名　称	规　格	数　量	备　注
1	《铁路货物装卸安全技术规则》	本	1	

2. 考场准备

(1)作业现场或演练场，场地条件及工具、量具应满足实际操作的需要，不得存在安全隐患，必要时需酌情配设辅助操作人员。

(2)如因客观原因场地条件不能满足实际操作需要时，可采取模拟的方式进行操作。

①供模拟考试用教室 1 间。

②考场内须光线充足，空气良好，环境安静，卫生整洁。

二、考生准备

考生按现场作业要求，着规定的作业服，佩戴标志，严格执行劳动保护的有关规定。考生需自备考试工具。

铁道行业职业技能认定货装值班员中级操作技能考核试卷(考评员用)

试题名称：案例分析

试题内容：2020 年 4 月 15 日，某站一名装卸工在货 5 线第二辆车作业过程中，从车底下钻过起身时，被另一名装卸工放下的敞车下扇门砸伤，送医院抢救无效死亡。请分析事故原因并说明应该如何开关车门。横越停有机车、车辆(组)的线路时，如何通过？

一、技术要求

1. 技术用语规范。

2. 在不违反试题内容的前提下，未给定条件可自设。

二、考核要求

1. 作业过程完整。

2. 本项技能认定由被认定人独立完成。

三、考核时限

1. 准备时间:10 min。

2. 正式操作时间:60 min。

3. 在规定时间内全部完成,不加分,也不扣分。每超时 1 min,从总分扣 5 分,总超时 5 min 停止作业。

四、考核评分

1. 考评人员 3 名及以上。

2. 评分点见"考核评分记录表"。

3. 评分程序及规则:考评员各自根据考生作业程序在评分表上给予记录评分,取平均分为评定得分。

4. 算分方法:百分制计算,满分 100 分,60 分为及格。

五、否定项

若考生发生下列情况之一,则应及时终止其考试,该考生成绩记为零分。

1. 操作不当造成设备、工具、仪器和材料损坏。

2. 严重违反安全作业规程,违反考试纪律。

铁道行业职业技能认定货装值班员中级操作技能考核试卷(考生用)

单位: 姓名: 准考证号:

试题内容:2020 年 4 月 15 日,某站一名装卸工在货 5 线第二辆车作业过程中,从车底下钻过起身时,被另一名装卸工放下的敞车下扇门砸伤,送医院抢救无效死亡。请分析事故原因并说明应该如何开关车门。横越停有机车、车辆(组)的线路时,如何通过?

铁道行业职业技能认定货装值班员中级操作技能考核评分记录表

准考证号: 姓名: 性别: 单位:

试题名称:案例分析 考核时间:60 min

操作开始时间: 时 分 操作结束时间: 时 分

序号	考核内容	考核要点	配分	评分标准	扣分	得分
1	分析事故原因	禁止在车底下钻过	10	每漏、错 1 处扣 5 分		
		开关下侧门时应做好呼唤应答,确认门下无人后再开启或放下	15	每漏、错 1 处扣 5 分		
		自控、互控、他控	10	每漏、错 1 处扣 5 分		

续上表

序号	考核内容	考核要点	配分	评分标准	扣分	得分
2	开关车门要点	使用拉门绳禁止的行为	10	每漏、错 1 处扣 5 分		
3	敞车车门开启要点	开启敞车中门、下侧门要点	15	每漏、错 1 处扣 5 分		
		开关敞车车门要点	10	每漏、错 1 处扣 5 分		
		进出敞车车厢要点	10	每漏、错 1 处扣 5 分		
4	人身安全	横越停有机车、车辆(组)的线路时,如何通过	10	每漏、错 1 处扣 5 分		
5	试卷质量	层次分明、清晰、整洁、文字流畅、无错别字	5	未达到 1 处扣 1 分		
6	着装,标志佩戴	按规定着装,标志齐全	5	未按规定着装扣 5 分,未佩戴标志扣 2 分		
合计			100			
备注	超时 1 min 从总分扣 5 分,超时 5 min 停止作业					
否定项:若考生发生下列情况之一,则应及时终止其考试,该考生成绩记为零分。 1. 操作不当造成设备、工具、仪器和材料损坏。 2. 严重违反安全作业规程,违反考试纪律。						

考评员: 总分人: 年 月 日

参考答案要点

(1)事故原因

①违反《铁路货物装卸安全技术规则》“禁止在车底下钻过”的规定。

②关车门人员未做好呼唤应答,未仔细确认门下是否有人就放下车门,违反《铁路货物装卸安全技术规则》“开关下侧门时应做好呼唤应答,确认门下无人后再开启或放下”的规定。

③自控、互控、他控执行不好,班长、安全员均未发现伤者就离开作业场所。

(2)开关车门要点

①开关车门须使用拉门绳,迎面禁止站人,禁止手扶、肩靠门框直接推拉车门,防止车门落下或货物溜下砸伤。禁止用手推车、叉车等装卸机具顶撞车门。不得擅自拆卸车门、车窗。

②敞车中门开启后,须固定牢靠。开启敞车下侧门时,应用拉门绳从车上拉起,将下侧门折页上的挂环挂到上侧梁的挂钩上,或用支门器支开、车门卡卡牢,不准掩夹石块等物,车上人员要防止车门开启后随货物滑落。开关敞车车门必须逐个地开关。开关下侧门时应做好呼唤应答,确认门下无人后再开启或放下;关闭中门,须确认闭锁可靠。进出敞车车厢应从中门进出,不得从开启的敞车下侧门钻进钻出。

(3)人身安全

横越停有机车、车辆(组)的线路时,先确认机车、车辆(组)无移动可能,然后在距离该机车、车辆(组)端部 5 m 以外绕行通过。

S18　计算专用线装卸作业时间、核收费用

铁道行业职业技能认定货装值班员中级操作技能考核准备通知单

考核时间:60 min

一、鉴定站准备

1. 材料准备

序　号	材　料　名　称	规　格	数　量	备　注
1	《铁路货车延期占用费核收暂行办法》	本	1	
2	《铁路货物运价规则》	本	1	

2. 考场准备

(1)作业现场或演练场,场地条件及工具、量具应满足实际操作的需要,不得存在安全隐患,必要时需酌情配设辅助操作人员。

(2)如因客观原因场地条件不能满足实际操作需要时,可采取模拟的方式进行操作。

①供模拟考试用教室1间。

②考场内须光线充足,空气良好,环境安静,卫生整洁。

二、考生准备

考生按现场作业要求,着规定的作业服,佩戴标志,严格执行劳动保护的有关规定。考生需自备考试工具。

铁道行业职业技能认定货装值班员中级操作技能考核试卷(考评员用)

试题名称:计算专用线装卸作业时间、核收费用

试题内容:某专用线按照"专用线运输协议"约定一批作业车数10辆,专用线里程为7.6 km,专用线内有装卸作业线1条,8月10日14:55送入该专用线5辆敞车铁矿石,15:00又送入5辆敞车铁矿石,卸车结束时间分别为15:50、16:00、16:30、17:00、17:30、18:00、18:30、19:00、19:30、20:00,车站于23:00挂出,请计算核收费用并说明专用线货车装卸作业时间如何计算。横越停有机车、车辆(组)的线路时,如何通过?

一、技术要求

1. 技术用语规范。
2. 在不违反试题内容的前提下,未给定条件可自设。

二、考核要求

1. 作业过程完整。

2. 本项技能认定由被认定人独立完成。

三、考核时限

1. 准备时间:10 min。
2. 正式操作时间:60 min。
3. 在规定时间内全部完成,不加分,也不扣分。每超时 1 min,从总分扣 5 分,总超时 5 min 停止作业。

四、考核评分

1. 考评人员 3 名及以上。
2. 评分点见“考核评分记录表”。
3. 评分程序及规则:考评员各自根据考生作业程序在评分表上给予记录评分,取平均分为评定得分。
4. 算分方法:百分制计算,满分 100 分,60 分为及格。

五、否定项

若考生发生下列情况之一,则应及时终止其考试,该考生成绩记为零分。
1. 操作不当造成设备、工具、仪器和材料损坏。
2. 严重违反安全作业规程,违反考试纪律。

铁道行业职业技能认定货装值班员中级操作技能考核试卷(考生用)

单位:　　　　　　　　　　　　姓名:　　　　　　　　　　　　准考证号:

试题内容:某专用线按照“专用线运输协议”约定一批作业车数 10 辆,专用线里程为 7.6 km,专用线内有装卸作业线 1 条,8 月 10 日 14:55 送入该专用线 5 辆敞车铁矿石,15:00 又送入 5 辆敞车铁矿石,卸车结束时间分别为 15:50、16:00、16:30、17:00、17:30、18:00、18:30、19:00、19:30、20:00,车站于 23:00 挂出,请计算核收费用并说明专用线货车装卸作业时间如何计算。横越停有机车、车辆(组)的线路时,如何通过?

铁道行业职业技能认定货装值班员中级操作技能考核评分记录表

准考证号:　　　　　　姓名:　　　　　　性别:　　　　　　单位:

试题名称:计算专用线装卸作业时间、核收费用　　　　　　考核时间:60 min

操作开始时间:　　时　　分　　　　　　操作结束时间:　　时　　分

序号	考核内容	考核要点	配分	评分标准	扣分	得分
1	核收费用	核收取送车费	15	每漏、错 1 处扣 5 分		
		计算装卸作业时间	15	每漏、错 1 处扣 5 分		
		计算货车延期占用费	10	每漏、错 1 处扣 5 分		
		核收总费用	10	每漏、错 1 处扣 5 分		

续上表

序号	考核内容	考 核 要 点	配分	评 分 标 准	扣分	得分
2	计算专用线装卸作业时间	计算一批作业时间	10	每漏、错1处扣5分		
		计算超过一批作业能力装卸时间	10	每漏、错1处扣5分		
		一批货车中装卸作业时间不同如何计算	10	每漏、错1处扣5分		
3	人身安全	横越停有机车、车辆(组)的线路时,如何通过	10	每漏、错1处扣5分		
4	试卷质量	层次分明、清晰、整洁、文字流畅、无错别字	5	未达到1处扣1分		
5	着装,标志佩戴	按规定着装,标志齐全	5	未按规定着装扣5分,未佩戴标志扣2分		
合计			100			
备注	超时1 min从总分扣5分,超时5 min停止作业					
否定项:若考生发生下列情况之一,则应及时终止其考试,该考生成绩记为零分。 1. 操作不当造成设备、工具、仪器和材料损坏。 2. 严重违反安全作业规程,违反考试纪律。						

考评员: 总分人: 年 月 日

参考答案要点

(1)核收费用

①取送车费:取送车里程为7.6×2=15.2(km),按照16 km计算。

取送车费率为8.1元/车公里,取送车费应为16×8.1×10=1 296(元)。

②确定卸车时间,作业线作业按批计算,调到时间以最后一钩调到时间15:00为准,卸完时间以最后一辆卸完时间20:00为准,实际作业时间5 h。

延占时间=实际作业时间-卸车标准时间=5 h-4 h=1 h,延迟了1 h。

③货车延期占用费应为5.7元/车小时×1 h×10车=57元。

④应核收运杂费合计:取送车费+货车延期占用费=1 296+57=1 353(元)。

(2)计算专用线装卸作业时间

①专用线内及其他根据规定由托运人、收货人自行组织装、卸货车的装卸作业,自一批货车送到装卸地点交给企业时起,到企业通知铁路该批货车装卸完了时止。

②如铁路送到装卸地点的货车数量,超过企业一批作业能力(企业一批作业能力由车站和企业共同查定),则超过的车数按另一批统计装卸作业时间。

③如一批货车中装卸作业时间标准不同,则按其中最长作业时间标准计算。

(3)人身安全

横越停有机车、车辆(组)的线路时,先确认机车、车辆(组)无移动可能,然后在距离该机车、车辆(组)端部5 m以外绕行通过。

S19 设置防护信号

铁道行业职业技能认定货装值班员中级操作技能考核准备通知单

考核时间:60 min

一、鉴定站准备

1. 材料准备

序 号	材 料 名 称	规 格	数 量	备 注
1	《铁路货物装卸安全技术规则》	本	1	

2. 考场准备

(1)作业现场或演练场,场地条件及工具、量具应满足实际操作的需要,不得存在安全隐患,必要时需酌情配设辅助操作人员。

(2)如因客观原因场地条件不能满足实际操作需要时,可采取模拟的方式进行操作。

①供模拟考试用教室1间。

②考场内须光线充足,空气良好,环境安静,卫生整洁。

二、考生准备

考生按现场作业要求,着规定的作业服,佩戴标志,严格执行劳动保护的有关规定。考生需自备考试工具。

铁道行业职业技能认定货装值班员中级操作技能考核试卷(考评员用)

试题名称:设置防护信号

试题内容:指出下图防护牌安设存在的问题及防护牌安设规定。这条线路附近进行装卸作业需要设置防护信号牌吗?横越停有机车、车辆(组)的线路时,如何通过?

一、技术要求

1. 答题符合相关法律、法规、规章和标准的规定。
2. 技术用语规范。
3. 工具、设备使用应符合规定。
4. 在不违反试题内容的前提下,未给定条件可自设。

二、考核要求

1. 作业过程完整。

2. 本项技能认定属综合型考试。

3. 本项技能认定由被认定人独立完成。

三、考核时限

1. 准备时间:10 min。

2. 正式操作时间:60 min。

3. 在规定时间内全部完成,不加分,也不扣分。每超时 1 min,从总分扣 5 分,总超时 5 min 停止作业。

四、考核评分

1. 考评人员 3 名及以上。

2. 评分点见“考核评分记录表”。

3. 评分程序及规则:考评员各自根据考生作业程序在评分表上给予记录评分,取平均分为评定得分。

4. 算分方法:百分制计算,满分 100 分,60 分为及格。

五、否定项

若考生发生下列情况之一,则应及时终止其考试,该考生成绩记为零分。

1. 操作不当造成设备、工具、仪器和材料损坏。

2. 严重违反安全作业规程,违反考试纪律。

铁道行业职业技能认定货装值班员中级操作技能考核试卷(考生用)

单位: 姓名: 准考证号:

试题内容:指出下图防护牌安设存在的问题及防护牌安设规定。这条线路附近进行装卸作业需要设置防护信号牌吗?横越停有机车、车辆(组)的线路时,如何通过?

铁道行业职业技能认定货装值班员中级操作技能考核评分记录表

准考证号：　　　　姓名：　　　　性别：　　　　单位：

试题名称：设置防护信号　　　　考核时间：60 min

操作开始时间：　时　分　　　　操作结束时间：　时　分

序号	考核内容	考核要点	配分	评分标准	扣分	得分
1	存在问题	防护牌安设来车方向右侧钢轨上	5	漏、错扣5分		
		防护牌安设距离小于20 m	5	漏、错扣5分		
		防护牌未贴反光膜或刷反光漆	10	每漏、错1处扣5分		
2	如何设置	防护信号的设置位置	10	每漏、错1处扣5分		
		尽头线路的设置位置	10	每漏、错1处扣5分		
		作业车停留位置距警冲标不足20 m时的设置位置	10	每漏、错1处扣5分		
		同一线路上车辆分解间隔大于40 m时的设置位置	10	每漏、错1处扣5分		
3	哪些情况下，装卸作业必须设置防护信号	货物线上装卸作业	5	漏、错扣5分		
		货物线附近搬运作业	10	漏、错扣5分		
		跨越货物线装卸作业	5	漏、错扣5分		
4	人身安全	横越停有机车、车辆(组)的线路时，如何通过	10	每漏、错1处扣5分		
5	试卷质量	层次分明、清晰、整洁、文字流畅、无错别字	5	未达到1处扣1分		
6	着装，标志佩戴	按规定着装，标志齐全	5	未按规定着装扣5分，未佩戴标志扣2分		
	合计		100			
备注	超时1 min从总分扣5分，超时5 min停止作业					
否定项：若考生发生下列情况之一，则应及时终止其考试，该考生成绩记为零分。 1. 操作不当造成设备、工具、仪器和材料损坏。 2. 严重违反安全作业规程，违反考试纪律。						

考评员：　　　　总分人：　　　　年　月　日

参考答案要点

(1)存在问题

①防护牌安设在来车方向的右侧钢轨上。

②防护牌安设距离小于20 m。

③防护牌未贴反光膜或刷反光漆。

(2)防护信号设置位置

装卸作业前，装卸工组应在货物线两端来车方向左侧钢轨上设置带脱轨器的固定或移动式防护信号(尽头线路只在来车一端防护)。移动式防护信号设置在距离车列不小于20 m处；作业车停留位置距警冲标不足20 m时，防护信号设在与警冲标相齐处。如在同一线路上车辆分解后作业时，应在该线路的最前部与最后部车辆外端防护，分解间隔大于40 m时，可在间隔20 m以外处设置。

(3)在下列情况下,装卸作业必须设置防护信号

①在货物线上进行装卸作业。

②在货物线附近搬运作业,装卸、运输机具和人员进入距钢轨头部外侧 1.5 m 以内的空间。

③跨越货物线装卸作业。

(4)人身安全

横越停有机车、车辆(组)的线路时,先确认机车、车辆(组)无移动可能,然后在距离该机车、车辆(组)端部 5 m 以外绕行通过。

S20　军运危险货物装车

铁道行业职业技能认定货装值班员中级操作技能考核准备通知单

考核时间:60 min

一、鉴定站准备

1. 材料准备

序　号	材　料　名　称	规　格	数　量	备　注
1	《军运危险货物铁路运输规则》	本	1	
2	《铁路军事运输管理办法》	本	1	

2. 考场准备

(1)作业现场或演练场,场地条件及工具、量具应满足实际操作的需要,不得存在安全隐患,必要时需酌情配设辅助操作人员。

(2)如因客观原因场地条件不能满足实际操作需要时,可采取模拟的方式进行操作。

①供模拟考试用教室 1 间。

②考场内须光线充足,空气良好,环境安静,卫生整洁。

二、考生准备

考生按现场作业要求,着规定的作业服,佩戴标志,严格执行劳动保护的有关规定。考生需自备考试工具。

铁道行业职业技能认定货装值班员中级操作技能考核试卷(考评员用)

试题名称:军运危险货物装车

试题内容:某军事专用线内使用 G_{70} 装运汽油,标记容积 38 m^3,标记载重 70 t,密度 1.84 t/m^3,付费方式为后付。请承运站按规定审核相关资料,并组织装车。横越停有机车、车辆(组)的线路时,如何通过?

一、技术要求

1. 技术用语规范。

2. 在不违反试题内容的前提下，未给定条件可自设。

二、考核要求

1. 作业过程完整。

2. 本项技能认定由被认定人独立完成。

三、考核时限

1. 准备时间：10 min。

2. 正式操作时间：60 min。

3. 在规定时间内全部完成，不加分，也不扣分。每超时 1 min，从总分扣 5 分，总超时 5 min 停止作业。

四、考核评分

1. 考评人员 3 名及以上。

2. 评分点见“考核评分记录表”。

3. 评分程序及规则：考评员各自根据考生作业程序在评分表上给予记录评分，取平均分为评定得分。

4. 算分方法：百分制计算，满分 100 分，60 分为及格。

五、否定项

若考生发生下列情况之一，则应及时终止其考试，该考生成绩记为零分。

1. 操作不当造成设备、工具、仪器和材料损坏。

2. 严重违反安全作业规程，违反考试纪律。

铁道行业职业技能鉴定货装值班员中级操作技能考核试卷(考生用)

单位： 姓名： 准考证号：

试题内容：某军事专用线内使用 G_{70} 装运汽油，标记容积 38 m^3，标记载重 70 t，密度 1.84 t/m^3，付费方式为后付。请承运站按规定审核相关资料，并组织装车。横越停有机车、车辆(组)的线路时，如何通过?

铁道行业职业技能鉴定货装值班员中级操作技能考核评分记录表

准考证号： 姓名： 性别： 单位：

试题名称：军运危险货物装车

考核时间：60 min

操作开始时间： 时 分 操作结束时间： 时 分

序号	考核内容	考 核 要 点	配分	评 分 标 准	扣分	得分
1	审核资料	审核“铁路军运费后付凭证”	15	每漏、错 1 处扣 5 分		

续上表

序号	考核内容	考核要点	配分	评分标准	扣分	得分
2	确定充装重量范围	确定体积上限、下限	10	每漏、错1处扣5分		
		确定重量上限、下限	10	每漏、错1处扣5分		
3	装车前后检查	装车前,检修日期及罐体阀盖等附件	15	每漏、错1处扣5分		
		装车后,检查罐体及阀盖等附件	14	每漏、错1处扣3.5分		
		确定装载重量	8	漏、错扣8分		
		罐车两侧插放“禁止溜放”和在运输票据加盖“△2”	8	每漏、错1处扣4分		
4	人身安全	横越停有机车、车辆(组)的线路时,如何通过	10	每漏、错1处扣5分		
5	试卷质量	层次分明、清晰、整洁、文字流畅、无错别字	5	未达到1处扣1分		
6	着装,标志佩戴	按规定着装,标志齐全	5	未按规定着装扣5分,未佩戴标志扣2分		
合计			100			
备注	超时1 min从总分扣5分,超时5 min停止作业					
否定项:若考生发生下列情况之一,则应及时终止其考试,该考生成绩记为零分。 1. 操作不当造成设备、工具、仪器和材料损坏。 2. 严重违反安全作业规程,违反考试纪律。						

考评员: 总分人: 年 月 日

参考答案要点

(1)资料审核

装载站办理承运手续,应当按照规定核查“铁路军运费后付凭证”等有关证明,组级代号,禁止溜放、限速连挂等戳记齐全,并与铁路局集团公司军特调核对军运号码和付费号码,无误后优先安排。

(2)确定充装重量范围

①充装体积

$0.83V \leqslant V_{许} \leqslant 0.95V$

$0.83 \times 38 \leqslant V_{许} \leqslant 0.95 \times 38$

$31.54\ m^3 \leqslant V_{许} \leqslant 36.1\ m^3$

②充装重量

$\rho \times V_{标下} \leqslant W \leqslant \rho \times V_{标上} \leqslant P_{标}$

$1.84 \times 0.83 \times 38 \leqslant W \leqslant 1.84 \times 0.95 \times 38$

$58.0336\ t \leqslant W \leqslant 66.424\ t$

(3)装车前后检查

①装车前,应确认罐车是否良好,罐体外表应保持清洁,标记、文字应能清晰易辨,罐体无漏裂,阀、盖、垫等部件完整,作用良好。

②装载后应及时关严罐车阀件,盖好人孔盖,拧紧螺栓,严禁混入杂质。

③核对计量单，确定罐车装载重量是否符合允许充装量范围。

④插放“禁止溜放”和“限速连挂”表示牌。

(4)人身安全

横越停有机车、车辆(组)的线路时，先确认机车、车辆(组)无移动可能，然后在距离该机车、车辆(组)端部 5 m 以外绕行通过。

第二部分　高　级　工

1. 由于重车积压卸车困难，卸车站要求发站必须停装或限装时，应如何办理？（《货运日常工作组织办法》第 17 条）

答：卸车站要求发站停装和限装时，应说明原因和要求停限装的具体时间，并标明是否为“五定”班列或大宗货物直达列车的卸车站，以“停限装请求报告”逐级上报。铁路局集团公司报国铁集团的“停限装请求报告”后，有关人员应及时处理。

2. 超限、超重货物装车后，车站应做好哪些工作？（《铁路超限超重货物运输规则》第 28 条）

答：超限、超重货物装车后，车站应对照确认电报进行复核，发现货物装后尺寸、重车重心高度等数据超出确认电报范围的，发站须重新向铁路局集团公司拍发超限超重货物运输申请电报。

3. 铁路超限超重货物运输电报分为哪几种？（《铁路超限超重货物运输规则》附件 7）

答：铁路超限超重货物运输电报分为超限超重货物运输申请电报、超限超重货物运输确认电报和超限超重车辆挂运申请电报。

4. 超限超重确认电报主要内容包括哪些？（《铁路超限超重货物运输规则》附件 7）

答：超限超重确认电报主要内容包括：发站、经由、到站，货物概况，使用车种、车型及辆数，装载方法，装后尺寸，超限超重等级，装运办法等。

5. 哪些货物可不受日计划装车的限制？（《货运日常工作组织办法》第 21 条）

答：必须紧急运输的军用、防洪、抢险、救灾、防疫、抗旱、排涝、抢种、抢收等货物，可不受日计划装车的限制，分别以铁路局集团公司、国铁集团调度命令批准后组织装运。无月度货物运输计划的，装车后要及时补办计划手续。

6. 承运人应如何加强鲜活货物运输组织工作？（《铁路鲜活货物运输规则》第 9 条）

答：承运人应根据鲜活货物季节性强、运量波动大、时间要求快的特点，加强运输组织工作，坚持优先受理、优先配空、优先进货装车、优先取送、优先编组、优先挂运。

7. 发站承运易腐货物后应在运单内记明什么？（《铁路鲜活货物运输规则》第42条）

答：发站承运易腐货物后应在货物运单“承运人记事”栏标注“△K”（△K表示装运易腐货物）。“△K”对应标记应转记在“列车编组顺序表”记事栏内。

8. 煤炭运输在何种情况下必须进行抑尘处理？（《铁路煤炭运输抑尘管理办法》第4条）

答：凡经国家铁路使用敞车等敞口运输工具装运的粒度在35 mm及以下的散装煤炭，未采取苫盖篷布等遮盖措施的，必须进行抑尘处理。

9. 常用的加固方法有哪些？（《铁路货物装载加固规则》第23条）

答：常用加固方法有拉牵加固、挡木或钢挡加固、围挡加固、掩挡加固、腰箍下压式加固、整体捆绑等。

10. 装载加固方案应包括哪些内容？（《铁路货物装载加固规则》第61条）

答：装载加固方案应包括货物规格、准用货车、装载加固材料（装置）、装载方法、加固方法、其他要求等内容。

11. 使用镀锌铁线拉牵加固的方式主要有哪些？（《铁路货物装载加固规则》附件5）

答：使用镀锌铁线拉牵加固的方式主要有：八字形、倒八字形、交叉、又字形或反又字形等。各种拉牵方式可单独使用，也可两种或两种以上组合使用。拉牵应尽可能对称。

12. 到达专用铁路、铁路专用线的铁路篷布，何时核收货车篷布延期使用费？（《货车篷布管理规则》第12条）

答：到达专用铁路、铁路专用线的铁路篷布，自货车调到交接地点次日起，2日内由收货人将铁路篷布送到车站指定地点。收货人未按规定日期将铁路篷布送回的，按规定核收货车篷布延期使用费。

13. 卸车时及卸车后车站对铁路篷布应做哪些工作？（《货车篷布管理规则》第22条）

答：卸车时，应检查篷布质量。铁路篷布卸车后，要送到车站指定地点，车站检查发现铁路篷布破损、缺少篷布绳时，应按规定处理。自备篷布由于承运人责任造成损坏、丢失时，车站应编制货运记录，由承运人负责赔偿。

14. 使用铁路篷布，货物运输票据记载的号码与实际不符时，发现单位应如何处理？（《货车篷布管理规则》第23条）

答：使用铁路篷布，货物运输票据记载的号码与实际不符时，发现单位应按实际在铁路货车篷布管理信息系统中更正，编制普通记录。

15. 铁路超限超重货物运输申请电报内容中“货物概况”应注明哪些?(《铁路超限超重货物运输规则》附件 7)

答:货物概况应注明货物品名、件数、重量、全长、支重面长度、货物重心高度。自轮运转货物还应注明自重、长度、轴数、轴距、固定轴距、转向架中心销间距离、运行限制条件以及其他特殊运输条件要求等。

16. 列车在区间装卸车如何办理?(《铁路技术管理规程(普速铁路部分)》第 384 条)

答:列车在区间装卸车时,装卸车负责人应指挥列车停于指定地点。装卸车完毕后,其负责人应负责检查装卸货物的装载、堆码状态,确认限界,清好道沿,关好车门,通知司机开车。

17. 集装箱装卸作业如何统计?(《铁路货车统计规则》第 70 条)

答:集装箱装卸作业统计,使用集装箱货物分类装卸车统计表(箱货报—1),根据分车号装卸车统计表(货报—1—A)、集装箱货车装载清单等信息进行统计。其中作业类别填记“装车”“回送装车”“卸车”“回送卸车”;车数按装载集装箱的自然箱数进行统计,一车装载两个集装箱时,每个集装箱对应 0.5 车。

18. 任何人员及所携带的物件、作业工器具等与牵引供电设备的安全距离是如何规定的?(《电气化铁路有关人员电气安全规则》第 6 条)

答:为保证人身安全,除牵引供电专业人员按规定作业外,任何人员及所携带的物件、作业工器具等须与牵引供电设备高压带电部分保持 2 m 以上的距离,与回流线、架空地线、保护线保持 1 m 以上距离,距离不足时,牵引供电设备须停电。

19. 机械设备在电气化铁路区段作业时与牵引供电设备的安全距离是如何规定的?(《电气化铁路有关人员电气安全规则》第 7 条)

答:电气化铁路区段,具有升降、伸缩、移动平台等功能的机械设备进行施工、装卸等作业时,作业范围与牵引供电设备高压带电部分须保持 2 m 以上的距离,与回流线、架空地线、保护线保持 1 m 以上距离,距离不足时,牵引供电设备须停电。

20. 发现牵引供电设备断线及其部件损坏或挂有异物,如何处理?(《电气化铁路有关人员电气安全规则》第 12 条)

答:发现牵引供电设备断线及其部件损坏,或发现牵引供电设备上挂有线头、绳索、塑料布或脱落搭接等异物,均不得与之接触,应立即通知附近车站,在牵引供电设备检修人员到达未采取措施以前,任何人员均应距已断线索或异物处所 10 m 以外。

21. 货物装载加固的基本技术要求是什么?(《铁路货物装载加固规则》第 4 条)

答:使货物均衡、稳定、合理地分布在货车上,不超载,不偏载,不偏重,不集重;能够经受正常调车作业以及列车运行中所产生各种力的作用，在运输全过程中，不发生移动、滚动、倾覆、倒塌或坠落等情况。

22. 货物突出平车车端装载时有何规定？（《铁路货物装载加固规则》第 19 条）

答：货物突出平车车端装载，突出端的半宽不大于车辆半宽时，允许突出端梁 300 mm；大于车辆半宽时，允许突出端梁 200 mm。超过此限时，应使用游车。当装载货物突出车端不加挂游车时，货物突出端不得与带风挡客车连挂。

23. 超限、超长货物装车后，如何判定装载符合要求？（《铁路货物装载加固规则》第 32 条）

答：超限、超长货物装车后，车辆转向架任何一侧旁承游间不得为零（弹性旁承及旁承承载结构的货车除外）。遇球形心盘货车一侧旁承游间为零时，可用千斤顶将压死一侧顶起，落顶后出现游间，表明货物装载符合要求。

24. 木材使用敞车如何装载？（《铁路货物装载加固规则》第 35 条）

答：木材使用敞车装载时，应大小头颠倒，紧密排摆，紧靠支柱，压缝挤紧；两端木材应倾向货车中部，不准形成向外溜坡。装车后中心高度不得大于 4 600 mm。支柱底面必须与敞车车地板接触。腐朽木材应采取防火措施。

25. 球形货物如何加固？（《铁路货物装载加固规则》第 46 条）

答：球形货物应选用适当规格、具有足够强度、能保证货物稳定的座架，货物底部不得与车地板接触。对无拴结点、加固较为困难的球形货物，可在球体上部采用套圈，套圈四处拉牵牢固。

26. 单件重量超过 1 t、不足 4 t 的金属块、锭、坯，应如何装载？（《铁路货物装载加固规则》第 47 条）

答：单件重量超过 1 t、不足 4 t 的金属块、锭、坯，应大小头颠倒，均衡装载，可使用挡木或支撑方木加固。成垛（捆）装载时，要求堆码整齐，并用镀锌铁线或盘条捆牢防止倾覆。

27. 25 m 钢轨应如何装载？（《铁路货物装载加固规则》第 50 条）

答：25 m 钢轨采用专用货物转向架两平车跨装方式，两平车地板面高度差超过 20 mm 时，必须垫平，可不安装车钩缓冲停止器。遇有涂打“㊇”的平车，允许放下端侧板进行装运，提钩杆和放下的端侧板要捆紧锁牢。

28. 铁路运输企业应当对承运的货物进行安全检查，并不得有哪些行为？（《铁路安全管理条例》第 68 条）

答：（1）在非危险货物办理站办理危险货物承运手续；

(2)承运未接受安全检查的货物;

(3)承运不符合安全规定、可能危害铁路运输安全的货物。

29. 哪些情况应拍发"货物损失速报"?(《铁路货物损失处理规则》第14条)

答:发现火灾,罐车装运的压缩气体、液化气体泄漏,剧毒品、爆炸品、放射性物品被盗丢失以及估计损失款额达到一级损失等情况时,应在1 h内逐级报告,并在24 h内向有关车站、直属站段、铁路局集团公司和有关铁路公安部门以电报形式拍发"货物损失速报",抄送国铁集团货运部。

30. 集装箱装运的货物发生被盗丢失需要编制货运记录时,应重点勘查并记明哪些内容?(《铁路货物损失处理规则》附件2)

答:集装箱装运的,重点勘查并记明箱号、箱体和箱门状态、破损部位的尺寸、新旧痕迹和箱门密封情况;施封加固及集装箱在车内的装载位置和箱距,箱内货物装载现状及容积、现有数量或短少数量。

31. 流动式装卸机械在货场内,站台上,转弯、进出车(库)门及危险区域的行驶速度有何规定?(《铁路货物装卸安全技术规则》第73条)

答:(1)流动式装卸机械在货场内行驶速度不得超过15 km/h。

(2)流动式装卸机械在站台上行驶不得超过10 km/h。

(3)流动式装卸机械在转弯、进出车(库)门及危险区域不得超过5 km/h。

在通道、转弯、仓库等明显位置应设置限速、警示标志。

32. 铁路信号如何分类?(《铁路技术管理规程(普速铁路部分)》第409条)

答:铁路信号分为视觉信号和听觉信号。

视觉信号的基本颜色:

红色——停车;

黄色——注意或减低速度;

绿色——按规定速度运行。

听觉信号:号角、口笛、响墩发出的音响和机车、自轮运转特种设备的鸣笛声。

33. 哪些危险货物可按普通货物运输?(《铁路危险货物运输管理规则》第26条)

答:铁路危险货物品名表"特殊规定"栏规定符合按普通货物运输条件的,铁路局集团公司应在其包装方法和包装标志满足危险货物要求,并使用整车或集装箱装载单一品名的情况下,批准其可按普通货物条件运输。托运人应在货物运单"托运人记载事项"栏内注明"×××(铁危编号),可按普通货物运输"。

34. 集装箱装车和卸车时，应检查哪些内容？(《铁路集装箱运输规则》第 51、52 条)

答：集装箱装车和卸车时，应核对箱号，检查箱体和施封情况。使用特种货物箱和专用箱的，还应检查附属件。车站发现箱体和铭牌号码不一致的，不得继续使用。铁路箱由车站报铁路局集团公司货运部门；铁路局集团公司货运部门通知铁路箱产权单位处理，并将有关情况报国铁集团货运部。

35. 哪些货物不得混装于同一集装箱内？(《铁路集装箱运输规则》第 21 条)

答：(1)易腐货物与非易腐货物；

(2)危险货物与非危险货物；

(3)性质互抵的货物；

(4)运输条件不同的货物。

36. 托运人通过铁路运输货物，不得有哪些行为？(《铁路安全管理条例》第 67 条)

答：(1)匿报、谎报货物品名、性质、重量；

(2)在普通货物中夹带危险货物，或者在危险货物中夹带禁止配装的货物；

(3)装车、装箱超过规定重量。

37. 需停电进行装卸作业时应做哪些工作？(《电气化铁路有关人员电气安全规则》第 23 条)

答：需停电装卸作业时，必须先断开隔离开关停电后，在指定的货物线安全区域标志内进行装卸作业。装卸作业结束，确认所有人员已至安全地带后，方能合上隔离开关。

38. 对未安装 F-TR 型锁的集装箱专用平车或共用平车装运空集装箱有何要求？(《铁路集装箱运输规则》第 48 条)

答：未安装 F-TR 型锁的集装箱专用平车或共用平车装运空集装箱时，须使用 4 股及以上 8 号镀锌铁线捆绑牢固。其中，使用共用平车时，将集装箱底部角件与车辆捆绑牢固；使用专用平车时，将相邻两箱底部角件捆绑在一起，仅装运一箱时，将集装箱底部角件与车辆底架捆绑牢固。卸车前，须将铁线剪断并清除干净，防止损坏车辆和箱体。

39. 哪些原因造成保价货物损失的，铁路运输企业依法不承担赔偿责任？(《铁路保价运输规则》第 13 条)

答：(1)不可抗力；

(2)货物中的物品本身的自然属性，或者合理损耗；

(3)托运人(含押运人)、收货人的过错。

40. 货物变更到站后，保价费如何核收？(《铁路保价运输规则》第 11 条)

答：货物变更到站后，保价运输继续有效。托运人在承运后发送前取消托运或因铁路运输企业责任造成的取消托运,如果货物未发生损失,保价费应全部退还托运人;如果货物发生损失并按有关规定处理的,保价费不再退还。

41. 货物损失调查定责工作由谁负责?(《铁路货物损失处理规则》第 29 条)

答:货物损失调查定责工作由到站(中途终止运输的,为货物终止运输站)、到达铁路局集团公司负责,但发站承运后装车前、货物承运前在车站仓储或货物仅在车站仓储的,定责工作由发站或仓储办理站负责。发生货物损失后,记录编制站应初步判定是否为承运人责任,难以判定的应由到站进一步调查确定。

42. 装卸作业过程中,发生货车脱轨或倾覆,有哪些应急处置要点?(《铁路货物装卸安全技术规则》第 154 条)

答:(1)通知相关人员立即离开危险区域,避免或减轻人身伤害。

(2)立即向负责人、值班调度人员或车站值班员报告事故发生的时间、地点、货车脱轨或倾覆辆数及人员伤亡情况等。

(3)按照事故救援统一指挥做好相关工作,保护人身和财产安全。

(4)保护好事故现场,积极协助有关部门调查、取证。

43. 某客户有一批冰淇淋(冻结)和乳饮料(冷却)需运输,两种货物的到站、收货人相同,热状态不同,客户要求使用一辆铁路机械冷藏车装运。车站能否受理这一运输需求?说明原因。(《铁路鲜活货物运输规则》第 19 条)

答:车站不能受理。

依据《铁路鲜活货物运输规则》第 19 条,使用机械冷藏车时,不同热状态的易腐货物不得按一批托运。按一批托运的易腐货物,一般限同一品名;不同品名的易腐货物,如运输温度要求接近、货物性质允许混装的,可按一批托运,在同一机械冷藏车内组织混装运输,此时,托运人应与发站和乘务组商定运输条件,签订运输协议,并将运输条件记录在货物运单"托运人记事"栏和"机械冷藏车作业单"内。冰淇淋(冻结)和乳饮料(冷却)属于不同热状态的货物,机械冷藏车运输条件不同,因此不能受理。

44. 哪些货物不得按一批托运?(《铁路货物运输规程》第 5 条)

答:(1)易腐货物与非易腐货物;

(2)危险货物与非危险货物(另有规定者除外);

(3)根据货物的性质不能混装运输的货物;

(4)按保价运输的货物与不按保价运输的货物;

(5)投保运输险货物与未投保运输险货物;

(6)运输条件不同的货物。

45. 货物安检时，对问题货物及发现的危险货物应如何处置？(《铁路零散货物快运、货物混装运输安全检查管理办法》第41条)

答:对存在问题的货物，发站应通知托运人及时将货物搬出铁路货场；需临时存放的，应固定区域，并进行标识。禁止与其他货物混存；发现危险货物的，发站应立即停止办理承运手续，报告所在地区铁路监管局，并将危险货物移交有关部门处理，违反治安管理或涉嫌犯罪的，应当向公安机关报案。移交前，危险货物需临时存放的，应专库、专区存放，确保库内消防设施设备良好，装卸和搬运、存放和保管时严格落实危险货物作业要求，派人24 h看守，纳入岗位交接。

46. 机动车或者非机动车在铁路道口内发生故障或者装载物掉落应如何处理？(《铁路安全管理条例》第48条)

答:机动车或者非机动车在铁路道口内发生故障或者装载物掉落的，应当立即将故障车辆或者掉落的装载物移至铁路道口停止线以外或者铁路线路最外侧钢轨5 m以外的安全地点。无法立即移至安全地点的，应当立即报告铁路道口看守人员；在无人看守道口，应当立即在道口两端采取措施拦停列车，并就近通知铁路车站或者公安机关。

47. 铁路超限超重货物装车前，发站应做哪些工作？(《铁路超限超重货物运输规则》附件8)

答:(1)通知车辆部门检查车辆技术状态；

(2)确认拟使用的车种、车型、车数符合确认电报和装车要求，装载加固材料和装置的规格、数量及质量符合装载加固方案规定；

(3)测量车地板的长度和宽度，在负重车上标画车辆纵横中心线；

(4)在货物上标明重心位置(投影)、索点；

(5)开好车前会，向装车人员布置装车事项。

48. 可按追加装车办理的需求有哪些？(《铁路货运日计划编制管理办法》第19条)

答:(1)需要紧急运输的重点物资；

(2)在能力富余时，未纳入货运日计划的运输需求；

(3)已纳入次日货运日计划的需求；

(4)因装车任务和临时调整装车，需要提前到当日装车的；

(5)其他需按追加装车办理的。

49. 盘条的使用注意事项是什么？(《铁路货物装载加固规则》附件5)

答:(1)禁止使用受损、使用过的和表面有裂纹、折叠、结疤、耳子、分层、夹杂的盘条。

(2)绞紧时不得损伤盘条。

(3)拉牵时，禁止盘条两端头相互搭接缠绕。

(4)盘条不得用作腰箍下压式加固。

50. 装卸工组装车后三检包括哪些内容?(《铁路货物装卸安全技术规则》第17条)

答:(1)配合货运员检查货车装载是否符合规定,捆绑加固是否牢固,篷布苫盖是否严密;车门、车窗、盖阀关闭是否良好,道沿清理是否符合要求,车帮、钩头、闸盘及车体外侧清扫是否彻底。

(2)配合货运员检查货物(箱号)有无错装、漏装,核对和整理余货,货位清扫是否干净。

(3)检查确认装卸机械熄火、断电、停放状态是否正确,工索具是否齐全完好,防护信号(或工组标识)是否撤除。

51. 铁路超限超重货物运输电报代号A、G、P、R、S、Z分别代表什么?(《铁路超限超重货物运输规则》附表7-4)

答:A:超限等级。

G:最高运行速度。

P:需要货物转向架和使用车钩缓冲停止器。

R:货物重心高度。

S:重车重心高度。

Z:超重等级。

52. 专用线内遇有哪些情况危及安全时可停止取送车?(《铁路专用线专用铁路管理办法(试行)》第49条)

答:专用线内遇有下列情况危及安全时,车站在征得铁路局集团公司同意后,可停止取送车。

(1)线路技术状态、照明设备不良,达不到规定要求;

(2)设备安装、货物堆放距离达不到规定要求;

(3)在专用线内修建永久性建筑物,侵入铁路限界时;

(4)其他危及安全的情况。

53. 装载成件包装货物有何规定?(《铁路货物装载加固规则》第21、25条)

答:装载成件包装货物时,应排列紧密、整齐。当装载高度或宽度超出货车端侧墙(板)时,应层层压缝,梯形码放,四周货物倾向中间,两侧超出侧墙(板)的宽度应一致。袋装货物袋(扎)口应朝向车内。对超出货车端侧墙(板)高度的成件包装货物,应用绳网或绳索串联一起捆绑牢固,也可用挡板(壁)、支柱、镀锌铁线(盘条)等加固。袋装货物起脊部分应使用上封式绳网等进行加固。

54. 托运人托运货物时,应详细提供哪些材料?(《铁路货物装载加固规则》第63条)

答:托运人托运货物时,应详细提供货物的外形尺寸、单件重量、重心位置、支重面长度及宽度、货物运输安全的特殊要求等相关资料;对货物的活动部位(部件)、货物的装载加固特殊要求以及涉及货物和运输安全方面的其他重要情况，托运人须提出书面说明并盖章或签字，对内容的真实性负完全责任。

55.《铁路危险货物运输安全监督管理规定》中规定禁止运输哪些物品？（《铁路危险货物运输安全监督管理规定》第 3 条）

答：禁止运输下列物品：

(1)法律、行政法规禁止生产和运输的危险物品；

(2)危险性质不明、可能存在安全隐患的物品；

(3)未采取安全措施的过度敏感物品；

(4)未采取安全措施的能自发反应而产生危险的物品。

高速铁路、城际铁路等客运专线及旅客列车禁止运输危险货物，法律、行政法规等另有规定的除外。

56. 各种机械发生突然熄火或断电时，应如何应急处置？（《铁路货物装卸安全技术规则》第 163 条）

答：(1)立即将控制器恢复“0”位，关闭总开关。

(2)如货物在空中，应使货物缓慢降落。

(3)如装卸机具(包括抓斗、钩头、料(铲)斗、电磁吸盘)或货物侵入限界，不得撤除防护信号。

57. 封存启用装卸机械有何规定？（《铁路货物装卸管理规则》第 26 条）

答：预计停用半年以上的装卸机械，应办理封存手续。封存 1 年以上的特种设备，封存时和重新启用前均应书面告知登记部门。封存的装卸机械应完好，严禁拆用零、部件，使用单位应对封存设备做好保养工作。站段封存、启用设备应报铁路局集团公司货运主管部门备案。启用前应进行保养，试机合格后方可使用。

58. 叉车作业“五不叉”是指什么？（《铁路货物装卸安全技术规则》第 87 条）

答：(1)货物重心超过货叉的载荷中心，使纵向稳定性降低时不叉。

(2)单叉偏载不叉。

(3)货物堆码不稳不叉。

(4)叉尖可能损坏货物时不叉。

(5)超重或重量不明不叉。

59. 根据货物超限部位所在的高度，超限货物分为哪几种类型？（《铁路超限超重货物运输规则》第 9 条）

答：根据货物超限部位所在的高度，超限货物分为三种类型：上部超限、中部超限和下部超限。

(1)上部超限:自轨面起高度超过 3 600 mm,任何部位超限者;

(2)中部超限:自轨面起高度超过 1 250 mm 至 3 600 mm 之间,任何部位超限者;

(3)下部超限:自轨面起高度在 150 mm 至 1 250 mm 之间,任何部位超限者。

60. 在设有接触网的线路上,除专业人员以外的其他人员作业时须遵守哪些规定?(《铁路技术管理规程(普速铁路部分)》第 205 条)

答:为保证人身安全,除专业人员执行有关规定外,其他人员(包括所携带的物件)与牵引供电设备带电部分的距离,不得小于 2 000 mm。在设有接触网的线路上,严禁攀登车顶及在车辆装载的货物之上作业;如确需作业时,须在指定的线路上,将接触网停电接地并采取安全防护措施后,方准进行。双线电气化铁路实行 V 形天窗作业时,为确保人身安全,应在设备、机具、照明、作业组织等方面采取相应措施。

61. 危险货物卸车作业需做哪些工作?(《铁路危险货物运输管理规则》第 42 条)

答:(1)检查车辆。车辆状态及施封检查,核对票据与现车,确定卸车及堆码方法。

(2)卸车作业。传达安全作业注意事项及卸车方案,检查消防器材和安全防护用品。

(3)卸车后工作。在收货人清理车辆残存废弃物后,对受到污染的车辆,及时回送洗刷所洗刷除污。清理车辆残存废弃物交由收货人负责处理。因污染、腐蚀造成车辆损坏的,要按规定索赔。

62. 气体类危险货物装车前托运人应检查确认哪些内容?(《铁路危险货物运输管理规则》第 84 条)

答:装车前,托运人应确认罐车是否良好,罐体外表应保持清洁,标记、文字应能清晰易辨。罐体有漏裂,阀、盖、垫及仪表等附件、配件不齐全或作用不良的罐车禁止使用。气体类危险货物充装前应有专人检查罐车,按规定对罐体外表面、罐体密封性能、罐体余压等进行检查,不具备充装条件的罐车严禁充装。

63. 一件超限货物,装车后应如何对货物进行测量?(《铁路超限超重货物运输规则》附件 8)

答:装车后,按实际的装载加固状态测量(含装载加固材料或装置)货物尺寸。

(1)长度:

①跨装时,测量支距和两支点外方的长度;

②突出装载时,测量突出车辆端梁的长度;如两端突出不相等时,应分别测量。

(2)高度:自轨面起测量其中心高度和侧高度。

(3)宽度:自车辆纵中心线所在垂直平面起,分别测量中心高度和不同侧高度处在其左侧和右侧的宽度。

64. 分析发生偏载、偏重的原因主要有哪些?(《铁路货物装载加固规则》《铁路集装箱运输规则》)

答:铁路容易发生货车偏载、偏重的车辆相当一部分是敞车、棚车,这些车辆在装载散堆装货物或者件数较多的成件货物时,受各种因素影响,装车后及在车辆运行过程中货物重心容易偏离车辆纵、横中心线,造成所装货车偏载、偏重。

(1)货物加固强度不足或没有对货物采取加固措施。

(2)未按方案装车,货物装车后货车偏载、偏重。

(3)集装箱内货物配重不良造成货车偏载、偏重。

(4)空车内残存货物引起货车偏载。

(5)装载不均衡。

65. 线路办理超限、超重货物运输,应具备哪些条件?(《铁路超限超重货物运输规则》第14条)

答:(1)线路已开通使用并办理普通货物运输;

(2)线路建筑限界和桥涵承载能力满足超限、超重货物运输安全要求;

(3)相关运输站段有合格的超限超重货物运输专业技术人员;

(4)有健全的超限、超重货物运输安全管理制度和事故施救信息网络。

66. 车站受理超限、超重货物,应如何办理?(《铁路超限超重货物运输规则》第24条)

答:(1)车站受理超限、超重货物时,应认真审查托运人提出的有关技术资料。托运人提供的货物技术资料及相关证明文件齐全有效、符合规定,且货物发到站(含专用线、专用铁路)具备超限、超重货物运输条件的,发站应受理资料。

(2)受理资料后,发站测量核对货物外形尺寸和重心位置,以超限超重货物运输申请电报向铁路局集团公司货运主管部门申请装运办法。

(3)跨三个及以上铁路局集团公司的各级超重货物和超级超限货物,由铁路局集团公司审查后向国铁集团货运部提出申请。

67. 超限、超重货物变更到站时,应如何办理?(《铁路超限超重货物运输规则》第29条)

答:超限、超重货物变更到站时,除按普通货物变更有关规定办理外,还应遵守下列规定:

(1)受理变更的车站应为超限超重货物办理站。

(2)受理变更的车站应对货物的装载加固状况进行检查,确认状态良好后以电报向铁路局集团公司重新申请,并注明原确认电报发布单位、电报号码、新到站及车号。

(3)受理变更的铁路局集团公司按规定确认或申请,变更后的运输要求按新确认电报执行。

(4)受理变更的车站应在“超限超重货物运输记录”中签认。

68. 2022 年 1 月 6 日甲站承运到乙站大米，承运人装车，苫盖篷布一块，2 400 件，该车 1 月 10 日到达乙站，卸前检车体良好，篷布捆绑无异状，运行前端顶部有 100 cm×80 cm 破口，破口处有明显凹坑，卸见货物实有 2 350 件，乙站于次日编制货运记录，1 月 14 日送甲站查询，甲站 1 月 14 日收到查复书，次日答复乙站，称托运人与该站签订了承责证明，该批货物系站内对装，如出现短少、湿损均由托运人承担，铁路不予承责。请分析：(1)承运人是否应当承担赔偿责任？(2)以上两站有无过错？（《中华人民共和国铁路法》《铁路货物运输规程》《铁路货物损失处理规则》）

答：(1)该案属承运人装车，运输过程中被盗，托运人签订的承责证明不属《中华人民共和国铁路法》规定的免责条款，也不属于《中华人民共和国铁路法》中承运人免责范围，铁路应予以赔偿。

(2)乙站违反《铁路货物损失处理规则》第 21 条“除按规定编制货运记录外，还应在货运记录编制当日以查复书形式，通过保价系统对货物损失的原因和责任进行调查”。

依据《铁路货物运输规程》第 22 条“货物装车和卸车的组织工作，在车站公共装卸场所以内由承运人负责”，甲站不应以与托运人签订的承责证明推卸承运人责任。

69. 挂有超限车的列车运行在双线、多线或并行单线的直线地段与邻线列车会车时，应遵守哪些规定？（《铁路超限超重货物运输规则》第 41 条）

答：(1)邻线列车运行速度小于等于 120 km/h 的，两运行列车之间的最小距离大于 350 mm 者不限速，300 mm 至 350 mm 之间者运行速度不得超过 30 km/h，小于 300 mm 者禁止会车。

(2)邻线列车运行速度大于 120 km/h 小于等于 160 km/h 的，两运行列车之间的最小距离大于 450 mm 者不限速，400 mm 至 450 mm 之间者运行速度不得超过 30 km/h，小于 400 mm 者禁止会车。

(3)邻线列车运行速度大于 160 km/h 的，禁止会车。

70. 超限车在运行过程中，如超限货物的任何部位接近建筑物或设备时，应遵守哪些规定？（《铁路超限超重货物运输规则》第 42 条）

答：(1)超限货物的任何超限部位与建筑物或设备之间的距离（简称限界距离），在 100 mm 至 150 mm 之间时，速度不得超过 15 km/h；

(2)限界距离在超过 150 mm 至 200 mm 之间时，速度不得超过 25 km/h；

(3)限界距离不足 100 mm 时，由铁路局集团公司根据实际情况制定办法。

71. 途中检查站应按哪些内容检查超限、超重车？（《铁路超限超重货物运输规则》第 46 条）

答：途中检查站应按下列内容检查超限、超重车，并在超限超重货物运输记录上记录、签认检查结果。

(1)有无超限超重货物运输记录及其填写是否完整;

(2)货物两侧明显位置,是否有超限、超重等级标识;

(3)是否标画有检查线,货物装载加固是否良好,加固材料是否有松动或损坏。

如发现问题,应按照《铁路货运检查管理规则》和《铁路货物运输管理规则》等文件中的有关规定处理。

72. 货车装载的货物重量及增载有哪些规定?(《铁路货物装载加固规则》第 15 条)

答:(1)货车装载的货物重量(包括货物包装、防护物、装载加固材料及装置)不得超过其容许载重量。

(2)允许增载货车车型、适于增载货物品类及允许增载重量按"铁路货车增载规定"办理。

(3)涂打禁增标记的货车不准增载。

(4)国铁集团未批准增载的各型货车不得增载。

73. 轮式、履带式货物顺装、横装、跨装在两平车上时应如何装载?(《铁路货物装载加固规则》第 42 条)

答:轮式、履带式货物应使用木地板平车装载(专用货车装运时除外),其本身有制动装置的,装车后应制动,门窗闭锁并将变速手柄放在初速位置(运输轿车时,挡位放在空挡或 P 挡上),制动手柄或拉杆应处于制动位置。其装载方法如下:

(1)顺装时,相邻两辆间距不小于 100 mm。

(2)横装时,相邻两辆应头尾颠倒,间距不小于 50 mm。

(3)跨装在两平车上的汽车,其头部与前辆汽车的尾部间距不小于 350 mm。

74. 钢板应如何装载?(《铁路货物装载加固规则》第 48 条)

答:(1)钢板可使用敞、平车装载。每垛货物高度一般不得大于货物底宽的 80%,不满足时应采取有效措施防止倒塌,货物层间及与车地板间应衬垫防滑,重量分布应符合《铁路货物装载加固规则》有关规定。

(2)使用平车装载钢板时,可单排或双排顺装,装载高度超出端、侧板时,可使用支柱。每垛钢板采用反又字下压加固,视钢板长度不少于 2 道,端部采用交叉斜拉加固。

(3)使用敞车装载钢板,钢板宽度小于 1.3 m 时,应双排顺装,每垛使用盘条(钢丝绳)或钢带整体捆绑,捆绑间距不大于 2.5 m。钢板宽度不小于 1.3 m 时,可单排顺装。长度 7~9 m 的钢板允许中部搭头,两端紧靠车端墙。

75. 专用线内装车的货物,车站发现有哪些情况时,应改善后接收?(《铁路专用线专用铁路管理办法(试行)》第 32 条)

答:(1)凭封印交接的货车,发现封印脱落、损坏、不符、印文不清或未按施封技术要求进行施封;

(2)凭现状交接的货物,发现货物装载加固状态或所作的标记有异状或有灭失、损坏痕迹;

(3)规定应苫盖篷布的货物而未苫盖、苫盖不严、使用破损篷布或篷布绳索捆绑不牢固;

(4)车门、车窗未关严(需要通风运输的货物除外),车门插销未插牢固;

(5)使用敞车、平车或砂石车装载的货物,违反《铁路货物装载加固规则》的要求;

(6)违反铁路规定的货车使用限制或特定区段装载限制。

76. 3月15日,某站装卸队5组在12道出货作业中,使用叉车叉取后,叉车在退行转弯时将一件重567 kg有"箭头向上""贵重"标志,上大下小的货物摔下,造成价值25万元的货物损坏。请找出存在哪些违章行为。(《铁路货物装卸安全技术规则》第11、87条)

答:(1)作业前对货物性质不能全面掌握,安全预想不到位,违反《铁路货物装卸安全技术规则》:"作业前,工组长应根据货运员的要求布置作业方法和安全注意事项,召开工前会",对此件贵重货物出货的注意事项未有效落实。

(2)作业人员未坚持标准化作业,简化作业程序,未对贵重货物采取防护措施,违反《铁路货物装卸安全技术规则》:"叉取易碎、贵重或易倒塌的货物时要用安全绳,并有人辅助"。

(3)装卸队管理人员现场安全检查不到位,对现场安全缺乏有效卡控。

77. 某站使用N17AK平车装运卷钢2件,件重28 t,卷径1 280 mm,板宽1 350 mm,装后情况如图2-1所示,请指出违章之处。(《铁路货物装载加固规则》第23、55条、附件1、附件5)

图 2-1

答:(1)装载方式不合适,板宽大于卷径,宜采取卧装方式。违反《铁路货物装载加固规则》第55条:"立装时,卷钢的直径宜大于本身高度,不满足时应采取有效的防止倾覆和位移的措施"。

(2)未采取防止盘条下滑措施。违反《铁路货物装载加固规则》第55条,应采取防止镀锌铁线、盘条下滑措施。

(3)盘条拉牵高度不够。按规定:拉牵高度不得小于板宽的二分之一。

(4)盘条与货车棱角接触处未采取防磨措施。违反《铁路货物装载加固规则》第 23 条:“必要时,加固线与货物、车辆棱角接触处应采取防磨措施”。

(5)盘条绞紧后未采取绞棍留用或防松措施。违反《铁路货物装载加固规则》附件 5,绞棍不留用时可采取防松措施。

78. C_{62BK} 装运原煤一车,经中途货检站超偏载检测装置检查发现货物检测重量为 70 t。(1)该车是否超过车辆容许载重量?(2)该车的超载等级是什么?(3)该车是否要甩车处理?(《铁路货物装载加固规则》附件 6,《铁路货运计量安全检测设备运用管理规则》第 56、57 条)

答:(1)该车最大允许载重量为 60＋60×2%＋3＝64.2(t)。

检测重量为 70 t,超过货车容许载重量。

(2)超出货车容许载重量 5.8 t,大于 5 t 小于 10 t 为一般超载。

(3)依据《铁路货运计量安全检测设备运用管理规则》第 57 条,对一般超偏载货车,货检站在确认不危及行车安全时可不甩车整理,应记录车种、车号、发到站、货物品名等,并将上述信息及时通知发到站,电报通知下一编组站,同时在 24 h 内将信息上报铁路局集团公司货运主管部门。

如果该车为本局管内装车站装运的,应比照严重超偏载车进行处理。

79. 2018 年 12 月 5 日,甲局集团公司 A 站装运乙局集团公司 B 站石墨 4 车,其中一车的照片如图 2-2 所示,运单托运人记事栏记载自备篷布号码 130133640,请指出该车存在的问题。(《铁路货物装载加固规则》第 21 条,《货车篷布管理规则》第 49 条、附件 1)

图 2-2

答:(1)货物顶部不平,起脊部分未做到层层压缝,梯形码放。

(2)车辆端部包角不严密,包角不符合规定。

(3)篷布角绳过松,未拉紧。

(4)篷布号码被中部折叠部分遮挡,无法对篷布号码进行交接检查、拍照。

(5)自备篷布为 2013 年 1 月生产,超过规定的使用期限。

80. 2019 年 5 月 10 日，甲站石化专用线因货物积压，临时将该专用线承认车送至货物线装车，货物品名：黄磷（铁危编号 42001）**，到站乙站石化专用线，使用 GQ_{70}6211450**（标记载重 70 t）**装运，货物重量 58.6 t，充装后按规定使用 3.2 t 水覆盖。请指出甲站存在的问题并说明理由。**（已知：甲、乙站发、到专用线办理限制均符合规定）（《铁路危险货物运输管理规则》第 77 条，《铁路危险货物品名表》"特殊规定"74）

答：(1)货场内进行危险货物罐车装卸错误。违反《铁路危险货物运输管理规则》第 77 条：危险货物罐车装卸作业应在专用线内办理。

(2)车辆使用错误。违反《铁路危险货物运输管理规则》第 77 条：铁路产权罐车限装品名为原油、汽油、煤油、航空煤油、柴油、石脑油、溶剂油、轻质燃料油及非危险货物的重油、润滑油。

(3)黄磷充装及充装后覆盖水的重量违反规定。违反《铁路危险货物品名表》"特殊规定"：自备罐车装运黄磷应经国铁集团批准。现行黄磷自备罐车限装黄磷 58 t，充装黄磷后需用 3.8 t 水覆盖以隔绝空气。

81. 运输危险货物，同一托运人、同一到站押运方式、车辆及人数有何规定？（《铁路危险货物运输管理规则》第 56 条）

答：(1)气体类 6 辆重（空）罐车（含带押运间车辆）以内编为 1 组，每组押运员不得少于 2 人。每列编挂不得超过 3 组。每组间的隔离车不得少于 10 辆（原则上需要用普通货物车辆隔离）。

(2)剧毒品（铁路危险货物品名表"特殊规定"栏有第 67 条特殊规定的）4 辆（含带押运间车辆）以内编为 1 组，每组 2 人押运；2 组以上押运人数由铁路局集团公司确定。

(3)硝酸铵 4 辆以内编为 1 组，每组 2 人押运；2 组以上押运人数由铁路局集团公司确定。

(4)爆炸品（烟花爆竹除外）每车 2 人押运。

82. 青藏线格拉段等海拔超过 3 000 m 的高原铁路办理危险货物运输时，应符合哪些特殊规定？（《铁路危险货物运输管理规则》第 16 条）

答：(1)装运车辆符合高原铁路运输的相关规定。

(2)办理站、托运人根据高原铁路运输危险货物的具体品名，制定专项事故应急预案和环保应急处理预案。

(3)所有有人值守的车站均应配备危险货物运输应急救援器材和安全防护设备。

(4)运输需要押运的危险货物时，应配备适应高原缺氧环境、符合环保要求的押运车辆。押运人员应接受高原体检和健康教育，合格后方可执行押运任务。押运时应配备必要的药品和应急备品。

(5)运输气体、放射性物质（物品）、危害环境的物质、高温物质等性质特殊的危险货物时，由国铁集团组织进行试验论证研究，确定安全运输条件。

83. 办理站受理危险货物时，应符合哪些规定？（《铁路危险货物运输管理规则》第 31 条）

答：（1）托运人名称与危险货物托运人名称表相统一。

（2）国家对生产、经营、储存、使用等实行许可管理的危险货物，发站还应查验收货人提供的相关证明材料并留存备查；必要时，到站应进行复查。

（3）经办人身份证与货物运单记载相统一。

（4）货物运单记载的品名、类项、编号等内容与铁路危险货物品名表的规定相统一，并核查铁路危险货物品名表"特殊规定"栏有无铁路危险货物运输特殊规定（简称特殊规定）。

（5）发到站、办理品名、装运方式与办理限制相统一。

（6）货物品名、重量、件数与货物运单记载相统一。

（7）经办人具有培训合格证明。

（8）托运人具有包装检验合格证明文件。

（9）货物运单右上角用红色戳记标明编组隔离、禁止溜放或限速连挂等警示标记。

（10）其他有关规定。

84. 2022 年 2 月 5 日，某货场叉车司机在站台上装胶合板作业，为了抢进度，在站台上行驶、转弯速度分别达到 12 km/h、7 km/h，忘记进行鸣笛操作，也未瞭望叉车后部情况，导致撞上正在叉车后部约 3 m 处进行拍照作业的货运员，造成其左腿骨折。经调查，该叉车喇叭已烧坏 2 日，作业过程中无现场防护人员，未设置作业区警示标志。司机存在哪些违章行为？（《铁路货物装卸安全技术规则》第 69、70、73、102 条）

答：（1）违反《铁路货物装卸安全技术规则》第 102 条装卸机械日常交接检查规定，未发现叉车喇叭已烧坏问题，带病作业。

（2）违反《铁路货物装卸安全技术规则》第 70 条"各种装卸机械操作前要鸣喇叭（铃）示意。流动式装卸机械进出车门、库门、箱门，通过人员、设备通道，在坡道、转弯等视线不良地段或繁忙地带应减速鸣笛或停车避让"的规定。同时违反"小型叉车作业标准"，未瞭望发现叉车后部站人情况。

（3）违反《铁路货物装卸安全技术规则》第 69 条"流动式装卸机械作业时，要在作业区关键位置设置安全警示标志，防护人员穿反光防护服、配口笛或对讲机，站立安全位置"。

（4）违反《铁路货物装卸安全技术规则》第 73 条，流动式装卸机械"在站台上行驶不得超过 10 km/h，在转弯、进出车（库）门及危险区域不得超过 5 km/h"。

85. 手推调车必须遵守哪些规定？（《铁路技术管理规程（普速铁路部分）》第 298 条）

答：手推调车，须取得调车领导人的同意，人力制动机作用必须良好，有胜任人员负责制动。手推调车速度不得超过 3 km/h。下列情况，禁止手推调车：

（1）在正线、到发线及超过 2.5‰坡度的线路上（确需手推调车时，须经铁路局集团公司批准）；

（2）在停有动车组的线路上；

（3）遇暴风雨雪或夜间无照明时；

(4)接发列车时,与接发列车进路没有隔开设备或脱轨器的线路,向能进入接发列车进路的方向;

(5)装有爆炸品、气体类危险货物的车辆;

(6)电气化区段,接触网未停电的线路上,对棚车、敞车类的车辆。

86. 作为货检站整理、换装的依据,货车超偏载具体分级标准是如何规定的?(《铁路货运计量安全检测设备运用管理规则》第56条)

答:作为货检站整理、换装的依据时,货车超偏载分严重、一般两级,具体分级标准如下:

分级	严　重	一　般
超载	大于货车容许载重量10 t	大于货车容许载重量5 t但未达到严重程度
偏载	货物总重心投影距车辆纵中心线距离大于150 mm	货物总重心投影距车辆纵中心线距离大于100 mm但未达到严重程度
偏重	货车两转向架承受重量之差大于15 t	货车两转向架承受重量之差大于10 t但未达到严重程度

以上的分级标准不作为装车站是否处理超偏载问题的依据。

87. 加固的一般要求是什么?(《铁路货物装载加固规则》第23条)

答:(1)拉牵可采用八字形、倒八字形、交叉、又字形、反又字形或兜头等方式。

(2)使用多股镀锌铁线、盘条加固时,需用绞棍绞紧,绞紧程度不能损伤铁线、盘条。

(3)使用钢丝绳加固时,应采用配套的钢丝绳夹。使用紧线器或钢丝绳紧固器作连接装置时,紧线器或钢丝绳紧固器中的紧固装置与钢丝绳的强度应匹配。

(4)使用挡木或钢挡加固时,其高度不宜过大,与车地板之间要有足够的联结强度。

(5)掩挡的有效高度应符合要求,掩挡与车地板的联结强度必须足以保证掩挡自身不发生移动或倾覆。

(6)使用腰箍下压式加固时,每道腰箍的预紧力必须达到设计要求。

(7)必要时,加固线与货物、车辆棱角接触处应采取防磨措施。

88. 桥(门)式起重机作业应做到哪"十不吊"?(《铁路货物装卸安全技术规则》第81条)

答:(1)超重或埋藏地下物不吊。

(2)非信号人员指挥或信号不明不吊。

(3)重量不明不吊。

(4)吊钩没对准货物重心(歪拉斜拽)不吊。

(5)未试吊不吊。

(6)简化挂索、捆绑不牢不吊。

(7)6 m以上长大货物无牵引绳或司索钩不吊。

(8)货物上有人,有浮摆物或钩连其他货物不吊。

(9)吊索夹角过大不吊(不宜超过90°)。

(10)金属尖锐棱角货物吊索无衬垫不吊。

89. 托运人托运超限、超重货物时,除按一般货运手续办理外,还应提供哪些资料?(《铁路超限超重货物运输规则》第 23 条)

答:(1)"超限超重货物托运说明书",货物外形的三视图。图中应标明货物的有关尺寸、支重面长度、货物重量,并以"+"号标明重心位置。

(2)自轮运转货物,应有自重、长度、轴数、轴距、固定轴距、转向架中心销间距离、运行限制条件,以及过轨技术检查合格证。

(3)申请使用的车种、车型、车数及装载加固建议方案。

(4)超过承运人计量能力的货物由托运人确定货物重量,并应有货物生产厂家出具的货物重量证明文件(数据应为货物运输状态时的重量,重量数据如不含装载加固材料或装置重量,须单独注明),对变压器、电抗器等货物,残余油料重量须单独注明;货物生产厂家具备货物称重计量条件的,应要求托运人提供经厂家计量衡器称重的货物重量数据。

(5)其他规定的资料。

托运人应在超限超重货物托运说明书、装载加固建议方案和所提供的资料上签字盖章,并对内容的真实性负责。

90. 某货场某日门吊班组使用门式起重机吊卸集装箱平车(F-TR 锁上)**的 20 英尺集装箱**(额定总重量 30 480 kg)**重箱 10 组,在起吊第一个集装箱时,司机接到起吊信号后直接采用高速挡一次直接起吊高度约 300 mm,造成集装箱钩连车辆脱轨事故。据调查,当时有一名辅助人员站在端部指挥。请问上述情节中有哪些违章行为?**(《铁路货物装卸安全技术规则》第 81、99、136 条)

答:(1)吊卸集装箱只有一名辅助人员,违反了《铁路货物装卸安全技术规则》第 136 条,装卸集装箱平车(F-TR 锁),"辅助作业人员不得少于 2 人"。

(2)司机作业直接采用高速挡起吊,未进行低速点动试吊,违反了《铁路货物装卸安全技术规则》"每次作业的第一钩及起吊重量达到 80%额定起重量时,须试验制动性能",以及第 81 条"未试吊不吊"的规定。

(3)司机接到起吊信号后直接采用高速挡一次直接起吊高度约 300 mm,违反了《铁路货物装卸安全技术规则》"应先以低速挡点动起升 100 mm 左右,确认集装箱角件孔与车辆锁头分离后,方可继续起升。集装箱角件孔与车辆角座连挂、卡死时,应立即停止,落箱后点动缓钩排除"的规定。

91. 某企业要托运机械设备一件,货重 55 t,长 12 m、宽 2.5 m、高 1.5 m,重心距一端 7 m,使用 N_{17T} 一辆装载(N_{17T} 标重 60 t,车长 L=13 m,销距 l=9 m)**,试分析确定经济合理的装载方案。**(《铁路货物装载加固规则》附件 2)

答:方案 1:货物总重心投影落在车辆纵横中心线交叉点上,货物一端突出车辆长度为

500 mm，需要游车一辆，并使用高度符合要求的横垫木。

方案 2：距重心较远一端与车端平齐，$a_{需}=500$ mm。

$P_{容}$按标重 60 t 计算，$P_{容}-Q=60-55=5(t)<10$ t。

$a_{容}=[P_{容}/(2Q)-0.5]l=[60/(2\times55)-0.5]\times9\ 000\approx409(mm)$

$a_{容}<a_{需}$，不符合装载要求。

方案 3：距重心较远一端突出车端 300 mm，货物半宽小于车辆半宽，不需加挂游车。

则 $a_{需}=7\ 000-6\ 500-300=200(mm)$。

$a_{容}>a_{需}$，符合装载要求。

综上，方案 1、方案 3 均符合装载要求，但方案 1 需要使用游车 1 辆，从经济角度考虑应选择方案 3。

92. A 站承运一件超限货物，请简要叙述车站在装车前应如何对货物进行测量。（《铁路超限超重货物运输规则》附件 8）

答：测量以毫米(mm)为单位。装车前，按批准的装载加固方案测量货物尺寸。

(1)长度：测量其最大长度、支重面长度、重心至端部的距离、检定断面至重心的距离。

(2)高度：自支重面起，测量其中心高度、侧高度和重心高度。

①中心高度：自支重面起至最大高度处的高度为中心高度；

②侧高度：中心高度以下各测点至支重面的高度。如有数个不同侧高度时，应由上至下测出每一个不同的侧高度。

(3)宽度：测量中心高度处的宽度和不同侧高度处的宽度。

①中心高度处的宽度：中心高度处，在货物重心所在纵向垂直平面左侧和右侧的最大宽度；

②侧高度处的宽度：每一侧高度处，在货物重心所在纵向垂直平面左侧和右侧的最大宽度。

93. 论述卷钢装载加固要求。（《铁路货物装载加固规则》第 54、55 条）

答：(1)卷钢应使用木地板平车和 C62A*、C62A*K、C62AK、C62A*T、C62AT、C62BK、C62BT、C64K、C64H、C64T、C70、C70H、C70E、C70EH 等敞车装载。

(2)优先选用平车和专用车装运卷钢，优先采用立装方式装运卷钢，优先使用钢座架卧装卷钢。

(3)卷钢可立装、卧装或集束立装。立装时，卷钢的直径宜大于本身高度，不满足时应采取有效的防止倾覆和位移的措施。卧装时，可使用钢座架(座架须与车体固定)；用木地板平车卧装时，可将相邻卷钢用夹具或镀锌铁线(盘条等)捆在一起，并用三角挡掩紧钉固。集束立装时，集束端最短距离应大于集束高度，卷钢中部用镀锌铁线(盘条等)捆绑在一起，并采取防止镀锌铁线(盘条等)下滑措施。

(4)卷钢无论立装、卧装或集束立装，卷钢(组)本身应用镀锌铁线、盘条或钢丝绳等与车体捆绑加固(装载在座架上,以及使用凹形草支垫(含凹形玉米秸秆支垫)、稻草掩挡装运的可除外)。

(5)卷钢使用敞车装运时,应采取有效的防滑措施。

(6)禁止卷钢与其他货物混装。

94. 简述预应力梁的加固方法。(《铁路货物装载加固规则》第 60 条)

答:(1)货物转向架下架体每端,用 8 号镀锌铁线、盘条或钢丝绳拉牵成八字形,捆绑在车侧丁字铁或支柱槽上。货物转向架上架体与桥梁底部之间,需加防滑垫木。防滑垫木上应加铺一层橡胶垫,桥梁底部两侧与货物转向架上架体挡铁之间,用木楔楔紧卡牢。

(2)在货物转向架上架体预应力梁的两侧,分别使用斜支撑进行加固。斜支撑顶部与预应力梁体必须密贴顶牢,并用 8 号镀锌铁线或盘条将斜支撑与转向架上架体捆牢。

(3)横向位移不超过 20 mm,长度为 32.6 m 梁的纵向窜动不超过 250 mm、长度为 24.6 m 及以下梁的纵向窜动不超过 150 mm 时,可以继续运行。

(4)斜支撑产生纵向倾斜时,必须进行整理。

95. 某企业 G_{17} 型自备罐车,标记载重 $P_{标}=52$ t,标记容积 $V_{标}=60$ m³。装载焦油,密度为 1.03 t/m³,请计算充装控制范围。(《铁路危险货物运输管理规则》第 82 条)

答:(1)允许充装体积:$0.83V_{标}\leqslant V_{许装}\leqslant 0.95V_{标}$。

下限:$V_{许装}=0.83V_{标}=0.83\times 60=49.8(m^3)$

上限:$V_{许装}=0.95V_{标}=0.95\times 60=57(m^3)$

(2)允许充装重量:

下限:$W=\rho\cdot V_{许装}=1.03\times 49.8=51.294(t)<P_{标}$

上限:$W=\rho\cdot V_{许装}=1.03\times 57=58.71(t)>P_{标}$

允许充装重量上限计算值大于车辆标记重量,不符合要求。

所以最大充装重量上限应为车辆标记载重量,即最大为 52 t。

$V_{许装}=P_{标}/\rho=52/1.03\approx 50.485(m^3)$

(3)充装控制范围:

充装上限:体积 50.485 m^3,重量 52 t。

充装下限:体积 49.8 m^3,重量 51.294 t。

96. 甲站 2019 年 6 月 5 日承运到乙站水泥 2 车,甲站到乙站全程 2 480 km,6 月 18 日到达卸车,当日乙站发出领货通知,6 月 21 日收货人来站办理交付手续,并将货物搬走。该货是否逾期,是否支付逾期违约金?(《铁路货物运输规程》)

答:计算运到期限:

(1)货物发送期间 1 日;

(2)货物运输期间:2 480÷250=9.92(日),不满 1 日进为 1 日,10 日;

(3)运到期限为 1+10=11(日)。

货物实际运到日数:从 6 月 6 日起至 18 日,共计 13 日。

逾期天数:2 日。

从承运人发出领货通知的次日起,由于收货人未在 2 日内将货物领出,即失去要求承运人支付违约金的权利。

97. 装运外部形状规则均重货物一件,重量为 33 t,长 19 000 mm,宽 3 100 mm,高 2 620 mm,货物对称装载在 N17T 型平车(自重 19.5 t,长 13 000 mm,宽 2 980 mm,转向架中心距 9 000 mm,车地板面至轨面高 1 209 mm)**上,两端挂有游车,车地板与货物间垫以高 160 mm 的横垫木。请确定其检定断面、计算宽度和计算点的高度**(计算的偏差量数值取整)。(《铁路超限超重货物运输规则》附件 2)

答:(1)选择计算点

货物外部形状规则,$2x/l=2\times9.5/9\approx2.11>1.4$,货物两端突出装载且一致,所以货物检定断面在突出车辆部分的端部,计算点在其最高处两侧。

(2)计算货物偏差量

应计算 $C_{外}$ 及货物检定断面处的附加偏差量 K。

$C_{外}=[(2x)^2-l^2]\times1\ 000/(8R)=[(2\times9.5)^2-9^2]\times1\ 000/(8\times300)\approx117(\text{mm})$

$K=75(2x/l-1.4)=75\times(2\times9.5/9-1.4)\approx54(\text{mm})$

(3)该货物的计算宽度

$X_{外}=B+C_{外}+K-36=1\ 550+117+54-36=1\ 685(\text{mm})$

(4)计算点高度

$H=1\ 209+160+2\ 620=3\ 989(\text{mm})$

因此,货物检定断面在突出车辆部分的端部,计算宽度 1 685 mm,计算点的高度 3 989 mm。

98. 有一个等截面均质的金属构件长 10 m,重 50 t。现有三台起重量分别为 40 t、30 t 及 20 t 的门式起重机,要将该货物吊起应如何选择门吊?(《铁路货物装卸安全技术规则》第 79 条)

答:(1)根据《铁路货物装卸安全技术规则》第 79 条规定:两台起重机抬吊时,负荷不得超过两台起重机总能力的 80%,绑扎索点使负荷分配不得超过每台起重机能力的 85%,两台起重机能力大小之比不得大于 3∶2。

(2)选用 40 t 及 20 t 门吊,起重量之比为 2,大于 1.5,不符合规定。选用 30 t 及 20 t 门吊,起重量之比为 1.5,但总起重能力为 50 t,明显不符合规定。

(3)选用 40 t 及 30 t 门吊,起重量之比为 4∶3,小于 1.5,抬吊时允许起吊的最大荷重为 (40+30)×80%=56(t),符合技术条件。

99. 钢梁一件，长 16 000 mm，宽 2 000 mm，高 1 800 mm，使用 N17T 型木地板平车一车负重一端突出，加挂游车一辆，请计算横垫木的合理高度。已知：货件挠度为 25 mm，游车地板较负重车地板高 10 mm，$h_{车差}=10$ mm，$f=25$ mm，$L_{车}=13\ 000$ mm，$l=9\ 000$ mm，$l_{固}=$ 1 750 mm。（《铁路货物装载加固规则》附件 2）

答：$y_{突}=16\ 000-13\ 000=3\ 000$(mm)

$a=y_{突}+(L_{车}-l-l_{固})/2=3\ 000+(13\ 000-9\ 000-1\ 750)/2=4\ 125$(mm)

$H_{垫}=0.031a+h_{车差}+f+80$

$=0.031\times4\ 125+10+25+80$

≈243(mm)

因此，横垫木的合理高度为 243 mm。

100. 试分析一个合理的装载加固方案应符合的基本要求。（《铁路货物装载加固规则》《铁路超限超重货物运输规则》）

答：(1)货物的重量应均衡、稳定、合理地分布在货车上，不超载、不偏载、不偏重、不集重；能够经受正常调车作业和列车运行中所产生各种力的作用，在运输过程中，不发生移动、滚动、倾覆、倒塌或坠落等情况。

(2)地板负重面长度或横垫木中心线间的距离应符合《铁路货物装载加固规则》相关要求。

(3)尽量降低重车重心高度，保持货物及重车的稳定性。

(4)尽量降低超限等级或缩小货物的超限程度。

(5)要在保证安全的基础上选择简便的加固方法，节省加固材料，缩短装卸作业时间。

(6)要合理选择车辆，充分利用货车的有效载重力和容积，要为装卸作业创造便利的条件。

(7)要考虑超限车经由区段所采用的建筑限界或特定区段装载限制。

S1 货车静载重的计算与分析

铁道行业职业技能认定货装值班员高级操作技能考核准备通知单

考核时间:60 min

一、鉴定站准备

1. 材料准备

序 号	材 料 名 称	规 格	数 量	备 注
1	《铁路货物装载加固规则》	本	1	

2. 考场准备

(1)作业现场或演练场,场地条件及工具、量具应满足实际操作的需要,不得存在安全隐患,必要时需酌情配设辅助操作人员。

(2)如因客观原因场地条件不能满足实际操作需要时,可采取模拟的方式进行操作。

①供模拟考试用教室1间。

②考场内须光线充足,空气良好,环境安静,卫生整洁。

二、考生准备

考生按现场作业要求,着规定的作业服,佩戴标志,严格执行劳动保护的有关规定。考生需自备考试工具。

铁道行业职业技能认定货装值班员高级操作技能考核试卷(考评员用)

试题名称:货车静载重的计算与分析

试题内容:(1)某站一季度用标记载重60 t的货车装运粮食7 200 t,共装150车,请计算货车静载重。二季度使用标记载重为58 t的货车装运大米,其平均静载重为50 t,请计算货车载重利用率。该局集团公司12月货物发送吨数为130万t,每日装车数为750车,装车用货车平均标记载重60 t,试求该局集团公司12月的货车静载重、货车载重利用率。请分析静载重降低的原因及应采取的措施。(2)越过线路时要注意什么?

一、技术要求

1. 技术用语规范。
2. 在不违反试题内容的前提下,未给定条件可自设。

二、考核要求

1. 作业过程完整。

2. 本项技能认定由被认定人独立完成。

三、考核时限

1. 准备时间:10 min。
2. 正式操作时间:60 min。
3. 在规定时间内全部完成,不加分,也不扣分。每超时 1 min,从总分扣 5 分,总超时 5 min 停止作业。

四、考核评分

1. 考评人员 3 名及以上。
2. 评分点见"考核评分记录表"。
3. 评分程序及规则:考评员各自根据考生作业程序在评分表上给予记录评分,取平均分为评定得分。
4. 算分方法:百分制计算,满分 100 分,60 分为及格。

五、否定项

若考生发生下列情况之一,则应及时终止其考试,该考生成绩记为零分。
1. 操作不当造成设备、工具、仪器和材料损坏。
2. 严重违反安全作业规程,违反考试纪律。

铁道行业职业技能认定货装值班员高级操作技能考核试卷(考生用)

单位:　　　　　　　　　　　　姓名:　　　　　　　　　　　　准考证号:

试题内容:(1)某站一季度用标记载重 60 t 的货车装运粮食 7 200 t,共装 150 车,请计算货车静载重。二季度使用标记载重为 58 t 的货车装运大米,其平均静载重为 50 t,请计算货车载重利用率。该局集团公司 12 月货物发送吨数为 130 万 t,每日装车数为 750 车,装车用货车平均标记载重 60 t,试求该局集团公司 12 月的货车静载重、货车载重利用率。请分析静载重降低的原因及应采取的措施。(2)越过线路时要注意什么?

铁道行业职业技能认定货装值班员高级操作技能考核评分记录表

准考证号:　　　　　　姓名:　　　　　　性别:　　　　　　单位:

试题名称:货车静载重的计算与分析　　　　　　　　考核时间:60 min

操作开始时间:　　时　　分　　　　　　操作结束时间:　　时　　分

序号	考核内容	考核要点	配分	评分标准	扣分	得分
1	货车静载重	计算一季度货车静载重	10	每漏、错 1 处扣 5 分		
	货车载重利用率	计算二季度货车载重利用率	10	每漏、错 1 处扣 5 分		
2	货车静载重	计算 12 月货车静载重	16	每漏、错 1 处扣 8 分		
	货车载重利用率	计算 12 月货车载重利用率	10	每漏、错 1 处扣 5 分		

续上表

序号	考核内容	考 核 要 点	配分	评 分 标 准	扣分	得分
2	分析原因	影响货车静载重的主要原因	15	每漏、错 1 处扣 3 分		
	提高措施	提高静载重措施	24	每漏、错 1 处扣 2 分，没有按规定增载扣 4 分		
3	人身安全	越过线路时要注意什么	5	漏、错扣 5 分		
4	试卷质量	层次分明、清晰、整洁、文字流畅、无错别字	5	未达到 1 处扣 1 分		
5	着装，标志佩戴	按规定着装，标志齐全	5	未按规定着装扣 5 分，未佩戴标志扣 2 分		
合计			100			
备注	超时 1 min 从总分扣 5 分，超时 5 min 停止作业					
否定项：若考生发生下列情况之一，则应及时终止其考试，该考生成绩记为零分。 1. 操作不当造成设备、工具、仪器和材料损坏。 2. 严重违反安全作业规程，违反考试纪律。						

考评员：　　　　　　　　　　　　总分人：　　　　　　　　　　　　年　　月　　日

参考答案要点

(1)货车静载重

①一季度货车静载重 $P_{静}=7\ 200\div150=48(\text{t})$。

②二季度货车载重利用率 $\lambda=(50\div58)\times100\%\approx86.2\%$。

③12 月货车静载重 $P'_{静}=13\ 000\ 000\div31\div750\approx55.9(\text{t})$。

④12 月货车载重利用率 $\lambda'=55.9\div60\times100\%\approx93.2\%$。

⑤影响货车静载重的主要原因是货车类型、货物性质、包装状态、装载方法及车辆调配。

⑥提高静载重措施：装载货物应合理选择车辆，货种适合车种，充分利用货车的有效载重力和容积，按照《铁路货物装载加固规则》附件 6“铁路货车增载规定”增载。铁路局集团公司和装车站要加强货车满载组织管理，深入开展攻关活动，不断改进货物包装和装载方法，优化装载方案，推进货运计量安全检测设备应用，总结工作经验，实现巧装满载。

(2)人身安全

越过线路时要注意信号导线、警冲标等障碍物，不得踩在基本轨与尖轨中间或辙叉处两轨中间。

S2 货车选用及集装箱装载方法

铁道行业职业技能认定货装值班员高级操作技能考核准备通知单

考核时间：60 min

一、鉴定站准备

1. 材料准备

序 号	材 料 名 称	规 格	数 量	备 注
1	《铁路货物装载加固规则》	本	1	
2	《铁路货物运输规程》	本	1	
3	《铁路货物运输管理规则》	本	1	
4	《铁路危险货物运输管理规则》	本	1	
5	《铁路技术管理规程(普速铁路部分)》	本	1	
6	《铁路集装箱运输规则》	本	1	

2. 考场准备

(1)作业现场或演练场,场地条件及工具、量具应满足实际操作的需要,不得存在安全隐患,必要时需酌情配设辅助操作人员。

(2)如因客观原因场地条件不能满足实际操作需要时,可采取模拟的方式进行操作。

①供模拟考试用教室 1 间。

②考场内须光线充足,空气良好,环境安静,卫生整洁。

二、考生准备

考生按现场作业要求,着规定的作业服,佩戴标志,严格执行劳动保护的有关规定。考生需自备考试工具。

铁道行业职业技能认定货装值班员高级操作技能考核试卷(考评员用)

试题名称:货车选用及集装箱装载方法

试题内容:某站现有原木、单件重量 50 kg 水泥、硫酸各一车,20 英尺集装箱 3 箱(总重分别为 23 t、18 t、27 t)。(1)请按规定选用合适的车辆装运。(2)指出车辆上的通用标记。(3)请确定集装箱装载方法。(4)越过线路时要注意什么?

一、技术要求

1. 技术用语规范。
2. 在不违反试题内容的前提下,未给定条件可自设。

二、考核要求

1. 作业过程完整。
2. 本项技能认定由被认定人独立完成。

三、考核时限

1. 准备时间:10 min。
2. 正式操作时间:60 min。
3. 在规定时间内全部完成,不加分,也不扣分。每超时 1 min,从总分扣 5 分,总超时 5 min 停止作业。

四、考核评分

1. 考评人员3名及以上。

2. 评分点见“考核评分记录表”。

3. 评分程序及规则:考评员各自根据考生作业程序在评分表上给予记录评分,取平均分为评定得分。

4. 算分方法:百分制计算,满分100分,60分为及格。

五、否定项

若考生发生下列情况之一,则应及时终止其考试,该考生成绩记为零分。

1. 操作不当造成设备、工具、仪器和材料损坏。

2. 严重违反安全作业规程,违反考试纪律。

铁道行业职业技能认定货装值班员高级操作技能考核试卷(考生用)

单位:　　　　　　　　　　姓名:　　　　　　　　　　准考证号:

试题内容:某站现有原木、单件重量50 kg水泥、硫酸各一车,20英尺集装箱3箱(总重分别为23 t、18 t、27 t)。(1)请按规定选用合适的车辆装运。(2)指出车辆上的通用标记。(3)请确定集装箱装载方法。(4)越过线路时要注意什么?

铁道行业职业技能认定货装值班员高级操作技能考核评分记录表

准考证号:　　　　　姓名:　　　　　性别:　　　　　单位:

试题名称:货车选用及集装箱装载方法　　　　　　　　　　考核时间:60 min

操作开始时间:　　时　　分　　　　　　操作结束时间:　　时　　分

序号	考核内容	考核要点	配分	评分标准	扣分	得分
1	正确选用车辆	每种货物车辆选用正确	30	每漏、错1处扣7.5分		
		选车应遵循的依据正确	20	每漏、错1处扣5分		
2	车辆通用标记	路徽、车种、车型、车号、制造厂名及日期、检修日期及处所、自重、载重、容积、换长	11	每漏、错1处扣1分		
3	集装箱装载方法	三箱一车装运	9	每漏、错1处扣4.5分		
		装载方法叙述	15	每漏、错1处扣5分		
4	人身安全	越过线路时要注意什么	5	漏、错扣5分		
5	试卷质量	层次分明、清晰、整洁、文字流畅、无错别字	5	未达到1处扣1分		
6	着装,标志佩戴	按规定着装,标志齐全	5	未按规定着装扣5分,未佩戴标志扣2分		
合计			100			
备注	超时1 min从总分扣5分,超时5 min停止作业					
否定项:若考生发生下列情况之一,则应及时终止其考试,该考生成绩记为零分。 1. 操作不当造成设备、工具、仪器和材料损坏。 2. 严重违反安全作业规程,违反考试纪律。						

考评员:　　　　　　　　　　总分人:　　　　　　　　　　年　　月　　日

参考答案要点

(1)选用车辆

①正确选用车辆

a. 原木:敞车;

b. 水泥:棚车;

c. 硫酸:自备罐车;

d. 20 英尺集装箱 3 箱(总重分别为 23 t、18 t、27 t):X_{4K} 型集装箱专用平车。

②选用车辆依据

a.《铁路货物装载加固规则》:装车前应正确选择车辆,遵守货车使用限制表及有关规定,未按管理权限经国铁集团或铁路局集团公司批准,各类货车装载的货物不得超出货车的设计用途范围。

b.《铁路货物运输管理规则》:装运货物要合理使用货车,车种要适合货种,除规定必须使用棚车装运的货物外,对怕湿或易于被盗、丢失的货物,也应使用棚车装运。

c.《铁路危险货物运输管理规则》:铁路产权罐车限装品名为原油、汽油、煤油、航空煤油、柴油、石脑油、溶剂油、轻质燃料油及非危险货物的重油、润滑油。

d.《中国铁路总公司关于印发铁路集装箱和集装箱专用平车装运方案》:X_{4K} 型集装箱平车装运方案。

(2)车辆通用标记

路徽、车种、车型、车号、制造厂名及日期、定期修理的日期及处所、自重、载重、容积、换长等。

(3)集装箱装载方法

①20 英尺集装箱 3 箱,可装在同一 X_{4K} 型集装箱专用平车上,装箱顺序为 23 t、18 t、27 t 箱或 27 t、18 t、23 t 箱。

②依据是 X_{4K} 集装箱专用平车装载方案:三个重箱时,三箱总重均不相同,总重最接近的两箱装在两端,第三箱装在中部。两端两箱的重量差不超过 10 t,且较重箱总重的 2 倍与车辆中部箱的总重之和不超过 72 t。

(4)人身安全

越过线路时要注意信号导线、警冲标等障碍物,不得踩在基本轨与尖轨中间或辙叉处两轨中间。

S3 检查超限货物装载质量

铁道行业职业技能认定货装值班员高级操作技能考核准备通知单

考核时间:60 min

一、鉴定站准备

1. 材料准备

序 号	材 料 名 称	规 格	数 量	备 注
1	《铁路货物装载加固规则》	本	1	
2	《铁路超限超重货物运输规则》	本	1	

2. 考场准备

(1)作业现场或演练场,场地条件及工具、量具应满足实际操作的需要,不得存在安全隐患,必要时需酌情配设辅助操作人员。

(2)如因客观原因场地条件不能满足实际操作需要时,可采取模拟的方式进行操作。

①供模拟考试用教室1间。

②考场内须光线充足,空气良好,环境安静,卫生整洁。

二、考生准备

考生按现场作业要求,着规定的作业服,佩戴标志,严格执行劳动保护的有关规定。考生需自备考试工具。

铁道行业职业技能认定货装值班员高级操作技能考核试卷(考评员用)

试题名称:检查超限货物装载质量

试题内容:西安西站发格尔木站桥梁构件1件,货物尺寸:长16 m,宽3 m,高2.8 m,重10 t,拟用N17AK平车二辆装运,一车负重,突出装载(如图),垫木高度210 mm,西超限超重〔2017〕036号电报批示装运,西安西站经安口窑站、海石湾站(经宝中、包兰、干武、兰新、兰青线)到格尔木站,超级超限。请按规定检查装载质量。越过线路时要注意什么?

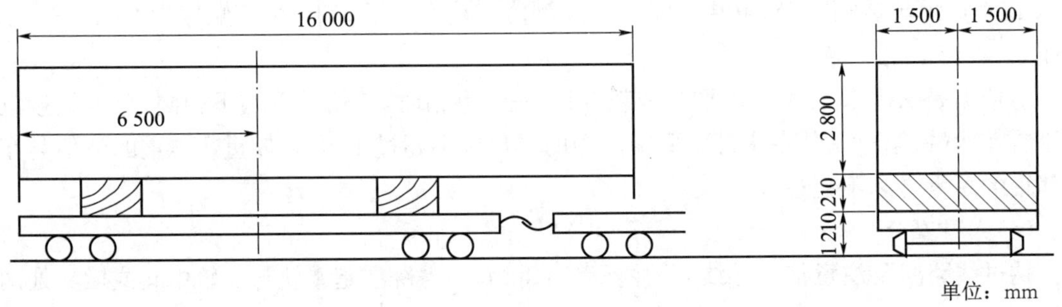

一、技术要求

1. 技术用语规范。
2. 在不违反试题内容的前提下,未给定条件可自设。

二、考核要求

1. 作业过程完整。
2. 本项技能认定由被认定人独立完成。

三、考核时限

1. 准备时间:10 min。

2. 正式操作时间:60 min。

3. 在规定时间内全部完成,不加分,也不扣分。每超时 1 min,从总分扣 5 分,总超时 5 min 停止作业。

四、考核评分

1. 考评人员 3 名及以上。

2. 评分点见“考核评分记录表”。

3. 评分程序及规则:考评员各自根据考生作业程序在评分表上给予记录评分,取平均分为评定得分。

4. 算分方法:百分制计算,满分 100 分,60 分为及格。

五、否定项

若考生发生下列情况之一,则应及时终止其考试,该考生成绩记为零分。

1. 操作不当造成设备、工具、仪器和材料损坏。

2. 严重违反安全作业规程,违反考试纪律。

铁道行业职业技能认定货装值班员高级操作技能考核试卷(考生用)

单位: 姓名: 准考证号:

试题内容:西安西站发格尔木站桥梁构件 1 件,货物尺寸:长 16 m,宽 3 m,高 2.8 m,重 10 t,拟用 N17AK 平车二辆装运,一车负重,突出装载(如图),垫木高度 210 mm,西超限超重〔2017〕036 号电报批示装运,西安西站经安口窑站、海石湾站(经宝中、包兰、干武、兰新、兰青线)到格尔木站,超级超限。请按规定检查装载质量。越过线路时要注意什么?

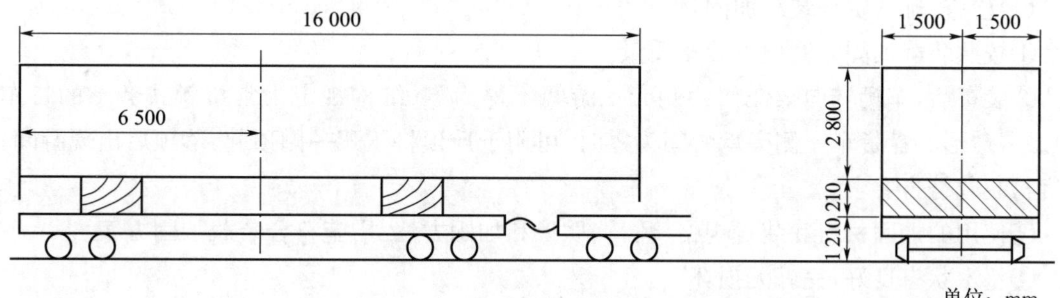

单位: mm

铁道行业职业技能认定货装值班员高级操作技能考核评分记录表

准考证号: 姓名: 性别: 单位:

试题名称:检查超限货物装载质量 考核时间:60 min

操作开始时间: 时 分 操作结束时间: 时 分

序号	考核内容	考 核 要 点	配分	评 分 标 准	扣分	得分
1	检查装车质量	按照装载加固方案检查	5	漏、错扣 5 分		
		检查旁承游间状态	5	漏、错扣 5 分		

续上表

序号	考核内容	考 核 要 点	配分	评 分 标 准	扣分	得分
1	检查装车质量	检查加固材料和装置	12	每漏、错 1 处扣 2 分		
		检查垫木状态	5	漏、错扣 5 分		
		检查加固状态	10	每漏、错 1 处扣 5 分		
		复核货物突出车端的尺寸	5	漏、错扣 5 分		
		复核各部位的尺寸	12	每漏、错 1 处扣 2 分		
		复核重车重心高	10	漏、错扣 10 分		
		检查支重面长度	6	每漏、错 1 处扣 2 分		
		检查线及货车标识牌	10	每漏、错 1 处扣 5 分		
2	人身安全	越过线路时要注意什么	10	每漏、错 1 处扣 5 分		
3	试卷质量	层次分明、清晰、整洁、文字流畅、无错别字	5	未达到 1 处扣 1 分		
4	着装，标志佩戴	按规定着装，标志齐全	5	未按规定着装扣 5 分，未佩戴标志扣 2 分		
合计			100			
备注	超时 1 min 从总分扣 5 分，超时 5 min 停止作业					
否定项：若考生发生下列情况之一，则应及时终止其考试，该考生成绩记为零分。 1. 操作不当造成设备、工具、仪器和材料损坏。 2. 严重违反安全作业规程，违反考试纪律。						

考评员：　　　　　　　　总分人：　　　　　　　　年　　月　　日

参考答案要点

(1)检查、确认货物装载加固：

①按照装载加固方案检查装车质量。

②装车后，车辆转向架任何一侧旁承游间不得为零(结构规定为常接触式旁承的货车除外)。遇球形心盘货车一侧旁承游间为零时，可用千斤顶将压死一侧顶起，落顶后出现游间，表明货物装载符合要求。

③使用的加固材料和装置规格、数量、质量和加固方法、措施符合装载加固方案。

④垫木状态良好，完好无损坏。

⑤加固线已采取防磨措施，捆绑拴结牢固，拴结点无损坏。

(2)确认货物装载加固符合规定要求后，须对照确认电报重点复核、确认：

①货物突出车端的尺寸符合要求；

②超限货物装后各部位的尺寸(高度和宽度)未超出确认电报范围；

③重车重心高未超出确认电报范围；

④货物支重面长度符合要求；

⑤其他各有关数据符合要求。

确认符合确认电报条件后，用颜色醒目的油漆标画易于判定货物是否移动的检查线，在货物两侧明显处以油漆书写、刷印或粘贴"超级超限"，或挂牌标识，并按规定在车辆上插挂禁止溜放货车表示牌。

(3)人身安全：

越过线路时要注意信号导线、警冲标等障碍物，不得踩在基本轨与尖轨中间或辙叉处两轨中间。

S4　被盗记录编制

铁道行业职业技能认定货装值班员高级操作技能考核准备通知单

考核时间：60 min

一、鉴定站准备

1. 材料准备

序　号	材　料　名　称	规　格	数　量	备　注
1	《铁路货物运输规程》	本	1	
2	《铁路货物运输管理规则》	本	1	
3	《铁路货物损失处理规则》	本	1	

2. 考场准备

(1)作业现场或演练场，场地条件及工具、量具应满足实际操作的需要，不得存在安全隐患，必要时需酌情配设辅助操作人员。

(2)如因客观原因场地条件不能满足实际操作需要时，可采取模拟的方式进行操作。

①供模拟考试用教室1间。

②考场内须光线充足，空气良好，环境安静，卫生整洁。

二、考生准备

考生按现场作业要求，着规定的作业服，佩戴标志，严格执行劳动保护的有关规定。考生需自备考试工具。

铁道行业职业技能认定货装值班员高级操作技能考核试卷(考评员用)

试题名称：被盗记录编制

试题内容：2020年11月23日甲站发乙站大米一车，12月2日23:00到达乙站，苫盖铁路篷布一块(篷布号码7091023)，卸车前检查篷布顶部有一"L"形破口。12月2日23:25卸车，12月3日1:30卸完，卸后清点1 190件。货运站系统票据信息记载1 200件，60 000 kg。请说明敞车装运货物被盗时的勘查重点内容，并编制货物损失报告(附件 1)。越过线路时要注意什么？

一、技术要求

1. 技术用语规范。
2. 在不违反试题内容的前提下，未给定条件可自设。

二、考核要求

1. 作业过程完整。
2. 本项技能认定由被认定人独立完成。

三、考核时限

1. 准备时间：10 min。
2. 正式操作时间：60 min。
3. 在规定时间内全部完成，不加分，也不扣分。每超时 1 min，从总分扣 5 分，总超时 5 min 停止作业。

四、考核评分

1. 考评人员 3 名及以上。
2. 评分点见“考核评分记录表”。
3. 评分程序及规则：考评员各自根据考生作业程序在评分表上给予记录评分，取平均分为评定得分。
4. 算分方法：百分制计算，满分 100 分，60 分为及格。

五、否定项

若考生发生下列情况之一，则应及时终止其考试，该考生成绩记为零分。
1. 操作不当造成设备、工具、仪器和材料损坏。
2. 严重违反安全作业规程，违反考试纪律。

铁道行业职业技能认定货装值班员高级操作技能考核试卷(考生用)

单位：　　　　　　　　　　　　姓名：　　　　　　　　　　　　准考证号：

试题内容：2020 年 11 月 23 日甲站发乙站大米一车，12 月 2 日 23:00 到达乙站，苫盖铁路篷布一块(篷布号码 7091023)，卸车前检查篷布顶部有一“L”形破口。12 月 2 日 23:25 卸车，12 月 3 日 1:30 卸完，卸后清点 1 190 件。货运站系统票据信息记载 1 200 件，60 000 kg。请说明敞车装运货物被盗时的勘查重点内容，并编制货物损失报告(附件 1)。越过线路时要注意什么？

附件 1

货物损失报告

一、一般情况

办理种别________ 运单号码________________ 于_____ 年_____ 月_____ 日承运

发　　站________ 发公司__________ 托运人______________ 装车单位_______

到　　站________ 到公司__________ 收货人______________ 卸车单位_______

车种车型________ 车　号__________ 标　重_______ t

______ 年______ 月______ 日第__________ 次列车到达

______ 年___ 月___ 日___ 时___ 分卸车___ 年___ 月___ 日___ 时___ 分卸完

封印:施封单位__________/__________ 施封号码__________/__________

篷布:篷布号码__________ 保价/保险__________ 货物价格________ 元

二、货损情况

项　目	货 物 名 称	件数	包装	重量(kg)		托运人 记载事项
				托运人	承运人	
票据 原记载						
按照 实际						
货物损失 详细情况						

三、参加人签章

车站负责人__________ 编制人__________ 审 核 人__________

公 安 人 员__________ 收货人__________ 其他人员__________

______ 年___ 月___ 日编制　　　　______________ 公司________ 站(章)

铁道行业职业技能认定货装值班员高级操作技能考核评分记录表

准考证号：　　　　　　姓名：　　　　　　性别：　　　　　　单位：

试题名称：被盗记录编制　　　　　　　　　　　　　　　　　　　考核时间：60 min

操作开始时间：　　时　　分　　　　　　　　操作结束时间：　　时　　分

序号	考核内容	考核要点	配分	评分标准	扣分	得分
1	货车苫盖篷布检查重点	篷布防护网苫盖、捆绑	8	每漏、错1处扣4分		
		篷布破口现状及破口处状态	16	每漏、错1处扣4分		
2	货运记录各栏填记	填写字体要工整清晰，有涂改，在涂改处盖编制人员名章	4	每漏、错1处扣1分		
		一般情况内容齐全正确	18	每漏、错1处扣3分		
		货损情况的票据原记载内容齐全、正确	3	每漏、错1处扣1分		
		货损情况的按照实际内容记载齐全、正确	4	每漏、错1处扣1分		
		货损详细情况内容真实齐全	24	每漏、错1处扣4分		
		参加人签章、编制时间齐全正确	8	编制日期错扣4分，无公安签章扣4分		
3	人身安全	越过线路时要注意什么	5	漏、错扣5分		
4	试卷质量	层次分明、清晰、整洁、文字流畅、无错别字	5	未达到1处扣1分		
5	着装，标志佩戴	按规定着装，标志齐全	5	未按规定着装扣5分，未佩戴标志扣2分		
合计			100			
备注	超时1 min从总分扣5分，超时5 min停止作业					

否定项：若考生发生下列情况之一，则应及时终止其考试，该考生成绩记为零分。
1. 操作不当造成设备、工具、仪器和材料损坏。
2. 严重违反安全作业规程，违反考试纪律。

考评员：　　　　　　　　　　　　总分人：　　　　　　　　　　　　年　　月　　日

参考答案要点

(1)敞车装运的，重点勘查并记明篷布苫盖、绳索捆绑状态、货物装载情况、表层货物现状，篷布有破口时，记明破口位置、尺寸，新旧痕迹和破口处货物的状态，对篷布绳索明显被割断或割断后再接的，也要如实记明绳索现状。

(2)被盗货物损失报告编制：

①填写字体要工整清晰，有涂改时，在涂改处加盖编制人员的人名章。

②货运记录一般情况栏内容齐全、正确。发站：甲站，到站：乙站，承运日期：2020年11月23日，品名：大米，重量：60 t，件数：1 200件。

③损失情况票据原记载内容齐全、正确。品名：大米，件数：1 200件，重量：60 t。

④损失情况按照实际栏内容齐全、正确。品名：大米，件数：1 190件，重量：59.5 t。

⑤详细情况栏：甲站发乙站大米一车，卸前检查见车体状况良好，检查苫盖路布一块，篷布号码7091023，篷布、篷布防护网苫盖、绳索捆绑正确牢固。卸时见篷布顶部靠运行前端有一"L"形破口，新痕，即会同公安卸车，测量破口边长为800 mm×1 150 mm，破口下货物堆码成

凹坑。卸后清点 1 190 件，较运单记载 1 200 件，不足 10 件。

⑥参加人签章：编制人、公安人员签字，记录编制日期：12 月 3 日，局集团公司名、站名完整。

(3)人身安全：

越过线路时要注意信号导线、警冲标等障碍物，不得踩在基本轨与尖轨中间或辙叉处两轨中间。

S5　国际联运货物运单审核受理

铁道行业职业技能认定货装值班员高级操作技能考核准备通知单

考核时间：60 min

一、鉴定站准备

1. 材料准备

序　号	材　料　名　称	规　格	数　量	备　注
1	《铁路货物运输规程》	本	1	
2	《铁路货物运输管理规则》	本	1	
3	《国际铁路货物联运协定》	本	1	
4	《铁路危险货物品名表》	本	1	

2. 考场准备

(1)作业现场或演练场，场地条件及工具、量具应满足实际操作的需要，不得存在安全隐患，必要时需酌情配设辅助操作人员。

(2)如因客观原因场地条件不能满足实际操作需要时，可采取模拟的方式进行操作。

①供模拟考试用教室 1 间。

②考场内须光线充足，空气良好，环境安静，卫生整洁。

二、考生准备

考生按现场作业要求，着规定的作业服，佩戴标志，严格执行劳动保护的有关规定。考生需自备考试工具。

铁道行业职业技能认定货装值班员高级操作技能考核试卷(考评员用)

试题名称：国际联运货物运单审核受理

试题内容：4 月 15 日，托运人向新贤城站提出发到蒙古国乌兰巴托钢管 60 t，保价 20 万元。请按规定对货物运单进行审核受理。越过线路时要注意什么？

一、技术要求

1. 技术用语规范。

2. 在不违反试题内容的前提下，未给定条件可自设。

二、考核要求

1. 作业过程完整。
2. 本项技能认定由被认定人独立完成。

三、考核时限

1. 准备时间：10 min。
2. 正式操作时间：60 min。
3. 在规定时间内全部完成，不加分，也不扣分。每超时 1 min，从总分扣 5 分，总超时 5 min 停止作业。

四、考核评分

1. 考评人员 3 名及以上。
2. 评分点见“考核评分记录表”。
3. 评分程序及规则：考评员各自根据考生作业程序在评分表上给予记录评分，取平均分为评定得分。
4. 算分方法：百分制计算，满分 100 分，60 分为及格。

五、否定项

若考生发生下列情况之一，则应及时终止其考试，该考生成绩记为零分。
1. 操作不当造成设备、工具、仪器和材料损坏。
2. 严重违反安全作业规程，违反考试纪律。

铁道行业职业技能认定货装值班员高级操作技能考核试卷(考生用)

单位：　　　　姓名：　　　　准考证号：

试题内容：4 月 15 日，托运人向新贤城站提出发到蒙古国乌兰巴托钢管 60 t，保价 20 万元。请按规定对货物运单进行审核受理。越过线路时要注意什么？

铁道行业职业技能认定货装值班员高级操作技能考核评分记录表

准考证号：　　　　姓名：　　　　性别：　　　　单位：

试题名称：国际联运货物运单审核受理　　　　考核时间：60 min

操作开始时间：　　时　　分　　　　操作结束时间：　　时　　分

序号	考核内容	考 核 要 点	配分	评 分 标 准	扣分	得分
1	托运人填记部分	“发货人名称”“发站”“发货人声明”“收货人名称”“到站”栏按《货物运价里程表》规定站名填记正确	10	每漏、错 1 处扣 2 分		
		“国境口岸站”“车型车号”“载重”“轴数”“自重”栏正确完整	15	每漏、错 1 处扣 3 分		

续上表

序号	考核内容	考 核 要 点	配分	评 分 标 准	扣分	得分
1	托运人填记部分	"货物名称"及8位代码	10	漏、错代码扣5分,漏、错品名扣5分		
		件数、包装、重量、由何方装车、确定重量方法	10	每漏、错1处扣2分		
		"运送费用的支付""承运人"栏填写正确	10	每漏、错1处扣5分		
		"托运人盖章或签字"栏,盖章或签字	5	漏、错扣10分		
2	承运人填记部分	"批号"栏填写正确	10	漏、错扣10分		
		加盖缔约承运人日期戳	10	漏、错扣10分		
3	人身安全	越过线路时要注意什么	10	每漏、错1处扣5分		
4	运单质量	层次分明、清晰、整洁、文字流畅、无错别字	5	未达到1处扣1分		
5	着装,标志佩戴	按规定着装,标志齐全	5	未按规定着装扣5分,未佩戴标志扣2分		
合计			100			
备注	超时1 min从总分扣5分,超时5 min停止作业					
否定项:若考生发生下列情况之一,则应及时终止其考试,该考生成绩记为零分。 1. 操作不当造成设备、工具、仪器和材料损坏。 2. 严重违反安全作业规程,违反考试纪律。						

考评员: 总分人: 年 月 日

参考答案要点

(1)车站对客户提报的需求实货核实,在电商系统确认后,进行纸质运单受理。

(2)托运人填记部分:

①"发货人名称""发站""发货人声明""收货人名称""到站"各栏填写正确。发站:新贤城,收货人名称:蒙古,到站:乌兰巴托。

②"国境口岸站""车型车号""载重""轴数""自重"栏正确完整。国境站:二连(境)。

③"货物名称"及8位代码。

④件数、包装、重量、由何方装车、确定重量方法。

⑤"运送费用的支付""承运人"栏填写正确。

⑥托运人盖章或签字。

(3)承运人填记部分:

①"批号"栏,根据电商系统生成批号填写。

②加盖缔约承运人日期戳。

(4)人身安全:

越过线路时要注意信号导线、警冲标等障碍物,不得踩在基本轨与尖轨中间或辙叉处两轨中间。

S6 运到逾期违约金计算及支付

铁道行业职业技能认定货装值班员高级操作技能考核准备通知单

考核时间:60 min

一、鉴定站准备

1. 材料准备

序号	材料名称	规格	数量	备注
1	《铁路货物运输规程》	本	1	
2	《铁路货物运价规则》	本	1	

2. 考场准备

(1)作业现场或演练场,场地条件及工具、量具应满足实际操作的需要,不得存在安全隐患,必要时需酌情配设辅助操作人员。

(2)如因客观原因场地条件不能满足实际操作需要时,可采取模拟的方式进行操作。

①供模拟考试用教室1间。

②考场内须光线充足,空气良好,环境安静,卫生整洁。

二、考生准备

考生按现场作业要求,着规定的作业服,佩戴标志,严格执行劳动保护的有关规定。考生需自备考试工具。

铁道行业职业技能认定货装值班员高级操作技能考核试卷(考评员用)

试题名称:运到逾期违约金计算及支付

试题内容:2017年8月2日,甲站承运到乙站铝锭1车,货物重量60 t,使用60 t铁路棚车装运,"站到站"运输,托运人不支付到站杂费。该车于8月30日22时35分送入站内货物线,次日0时50分卸车完毕,并于卸车完了当日通知收货人办理领取手续,收货人于9月2日到车站办理领取手续并向车站提出货物运到逾期,要求车站支付违约金。(铝锭基价1为18.60元/t,基价2为0.103元/吨公里。已知甲站至乙站全程3 890 km,途经津霸线80 km、京九线霸州至菏泽段561 km及执行国铁统一运价的某特价线路189 km,费率=基价2+电气化+基金)(1)计算运到逾期日数。(2)计算乙站需向收货人支付的运到逾期违约金。(3)如何支付?

一、技术要求

1. 答题符合相关法律、法规、规章和标准的规定。

2. 技术用语规范。

3. 工具设备使用应符合规定。

4. 在不违反试题内容的前提下，未给定条件可自设。

二、考核要求

1. 作业过程完整。

2. 本项技能认定属综合型考试。

3. 本项技能认定由被认定人独立完成。

三、考核时限

1. 准备时间：10 min。

2. 正式操作时间：60 min。

3. 在规定时间内全部完成，不加分，也不扣分。每超时 1 min，从总分扣 5 分，总超时 5 min 停止作业。

四、考核评分

1. 考评人员 3 名及以上。

2. 评分点见"考核评分记录表"。

3. 评分程序及规则：考评员各自根据考生作业程序在评分表上给予记录评分，取平均分为最终评定得分。

4. 算分方法：百分制计算，满分 100 分，60 分为及格。

五、否定项

若考生发生下列情况之一，则应及时终止其考试，该考生成绩记为零分。

1. 操作不当造成设备、工具、仪器和材料损坏。

2. 严重违反安全作业规程，违反考试纪律。

铁道行业职业技能认定货装值班员高级操作技能考核试卷(考生用)

单位：　　　　　　　　　　　　　　　　　姓名：　　　　　　　　　　　　　　　准考证号：

试题内容：2017 年 8 月 2 日，甲站承运到乙站铝锭 1 车，货物重量 60 t，使用 60 t 铁路棚车装运，"站到站"运输，托运人不支付到站杂费。该车于 8 月 30 日 22 时 35 分送入站内货物线，次日 0 时 50 分卸车完毕，并于卸车完了当日通知收货人办理领取手续，收货人于 9 月 2 日到车站办理领取手续并向车站提出货物运到逾期，要求车站支付违约金。(铝锭基价 1 为 18.60 元/t，基价 2 为 0.103 元/吨公里。已知甲站至乙站全程 3 890 km，途经津霸线 80 km、京九线霸州至菏泽段 561 km 及执行国铁统一运价的某特价线路 189 km，费率＝基价 2＋电气化＋基金)(1)计算运到逾期日数。(2)计算乙站需向收货人支付的运到逾期违约金。(3)如何支付？

铁道行业职业技能认定货装值班员高级操作技能考核评分记录表

准考证号：　　　　　　　姓名：　　　　　　　性别：　　　　　　　单位：

试题名称：运到逾期违约金计算及支付　　　　　　　　　　　　　　　考核时间：60 min

操作开始时间：　　时　　分　　　　　　　　　操作结束时间：　　时　　分

序号	考核内容	考核要点	配分	评分标准	扣分	得分
1	货物运到期限	货物发送期间	5	漏、错扣 5 分		
		货物运输期间	5	漏、错扣 5 分		
		确定货物运到期限	10	漏、错扣 10 分		
2	运到逾期确定	确定实际运到日数	5	漏、错扣 5 分		
		确定逾期日数	5	漏、错扣 5 分		
		确定违约金按运费支付的百分比	10	漏、错扣 10 分		
3	违约金计算	计算运费	10	漏、错扣 10 分		
		计算京九分流运费	10	漏、错扣 10 分		
		计算特价线路运费	10	漏、错扣 10 分		
		计算支付违约金	10	漏、错扣 10 分		
4	违约金支付	申请退款	5	漏、错扣 5 分		
		填记车站退款证明书	5	漏、错扣 5 分		
5	试卷质量	层次分明、清晰、整洁、文字流畅、无错别字	5	未达到 1 处扣 1 分		
6	着装，标志佩戴	按规定着装，标志齐全	5	未按规定着装扣 5 分，未佩戴标志扣 2 分		
合计			100			
备注	超时 1 min 从总分扣 5 分，超时 5 min 停止作业					

否定项：若考生发生下列情况之一，则应及时终止其考试，该考生成绩记为零分。
1. 操作不当造成设备、工具、仪器和材料损坏。
2. 严重违反安全作业规程，违反考试纪律。

考评员：　　　　　　　　　　总分人：　　　　　　　　　　年　　月　　日

参考答案要点

(1)货物运到期限

①货物发送期间＝1 日

②货物运输期间＝3 890÷250＝15.56(日)→16 日

③货物运到期限＝1 日＋16 日＝17 日

(2)运到逾期确定

实际运到日数 8 月 3 日至 8 月 31 日共计 29 日，逾期日数＝29 日－17 日＝12 日。

逾期日数占运到期限天数：12÷17≈7/10，已经超过 5/10，应按运费的 20％支付运到逾期违约金。

运费＝[18.60＋0.103×(3 890－189)]×60≈23 988.20(元)

京九分流运费＝0.006×(80＋561)×60≈230.80(元)

特价线路运费＝(0.103＋0.007＋0.033)×189×60≈1 621.60(元)

支付违约金＝(23 988.20＋230.80＋1 621.60)×20％≈5 168.10(元)

(3)违约金的支付

①向铁路局集团公司收入管理部门提出退款申请；

②经批准，填记车站退款证明书办理退款，向收货人支付运到逾期违约金 5 168.10 元。

S7　拍发货物损失速报

铁道行业职业技能认定货装值班员高级操作技能考核准备通知单

考核时间：60 min

一、鉴定站准备

1. 材料准备

序　号	材　料　名　称	规　格	数　量	备　注
1	《铁路货物运输规程》	本	1	
2	《铁路货物运输管理规则》	本	1	
3	《铁路货物损失处理规则》	本	1	

2. 考场准备

(1)作业现场或演练场，场地条件及工具、量具应满足实际操作的需要，不得存在安全隐患，必要时需酌情配设辅助操作人员。

(2)如因客观原因场地条件不能满足实际操作需要时，可采取模拟的方式进行操作。

①供模拟考试用教室 1 间。

②考场内须光线充足，空气良好，环境安静，卫生整洁。

二、考生准备

考生按现场作业要求，着规定的作业服，佩戴标志，严格执行劳动保护的有关规定。考生需自备考试工具。

铁道行业职业技能认定货装值班员高级操作技能考核试卷(考评员用)

试题名称：拍发货物损失速报

试题内容：2020 年 10 月 21 日，甲局集团公司 A 车务段 A 站承运 B 站(属乙局集团公司 B 货运中心)乙丙橡胶一车 2 000 件，车种车号 P_{70}3824333，运单号码 XXFZA0003156，保价 120 万元，施封两枚 00456/00457 号。10 月 23 日 9:27 该车随 32417 次货物列车挂运到 C 站到达场时，货检检查该车发现一侧破封，有明显被盗痕迹，车门开启，立即将该车送至无电区会同公安清点，清点结果较运单记载短少 167 件，估计货物损失超过 10 万元。请拟一份货物损失速报。

一、技术要求

1. 技术用语规范。

2. 在不违反试题内容的前提下，未给定条件可自设。

二、考核要求

1. 作业过程完整。
2. 本项技能认定由被认定人独立完成。

三、考核时限

1. 准备时间:10 min。
2. 正式操作时间:60 min。
3. 在规定时间内全部完成,不加分,也不扣分。每超时 1 min,从总分扣 5 分,总超时 5 min 停止作业。

四、考核评分

1. 考评人员 3 名及以上。
2. 评分点见"考核评分记录表"。
3. 评分程序及规则:考评员各自根据考生作业程序在评分表上给予记录评分,取平均分为评定得分。
4. 算分方法:百分制计算,满分 100 分,60 分为及格。

五、否定项

若考生发生下列情况之一,则应及时终止其考试,该考生成绩记为零分。
1. 操作不当造成设备、工具、仪器和材料损坏。
2. 严重违反安全作业规程,违反考试纪律。

铁道行业职业技能认定货装值班员高级操作技能考核试卷(考生用)

单位:　　　　　　　　姓名:　　　　　　　　准考证号:

试题内容:2020 年 10 月 21 日,甲局集团公司 A 车务段 A 站承运 B 站(属乙局集团公司 B 货运中心)乙丙橡胶一车 2 000 件,车种车号 P_{70}3824333,运单号码 XXFZA0003156,保价 120 万元,施封两枚 00456/00457 号。10 月 23 日 9:27 该车随 32417 次货物列车挂运到 C 站到达场时,货检检查该车发现一侧破封,有明显被盗痕迹,车门开启,立即将该车送至无电区会同公安清点,清点结果较运单记载短少 167 件,估计货物损失超过 10 万元。请拟一份货物损失速报。

铁道行业职业技能认定货装值班员高级操作技能考核评分记录表

准考证号:　　　　姓名:　　　　性别:　　　　单位:

试题名称:拍发货物损失速报　　　　考核时间:60 min

操作开始时间:　　时　　分　　　　操作结束时间:　　时　　分

序号	考核内容	考 核 要 点	配分	评 分 标 准	扣分	得分
1	货物损失速报	主送、抄送单位正确	20	漏国铁集团货运部扣 4 分,其他每漏、错 1 处扣 5 分		
		损失等级、种类正确	6	每漏、错 1 处扣 3 分		
		发现损失时间、地点	6	每漏、错 1 处扣 3 分		

续上表

序号	考核内容	考 核 要 点	配分	评 分 标 准	扣分	得分
1	货物损失速报	发、到站，品名及承运日期	8	每漏、错1处扣2分		
		车种车型车号、货票号码、办理种别、保价金额	8	每漏、错1处扣2分		
		损失概要	25	每漏、错1处扣5分		
		对有关单位的要求	7	漏、错扣7分		
		落款、盖章	10	每漏、错1处扣5分		
2	试卷质量	层次分明、清晰、整洁、文字流畅、无错别字	5	未达到1处扣1分		
3	着装，标志佩戴	按规定着装，标志齐全	5	未按规定着装扣5分，未佩戴标志扣2分		
合计			100			
备注	超时1 min从总分扣5分，超时5 min停止作业					
否定项：若考生发生下列情况之一，则应及时终止其考试，该考生成绩记为零分。 1. 操作不当造成设备、工具、仪器和材料损坏。 2. 严重违反安全作业规程，违反考试纪律。						

考评员：　　　　　　　　　　　　　总分人：　　　　　　　　　　　　　年　　月　　日

参考答案要点

货物损失速报

主送：A站、B站、A车务段、B货运中心、甲局集团公司货运部、乙局集团公司货运部、甲局集团公司公安局、乙局集团公司公安局

抄送：国铁集团货运部

(1)一级损失、被盗；

(2)2020年10月23日9:27、C站到达场；

(3)A站、B站、乙丙橡胶、2020年10月21日；

(4)P_{70}3824333、XXFZA0003156、整车、保价120万元；

(5)2020年10月23日9:27该车随32417次货物列车挂运到C站到达场时，货检检查该车发现一侧破封，车门开启，有明显被盗痕迹，立即将该车送至无电区会同公安清点，清点结果较运单记载短少167件，估计货物损失超过10万元；

(6)请发站速查承装情况，并请新乡提出处理意见。

C站

2020年10月23日

(货物损失处理专用章)

S8　鲜活货物运输阻碍处理

铁道行业职业技能认定货装值班员高级操作技能考核准备通知单

考核时间：60 min

一、鉴定站准备

1. 材料准备

序号	材料名称	规格	数量	备注
1	《铁路货物运输规程》	本	1	
2	《铁路货物运输管理规则》	本	1	
3	《铁路鲜活货物运输规则》	本	1	

2. 考场准备

(1)作业现场或演练场,场地条件及工具、量具应满足实际操作的需要,不得存在安全隐患,必要时需酌情配设辅助操作人员。

(2)如因客观原因场地条件不能满足实际操作需要时,可采取模拟的方式进行操作。

①供模拟考试用教室1间。

②考场内须光线充足,空气良好,环境安静,卫生整洁。

二、考生准备

考生按现场作业要求,着规定的作业服,佩戴标志,严格执行劳动保护的有关规定。考生需自备考试工具。

铁道行业职业技能认定货装值班员高级操作技能考核试卷(考评员用)

试题名称:鲜活货物运输阻碍处理

试题内容:(1)A站使用机械冷藏车装一车水果到B站,途经C站时,因前方山体滑坡造成行车中断,形成运输阻碍。请问C站及主管铁路局集团公司应如何处理?(2)越过线路时要注意什么?

一、技术要求

1. 技术用语规范。
2. 在不违反试题内容的前提下,未给定条件可自设。

二、考核要求

1. 作业过程完整。
2. 本项技能认定由被认定人独立完成。

三、考核时限

1. 准备时间:10 min。
2. 正式操作时间:60 min。
3. 在规定时间内全部完成,不加分,也不扣分。每超时1 min,从总分扣5分,总超时5 min停止作业。

四、考核评分

1. 考评人员3名及以上。

2. 评分点见“考核评分记录表”。

3. 评分程序及规则:考评员各自根据考生作业程序在评分表上给予记录评分,取平均分为评定得分。

4. 算分方法:百分制计算,满分 100 分,60 分为及格。

五、否定项

若考生发生下列情况之一,则应及时终止其考试,该考生成绩记为零分。

1. 操作不当造成设备、工具、仪器和材料损坏。
2. 严重违反安全作业规程,违反考试纪律。

铁道行业职业技能认定货装值班员高级操作技能考核试卷(考生用)

单位: 姓名: 准考证号:

试题内容:(1)A 站使用机械冷藏车装一车水果到 B 站,途经 C 站时,因前方山体滑坡造成行车中断,形成运输阻碍。请问 C 站及主管铁路局集团公司应如何处理?(2)越过线路时要注意什么?

铁道行业职业技能认定货装值班员高级操作技能考核评分记录表

准考证号: 姓名: 性别: 单位:

试题名称:鲜活货物运输阻碍处理 考核时间:60 min

操作开始时间: 时 分 操作结束时间: 时 分

序号	考核内容	考 核 要 点	配分	评 分 标 准	扣分	得分
1	运输阻碍处理办法	电告请示绕路运输	10	每漏、错 1 处扣 5 分		
		组织绕路运输	10	每漏、错 1 处扣 5 分		
		绕路运输时货物的处理	10	每漏、错 1 处扣 5 分		
		卸下再装造成货物损失处理办法	10	每漏、错 1 处扣 5 分		
		按要求进行办理	10	每漏、错 1 处扣 5 分		
		超过时间按无法交付货物处理	10	每漏、错 1 处扣 5 分		
		按无法交付货物处理费用的办理	10	每漏、错 1 处扣 5 分		
		电告处理结果	10	每漏、错 1 处扣 5 分		
2	人身安全	越过线路时要注意什么	10	每漏、错 1 处扣 5 分		
3	试卷质量	层次分明、清晰、整洁、文字流畅、无错别字	5	未达到 1 处扣 1 分		
4	着装,标志佩戴	按规定着装,标志齐全	5	未按规定着装扣 5 分,未佩戴标志扣 2 分		
合计			100			
备注	超时 1 min 从总分扣 5 分,超时 5 min 停止作业					
否定项:若考生发生下列情况之一,则应及时终止其考试,该考生成绩记为零分。 1. 操作不当造成设备、工具、仪器和材料损坏。 2. 严重违反安全作业规程,违反考试纪律。						

考评员: 总分人: 年 月 日

参考答案要点

(1)运输阻碍处理办法

①C 站应立即电告主管铁路局集团公司,请示绕路运输。

②如有几条径路可以运至到站时,铁路局集团公司应根据线路通过能力组织绕路运输。

③如果绕路运输时,运到期限超过容许运输期限将造成货物变质损坏,而短期内不可能通车时,可先将货物卸下,妥善保管,待恢复运输时再行装车继续运输。

④如果卸下再装,可造成货物损失时,C 站应联系 A 站请托运人或联系 B 站请收货人在要求的时间内提出处理办法。

⑤C 站按托运人或收货人提出的处理办法进行办理。

⑥超过要求时间未接到答复或因等候答复将使货物造成损失时,C 站比照无法交付货物处理。

⑦C 站比照无法交付货物处理后,应将所得价款扣除处理中产生的必要费用(如装卸费)后,将剩余价款通知托运人领取。

⑧C 站将处理结果电告发、到站,并抄知主管铁路局集团公司。

(2)人身安全

越过线路时要注意信号导线、警冲标等障碍物,不得踩在基本轨与尖轨中间或辙叉处两轨中间。

S9　货场卸车集中到达的应急措施

铁道行业职业技能认定货装值班员高级操作技能考核准备通知单

考核时间:60 min

一、鉴定站准备

1. 材料准备

序　号	材　料　名　称	规　格	数　量	备　注
1	《铁路货物运输规程》	本	1	
2	《货运日常工作组织办法》	本	1	

2. 考场准备

(1)作业现场或演练场,场地条件及工具、量具应满足实际操作的需要,不得存在安全隐患,必要时需酌情配设辅助操作人员。

(2)如因客观原因场地条件不能满足实际操作需要时,可采取模拟的方式进行操作。

①供模拟考试用教室 1 间。

②考场内须光线充足,空气良好,环境安静,卫生整洁。

二、考生准备

考生按现场作业要求,着规定的作业服,佩戴标志,严格执行劳动保护的有关规定。考生需自备考试工具。

铁道行业职业技能认定货装值班员高级操作技能考核试卷(考评员用)

试题名称:货场卸车集中到达的应急措施

试题内容:某车站年货物到达量为20万t,日最大卸车能力9车,从5月12日开始货车集中到达每日达15车左右,超过车站日最大卸车能力,造成货车积压,影响运输效率,请问车站应如何处理?越过线路时要注意什么?

一、技术要求

1. 技术用语规范。
2. 在不违反试题内容的前提下,未给定条件可自设。

二、考核要求

1. 作业过程完整。
2. 本项技能认定由被认定人独立完成。

三、考核时限

1. 准备时间:10 min。
2. 正式操作时间:60 min。
3. 在规定时间内全部完成,不加分,也不扣分。每超时1 min,从总分扣5分,总超时5 min停止作业。

四、考核评分

1. 考评人员3名及以上。
2. 评分点见"考核评分记录表"。
3. 评分程序及规则:考评员各自根据考生作业程序在评分表上给予记录评分,取平均分为评定得分。
4. 算分方法:百分制计算,满分100分,60分为及格。

五、否定项

若考生发生下列情况之一,则应及时终止其考试,该考生成绩记为零分。

1. 操作不当造成设备、工具、仪器和材料损坏。
2. 严重违反安全作业规程,违反考试纪律。

铁道行业职业技能认定货装值班员高级操作技能考核试卷(考生用)

单位： 姓名： 准考证号：

试题内容：某车站年货物到达量为20万t，日最大卸车能力9车，从5月12日开始货车集中到达每日达15车左右，超过车站日最大卸车能力，造成货车积压，影响运输效率，请问车站应如何处理？越过线路时要注意什么？

铁道行业职业技能认定货装值班员高级操作技能考核评分记录表

准考证号： 姓名： 性别： 单位：

试题名称：货场卸车集中到达的应急措施 考核时间：60 min

操作开始时间： 时 分 操作结束时间： 时 分

序号	考核内容	考核要点	配分	评分标准	扣分	得分
1	制定集中到达卸车应急预案	制定和启动应急预案	20	每漏、错1处扣10分		
2	采取特殊办法组织卸车	突击卸车	20	每漏、错1处扣10分		
		货物催领	10	每漏、错1处扣10分		
		卸车组织方法	10	漏、错扣10分		
3	货物集中到达，造成积压的处理	拍发停限装电报	20	每漏、错1处扣10分		
4	试卷质量	层次分明、清晰、整洁、文字流畅、无错别字	5	未达到1处扣1分		
5	人身安全	越过线路时要注意什么	10	每漏、错1处扣5分		
6	着装，标志佩戴	按规定着装，标志齐全	5	未按规定着装扣5分，未佩戴标志扣2分		
合计			100			
备注	超时1 min从总分扣5分，超时5 min停止作业					

否定项：若考生发生下列情况之一，则应及时终止其考试，该考生成绩记为零分。
1. 操作不当造成设备、工具、仪器和材料损坏。
2. 严重违反安全作业规程，违反考试纪律。

考评员： 总分人： 年 月 日

参考答案要点

(1)首先车站要制定集中到达卸车应急预案。由于车站在某一时间货物列车集中到达，超过车站货场或专用线的最大卸车能力，要立即启动集中到达卸车应急预案。

(2)采取特殊办法组织尽快卸车：

①突击卸车。主要应集中车站现有人力资源、设备、设施组织突击卸车，也就是采取非装卸作业线路进行卸车，改变固定使用货位的方式。

②加强货物搬出的催领工作。要采取各种方式通知收货人领取货物，加快货位周转，完成卸车任务。

③采取集中突击卸车、分流卸车的组织方法。

(3)遇货物集中到达，造成重车积压的处理：

遇货物集中到达，重车积压，超过车站的最大卸车能力时，车站应及时拍发请求停限装请示电报上报铁路局集团公司(申请1个月内的临时停限装时，应使用铁路运输调度管理系统上报)，要求发站停止装车。

(4)人身安全：

越过线路时要注意信号导线、警冲标等障碍物，不得踩在基本轨与尖轨中间或辙叉处两轨中间。

S10　紧急抢险物资运输

铁道行业职业技能认定货装值班员高级操作技能考核准备通知单

考核时间：60 min

一、鉴定站准备

1. 材料准备

序　号	材　料　名　称	规　格	数　量	备　注
1	《铁路货物运输规程》	本	1	
2	《货运日常工作组织办法》	本	1	
3	《铁路重点物资运输管理办法》	本	1	
4	《铁路货物装载加固规则》	本	1	

2. 考场准备

(1)作业现场或演练场，场地条件及工具、量具应满足实际操作的需要，不得存在安全隐患，必要时需酌情配设辅助操作人员。

(2)如因客观原因场地条件不能满足实际操作需要时，可采取模拟的方式进行操作。

①供模拟考试用教室1间。

②考场内须光线充足，空气良好，环境安静，卫生整洁。

二、考生准备

考生按现场作业要求，着规定的作业服，佩戴标志，严格执行劳动保护的有关规定。考生需自备考试工具。

铁道行业职业技能认定货装值班员高级操作技能考核试卷(考评员用)

试题名称：紧急抢险物资运输

试题内容：某集团公司管内A站所在地于8月13日14:28突发7级破坏性地震，且局部发生铁路线路塌方断道情况，地方应急指挥中心向铁路提出要求在B站(应急保障重点站)于当日20:00向A站紧急发运挖掘机、装载机、汽车吊、运输车、发电机等工程抢险救灾机具，铁路局集团公司应急指挥中心也要求在铁路货场装车发运抢险救援机具，车务站段主管站段长、货运部参会人员均表示全力支持，要求协请地方发运单位和铁路参与抢险工程，部门提前向车站提供货物品名、货物技术资料及计划装载加固方案，备好加固材料，做好应急发运准备。(1)请问站段上述应急工作是否妥当？(2)依据规章规定对站段应急工作进行分析。(3)越过线路时要注意什么？

一、技术要求

1. 技术用语规范。
2. 在不违反试题内容的前提下，未给定条件可自设。

二、考核要求

1. 作业过程完整。
2. 本项技能认定由被认定人独立完成。

三、考核时限

1. 准备时间：10 min。
2. 正式操作时间：60 min。
3. 在规定时间内全部完成，不加分，也不扣分。每超时 1 min，从总分扣 5 分，总超时 5 min 停止作业。

四、考核评分

1. 考评人员 3 名及以上。
2. 评分点见"考核评分记录表"。
3. 评分程序及规则：考评员各自根据考生作业程序在评分表上给予记录评分，取平均分为评定得分。
4. 算分方法：百分制计算，满分 100 分，60 分为及格。

五、否定项

若考生发生下列情况之一，则应及时终止其考试，该考生成绩记为零分。
1. 操作不当造成设备、工具、仪器和材料损坏。
2. 严重违反安全作业规程，违反考试纪律。

铁道行业职业技能认定货装值班员高级操作技能考核试卷(考生用)

单位：　　　　　　　　　　　　姓名：　　　　　　　　　　　　准考证号：

试题内容：某集团公司管内 A 站所在地于 8 月 13 日 14:28 突发 7 级破坏性地震，且局部发生铁路线路塌方断道情况，地方应急指挥中心向铁路提出要求在 B 站(应急保障重点站)于当日 20:00 向 A 站紧急发运挖掘机、装载机、汽车吊、运输车、发电机等工程抢险救灾机具，铁路局集团公司应急指挥中心也要求在铁路货场装车发运抢险救援机具，车务站段主管站段长、货运部参会人员均表示全力支持，要求协请地方发运单位和铁路参与抢险工程，部门提前向车站提供货物品名、货物技术资料及计划装载加固方案，备好加固材料，做好应急发运准备。(1)请问站段上述应急工作是否妥当？(2)依据规章规定对站段应急工作进行分析。(3)越过线路时要注意什么？

铁道行业职业技能认定货装值班员高级操作技能考核评分记录表

准考证号：　　　　　　姓名：　　　　　性别：　　　　　单位：

试题名称：紧急抢险物资运输　　　　　　　　　　　　　　　　　　考核时间：60 min

操作开始时间：　时　　分　　　　　　　　　操作结束时间：　时　　分

序号	考核内容	考 核 要 点	配分	评 分 标 准	扣分	得分
1	应急处置办法	站段应急处置	10	漏、错扣 10 分		
2	应急工作分析	抢险救灾执行应急处置措施，应按急运条件办理	20	每漏、错 1 处扣 10 分		
		抢险救灾依据的规章	20	每漏、错 1 处扣 10 分		
		加固材料的准备	15	每漏、错 1 处扣 5 分		
		加固材料依据的规章	15	每漏、错 1 处扣 5 分		
3	人身安全	越过线路时要注意什么	10	每漏、错 1 处扣 5 分		
4	试卷质量	层次分明、清晰、整洁、文字流畅、无错别字	5	未达到 1 处扣 1 分		
5	着装，标志佩戴	按规定着装，标志齐全	5	未按规定着装扣 5 分，未佩戴标志扣 2 分		
合计			100			
备注	超时 1 min 从总分扣 5 分，超时 5 min 停止作业					
否定项：若考生发生下列情况之一，则应及时终止其考试，该考生成绩记为零分。 1. 操作不当造成设备、工具、仪器和材料损坏。 2. 严重违反安全作业规程，违反考试纪律。						

考评员：　　　　　　　　　　　　　　总分人：　　　　　　　　　　　　　　年　　月　　日

参考答案要点

(1)站段应急处置不当。

(2)应急工作分析：

①当接到抢险救灾机具运输指令后，应立即以救灾为第一要务，果断执行应急处置措施。不需再按日常的工作流程办理，应按急运条件办理。

②依据《铁路货物装载加固规则》第六章“应急处置”第 76 条，“抢险、救灾、事故救援等特殊原因运输货物时，装车单位可现场参照货物装载加固基本技术要求确定安全快捷的装载加固方法，保证快速装运和运输安全”。

③加固材料的准备，B 站为应急保障的重点车站，所以应直接使用备用的加固材料和装置，而不需要地方发运单位再行提供。

④依据《铁路货物装载加固规则》第 77 条，“铁路局集团公司应在应急保障的重点车站备用操作便捷、强度合适、满足应急装车需要的装载加固材料及装置”。

(3)人身安全：

越过线路时要注意信号导线、警冲标等障碍物，不得踩在基本轨与尖轨中间或辙叉处两轨中间。

S11　货物损失处理(火灾)

铁道行业职业技能认定货装值班员高级操作技能考核准备通知单

考核时间:60 min

一、鉴定站准备

1. 材料准备

序　号	材　料　名　称	规　格	数　量	备　注
1	《铁路货物运输规程》	本	1	
2	《铁路货物运输管理规则》	本	1	
3	《铁路货物损失处理规则》	本	1	

2. 考场准备

(1)作业现场或演练场,场地条件及工具、量具应满足实际操作的需要,不得存在安全隐患,必要时需酌情配设辅助操作人员。

(2)如因客观原因场地条件不能满足实际操作需要时,可采取模拟的方式进行操作。

①供模拟考试用教室1间。

②考场内须光线充足,空气良好,环境安静,卫生整洁。

二、考生准备

考生按现场作业要求,着规定的作业服,佩戴标志,严格执行劳动保护的有关规定。考生需自备考试工具。

铁道行业职业技能认定货装值班员高级操作技能考核试卷(考评员用)

试题名称:货物损失处理(火灾)

试题内容:(1)A站发B站棉布一车,运行至中途站C站发现起火,经扑救后倒装,C站编普通记录附原票据继续运行至到站处理,原车扣在C站检查分析,到达B站会同收货人卸车清点,烧损、湿损共计损失约5.1万元,B站编货运记录查C站,抄送A站。经调查小组对事故现车检查发现,车辆中部车地板有破洞一处,车辆部门曾用板条填补对接,但钉固不牢,明显可见板条脱落。另发现防火板因焊接不牢已丢失。请分析:①事故类型;②货物损失等级;③责任单位;④处理中存在哪些违章情况?(2)越过线路时要注意什么?

一、技术要求

1. 技术用语规范。

2. 在不违反试题内容的前提下,未给定条件可自设。

二、考核要求

1. 作业过程完整。

2. 本项技能认定由被认定人独立完成。

三、考核时限

1. 准备时间：10 min。

2. 正式操作时间：60 min。

3. 在规定时间内全部完成，不加分，也不扣分。每超时 1 min，从总分扣 5 分，总超时 5 min 停止作业。

四、考核评分

1. 考评人员 3 名及以上。

2. 评分点见"考核评分记录表"。

3. 评分程序及规则：考评员各自根据考生作业程序在评分表上给予记录评分，取平均分为评定得分。

4. 算分方法：百分制计算，满分 100 分，60 分为及格。

五、否定项

若考生发生下列情况之一，则应及时终止其考试，该考生成绩记为零分。

1. 操作不当造成设备、工具、仪器和材料损坏。

2. 严重违反安全作业规程，违反考试纪律。

铁道行业职业技能认定货装值班员高级操作技能考核试卷（考生用）

单位：　　　　　　　　　　　　姓名：　　　　　　　　　　　　准考证号：

试题内容：(1)A 站发 B 站棉布一车，运行至中途站 C 站发现起火，经扑救后倒装，C 站编普通记录附原票据继续运行至到站处理，原车扣在 C 站检查分析，到达 B 站会同收货人卸车清点，烧损、湿损共计损失约 5.1 万元，B 站编货运记录查 C 站，抄送 A 站。经调查小组对事故现车检查发现，车辆中部车地板有破洞一处，车辆部门曾用板条填补对接，但钉固不牢，明显可见板条脱落。另发现防火板因焊接不牢已丢失。请分析：①事故类型；②货物损失等级；③责任单位；④处理中存在哪些违章情况？(2)越过线路时要注意什么？

铁道行业职业技能认定货装值班员高级操作技能考核评分记录表

准考证号：　　　　　　姓名：　　　　　　性别：　　　　　　单位：

试题名称：货物损失处理（火灾）

考核时间：60 min

操作开始时间：　　时　　分　　　　　　操作结束时间：　　时　　分

序号	考核内容	考核要点	配分	评分标准	扣分	得分
1	货物损失类型	确定货物损失类型	10	漏、错扣 10 分		

续上表

序号	考核内容	考核要点	配分	评分标准	扣分	得分
2	货物损失等级	确定货物损失等级	10	漏、错扣10分		
		确定等级依据	10	漏、错扣10分		
3	责任单位	确定责任单位	15	漏、错扣15分		
		确定责任单位依据	15	漏、错扣15分		
4	处理中存在的违章情况	只编制普通记录	6	漏、错扣6分		
		未编制货运记录	6	漏、错扣6分		
		拍发货物损失速报	8	漏、错扣8分		
5	人身安全	越过线路时要注意什么	10	每漏、错1处扣5分		
6	试卷质量	层次分明、清晰、整洁、文字流畅、无错别字	5	未达到1处扣1分		
7	着装，标志佩戴	按规定着装，标志齐全	5	未按规定着装扣5分，未佩戴标志扣2分		
合计			100			
备注	超时1 min从总分扣5分，超时5 min停止作业					

否定项：若考生发生下列情况之一，则应及时终止其考试，该考生成绩记为零分。
1. 操作不当造成设备、工具、仪器和材料损坏。
2. 严重违反安全作业规程，违反考试纪律。

考评员：　　　　总分人：　　　　年　月　日

参考答案要点

(1)货物损失类型：火灾。

(2)货物损失等级：二级损失。

该批货物损失约5.1万元，根据《铁路货物损失处理规则》货物损失等级划分，损失款额1万元以上未满10万元的，为二级损失。

(3)责任单位：由最近定检施修该车的车辆段所属铁路局集团公司或车辆厂属地铁路局集团公司和装车单位共同负责。

因未按规定安装防火板或安装不符合规定，技术状态不良的车辆上路运输；而装车单位未按规定检查车辆，使用破损车辆，导致此次事故的发生。

(4)处理中存在的违章情况：

①C站只编制普通记录；

②C站按规定还应编制货运记录；

③发生火灾，C站还应按规定拍发货物损失速报，而未发报，说明是违章的。

(5)人身安全：

越过线路时要注意信号导线、警冲标等障碍物，不得踩在基本轨与尖轨中间或辙叉处两轨中间。

S12 货物损失处理(汽油泄漏)

铁道行业职业技能认定货装值班员高级操作技能考核准备通知单

考核时间:60 min

一、鉴定站准备

1. 材料准备

序 号	材 料 名 称	规 格	数 量	备 注
1	《铁路货物运输规程》	本	1	
2	《铁路货物运输管理规则》	本	1	
3	《铁路办理站危险货物办理限制》	本	1	
4	《铁路危险货物品名表》	本	1	
5	《铁路技术管理规程(普速铁路部分)》	本	1	
6	《铁路货物损失处理规则》	本	1	

2. 考场准备

(1)作业现场或演练场,场地条件及工具、量具应满足实际操作的需要,不得存在安全隐患,必要时需酌情配设辅助操作人员。

(2)如因客观原因场地条件不能满足实际操作需要时,可采取模拟的方式进行操作。

①供模拟考试用教室1间。

②考场内须光线充足,空气良好,环境安静,卫生整洁。

二、考生准备

考生按现场作业要求,着规定的作业服,佩戴标志,严格执行劳动保护的有关规定。考生需自备考试工具。

铁道行业职业技能认定货装值班员高级操作技能考核试卷(考评员用)

试题名称:货物损失处理(汽油泄漏)

试题内容:(1)2020年1月28日A站发B站整车汽油,车号G17B6143570,标重63 t,货物重量49.350 t,保价8万元。2月14日运行到C站货检发现泄漏,会同车辆部门现场鉴定为车辆下部蒸汽加热管冷凝水排水口泄漏,发43号急电,并编制普通记录011551和货运记录一份(经轨道衡检斤,现货物净重38 608 kg,该车2019年11月由甲车辆厂实施厂修)。2月16日到达B站,会同收货人检实尺为152 mm,确定货物重量37 052 kg,2月16日15:30卸完,编制货运记录通过铁路保价运输管理系统送查责任站,2月17日收货人要求赔偿。①请审核赔偿材料。②分析该案货物损失责任并说明定责依据。③计算赔偿款额。(2)越过线路时要注意什么?

一、技术要求

1. 技术用语规范。
2. 在不违反试题内容的前提下,未给定条件可自设。

二、考核要求

1. 作业过程完整。
2. 本项技能认定由被认定人独立完成。

三、考核时限

1. 准备时间:10 min。
2. 正式操作时间:60 min。
3. 在规定时间内全部完成,不加分,也不扣分。每超时 1 min,从总分扣 5 分,总超时 5 min 停止作业。

四、考核评分

1. 考评人员 3 名及以上。
2. 评分点见“考核评分记录表”。
3. 评分程序及规则:考评员各自根据考生作业程序在评分表上给予记录评分,取平均分为评定得分。
4. 算分方法:百分制计算,满分 100 分,60 分为及格。

五、否定项

若考生发生下列情况之一,则应及时终止其考试,该考生成绩记为零分。
1. 操作不当造成设备、工具、仪器和材料损坏。
2. 严重违反安全作业规程,违反考试纪律。

铁道行业职业技能认定货装值班员高级操作技能考核试卷(考生用)

单位:　　　　　　　　　　　　姓名:　　　　　　　　　　　　准考证号:

试题内容:(1)2020 年 1 月 28 日 A 站发 B 站整车汽油,车号 G_{17B}6143570,标重 63 t,货物重量 49.350 t,保价 8 万元。2 月 14 日运行到 C 站货检发现泄漏,会同车辆部门现场鉴定为车辆下部蒸汽加热管冷凝水排水口泄漏,发 43 号急电,并编制普通记录 011551 和货运记录一份(经轨道衡检斤,现货物净重 38 608 kg,该车 2019 年 11 月由甲车辆厂实施厂修)。2 月 16 日到达 B 站,会同收货人检实尺为 152 mm,确定货物重量 37 052 kg,2 月 16 日 15:30 卸完,编制货运记录通过铁路保价运输管理系统送查责任站,2 月 17 日收货人要求赔偿。①请审核赔偿材料。②分析该案货物损失责任并说明定责依据。③计算赔偿款额。(2)越过线路时要注意什么?

铁道行业职业技能认定货装值班员高级操作技能考核评分记录表

准考证号：　　　　　　　姓名：　　　　　　　性别：　　　　　　　单位：

试题名称：货物损失处理(汽油泄漏)　　　　　　　　　　　　　　　　　　　　考核时间：60 min

操作开始时间：　　时　　分　　　　　　　　　　操作结束时间：　　时　　分

序号	考核内容	考 核 要 点	配分	评 分 标 准	扣分	得分
1	审核赔偿材料	赔偿要求书	5	漏、错扣5分		
		货物运单原件、有效身份证明	10	每漏、错1处扣5分		
		购货发票(购货凭证)	5	漏、错扣5分		
		C站货运记录、普通记录、电报	15	每漏、错1处扣5分		
		B站货运记录	5	漏、错扣5分		
		装、卸车罐车计量单	10	每漏、错1处扣5分		
2	损失责任划分	依章划分责任单位	20	每漏、错1处扣5分		
3	损失赔偿	计算赔偿金额	10	漏、错扣10分		
4	人身安全	越过线路时要注意什么	10	每漏、错1处扣5分		
5	试卷质量	层次分明、清晰、整洁、文字流畅、无错别字	5	未达到1处扣1分		
6	着装，标志佩戴	按规定着装，标志齐全	5	未按规定着装扣5分，未佩戴标志扣2分		
合计			100			
备注	超时1 min从总分扣5分，超时5 min停止作业					
否定项：若考生发生下列情况之一，则应及时终止其考试，该考生成绩记为零分。 1. 操作不当造成设备、工具、仪器和材料损坏。 2. 严重违反安全作业规程，违反考试纪律。						

考评员：　　　　　　　　　　　　　　总分人：　　　　　　　　　　　　　　年　　月　　日

参考答案要点

(1)审核赔偿材料

①赔偿要求书。

②货运记录、(货主页)原件、有效身份证明。

③购货发票(购货凭证)。能够根据货物件数或重量确定货物损失比例的赔偿，不再收取价格证明材料。

④C站货运记录、普通记录、电报。

⑤B站货运记录。

⑥装、卸车罐车计量单。

根据运输票据和普通记录检查车辆现状，核对封号。

审核无误后，在“赔偿要求书收据”上加盖货物损失处理专用章或车站公章，交给赔偿要求人。

(2)损失责任划分

列最近定检施修该车的甲车辆段所属铁路局集团公司甲局集团公司责任。

依据《铁路货物损失处理规则》附件 3 二、(五)规定:路用罐车技术状态不良造成货物泄漏时,列最近定检施修该车的车辆段所属铁路局集团公司或车辆厂属地铁路局集团公司责任。

(3)损失赔偿

赔偿金额=(49 350−37 052)÷49 350×80 000≈19 936.00 元。

(4)人身安全

越过线路时要注意信号导线、警冲标等障碍物,不得踩在基本轨与尖轨中间或辙叉处两轨中间。

S13　危险货物装车

铁道行业职业技能认定货装值班员高级操作技能考核准备通知单

考核时间:60 min

一、鉴定站准备

1. 材料准备

序　号	材　料　名　称	规　格	数　量	备　注
1	《铁路货物运输规程》	本	1	
2	《铁路危险货物运输管理规则》	本	1	
3	《铁路办理站危险货物办理限制》	本	1	
4	《铁路危险货物品名表》	本	1	
5	《铁路技术管理规程(普速铁路部分)》	本	1	

2. 考场准备

(1)作业现场或演练场,场地条件及工具、量具应满足实际操作的需要,不得存在安全隐患,必要时需酌情配设辅助操作人员。

(2)如因客观原因场地条件不能满足实际操作需要时,可采取模拟的方式进行操作。

①供模拟考试用教室 1 间。

②考场内须光线充足,空气良好,环境安静,卫生整洁。

二、考生准备

考生按现场作业要求,着规定的作业服,佩戴标志,严格执行劳动保护的有关规定。考生需自备考试工具。

铁道行业职业技能认定货装值班员高级操作技能考核试卷(考评员用)

试题名称:危险货物装车

试题内容:2020 年 4 月 10 日,甘肃××化学工业集团有限公司要求白银市站发洪安乡站甲苯二异氰酸酯 2 车,包装符合《铁路危险货物运输管理规则》有关规定及附件 3“铁路危险货物包装表”的规定，400 件，收货人为成都西部××化工物流有限责任公司。请组织装车。

一、技术要求

1. 答题符合相关法律、法规、规章和标准的规定。
2. 技术用语规范。
3. 工具、设备使用应符合规定。
4. 在不违反试题内容的前提下，未给定条件可自设。

二、考核要求

1. 作业过程完整。
2. 本项技能认定属综合型考试。
3. 本项技能认定由被认定人独立完成。

三、考核时限

1. 准备时间：10 min。
2. 正式操作时间：60 min。
3. 在规定时间内全部完成，不加分，也不扣分。每超时 1 min，从总分扣 5 分，总超时 5 min 停止作业。

四、考核评分

1. 考评人员 3 名及以上。
2. 评分点见“考核评分记录表”。
3. 评分程序及规则：考评员各自根据考生作业程序在评分表上给予记录评分，取平均分为评定得分。
4. 算分方法：百分制计算，满分 100 分，60 分为及格。

五、否定项

若考生发生下列情况之一，则应及时终止其考试，该考生成绩记为零分。

1. 操作不当造成设备、工具、仪器和材料损坏。
2. 严重违反安全作业规程，违反考试纪律。

铁道行业职业技能认定货装值班员高级操作技能考核试卷(考生用)

单位：　　　　　　　　　　　　　　姓名：　　　　　　　　　　　　　　准考证号：

试题内容：2020 年 4 月 10 日，甘肃××化学工业集团有限公司要求白银市站发洪安乡站甲苯二异氰酸酯 2 车，包装符合《铁路危险货物运输管理规则》有关规定及附件 3“铁路危险货物包装表”的规定，400 件，收货人为成都西部××化工物流有限责任公司。请组织装车。

铁道行业职业技能认定货装值班员高级操作技能考核评分记录表

准考证号：　　　　　　姓名：　　　　　　性别：　　　　　　单位：

试题名称：危险货物装车　　　　　　　　　　　　　　　　　　　　考核时间：60 min

操作开始时间：　　时　　分　　　　　　　　操作结束时间：　　时　　分

序号	考核内容	考核要点	配分	评分标准	扣分	得分
1	装车前	确认使用车辆并检查技术状态	10	非毒品专用车扣5分		
		对照运单检查货物品名、包装等	10	每漏、错1处扣5分		
2	装车时	检查货物装载状态；监督施封，安装防盗报警装置	30	每漏、错1处扣5分		
3	装车后	质量签认，上报剧毒品跟踪管理系统	30	每漏、错1处扣5分		
4	人身安全	执行一站二看三通过、横越线路、横越列车车辆等人身安全的有关规定	10	未执行人身安全规定扣10分		
5	试卷质量	层次分明、清晰、整洁、文字流畅、无错别字	5	未达到1处扣1分		
6	着装，标志佩戴	按规定着装，标志齐全	5	未按规定着装扣5分，佩戴标志扣2分		
合计			100			
备注	超时1 min从总分扣5分，超时5 min停止作业					
否定项：若考生发生下列情况之一，则应及时终止其考试，该考生成绩记为零分。 1. 操作不当造成设备、工具、仪器和材料损坏。 2. 严重违反安全作业规程，违反考试纪律。						

考评员：　　　　　　　　　　　　总分人：　　　　　　　　　　　　年　　月　　日

参考答案要点

(1)装车前

①与专用线企业进行车辆交接，检查车种车型与规定装运货物相符，查看门窗状态、进行透光检查，确认车辆状况良好。

②检查货物品名、包装、件数与货物运单填写是否一致，货物包装是否符合规定。

(2)装车时

①按装载方案装车。作业时要轻拿轻放，堆码整齐稳固，防止倒塌，严禁倒放、卧装(钢瓶等特殊容器除外)。

②装载货物不得超过车辆标记载重量，严禁增载和超装、超载。

③检查堆码及装载状态，查验门窗是否关闭良好。检查施封并在车辆上门扣用加固锁加固，安装防盗报警装置。

(3)装车后

①进行铁路危险货物发送作业签认；

②将剧毒品货票所载信息，及时生成“剧毒品运输管理信息登记表”，实时报告剧毒品运输跟踪管理系统。内容包括剧毒品车的车号、发到站、品名及编号、件数、重量和承运、装车日期等。

(4)人身安全

执行一站二看三通过、横越线路、横越列车车辆等人身安全的有关规定。

(5)着装,标志佩戴

按规定着装,标志齐全。

S14　装卸作业

铁道行业职业技能认定货装值班员高级操作技能考核准备通知单

考核时间:60 min

一、鉴定站准备

1. 材料准备

序　号	材　料　名　称	规　格	数　量	备　注
1	《铁路货物装卸安全技术规则》	本	1	

2. 考场准备

(1)作业现场或演练场,场地条件及工具、量具应满足实际操作的需要,不得存在安全隐患,必要时需酌情配设辅助操作人员。

(2)如因客观原因场地条件不能满足实际操作需要时,可采取模拟的方式进行操作。

①供模拟考试用教室1间。

②考场内须光线充足,空气良好,环境安静,卫生整洁。

二、考生准备

考生按现场作业要求,着规定的作业服,佩戴标志,严格执行劳动保护的有关规定。考生需自备考试工具。

铁道行业职业技能认定货装值班员高级操作技能考核试卷(考评员用)

试题名称:装卸作业

试题内容:2022年2月5日,某货场叉车司机在站台上装胶合板作业,为了抢进度,在站台上行驶、转弯速度分别达到12 km/h、7 km/h,忘记进行鸣笛操作,也未瞭望叉车后部情况,导致撞上正在叉车后部约3 m处进行拍照作业的货运员造成其左腿骨折。经调查,该叉车喇叭已烧坏2日,作业过程中无现场防护人员,未设置作业区警示标志。问同一线路、同一区域多台轨行式装卸机械同时作业时安全距离有何规定?司机存在哪些违章行为?越过线路时要注意什么?

一、技术要求

1. 技术用语规范。

2. 在不违反试题内容的前提下,未给定条件可自设。

二、考核要求

1. 作业过程完整。
2. 本项技能认定由被认定人独立完成。

三、考核时限

1. 准备时间:10 min。
2. 正式操作时间:60 min。
3. 在规定时间内全部完成,不加分,也不扣分。每超时 1 min,从总分扣 5 分,总超时 5 min 停止作业。

四、考核评分

1. 考评人员 3 名及以上。
2. 评分点见“考核评分记录表”。
3. 评分程序及规则:考评员各自根据考生作业程序在评分表上给予记录评分,取平均分为评定得分。
4. 算分方法:百分制计算,满分 100 分,60 分为及格。

五、否定项

若考生发生下列情况之一,则应及时终止其考试,该考生成绩记为零分。
1. 操作不当造成设备、工具、仪器和材料损坏。
2. 严重违反安全作业规程,违反考试纪律。

铁道行业职业技能认定货装值班员高级操作技能考核试卷(考生用)

单位: 姓名: 准考证号:

试题内容:2022 年 2 月 5 日,某货场叉车司机在站台上装胶合板作业,为了抢进度,在站台上行驶、转弯速度分别达到 12 km/h、7 km/h,忘记进行鸣笛操作,也未瞭望叉车后部情况,导致撞上正在叉车后部约 3 m 处进行拍照作业的货运员造成其左腿骨折。经调查,该叉车喇叭已烧坏 2 日,作业过程中无现场防护人员,未设置作业区警示标志。问同一线路、同一区域多台轨行式装卸机械同时作业时安全距离有何规定?司机存在哪些违章行为?越过线路时要注意什么?

铁道行业职业技能认定货装值班员高级操作技能考核评分记录表

准考证号: 姓名: 性别: 单位:

试题名称:装卸作业 考核时间:60 min

操作开始时间: 时 分 操作结束时间: 时 分

序号	考核内容	考 核 要 点	配分	评 分 标 准	扣分	得分
1	安全距离	同一线路装卸机械作业距离	10	每漏、错 1 处扣 5 分		
		同一区域多台流动式装卸机械安全间距	20	每漏、错 1 处扣 5 分		

续上表

<table>
<tr><th>序号</th><th>考核内容</th><th>考 核 要 点</th><th>配分</th><th>评 分 标 准</th><th>扣分</th><th>得分</th></tr>
<tr><td rowspan="4">2</td><td rowspan="4">违章作业</td><td>装卸机械日常交接检查</td><td>10</td><td>每漏、错1处扣5分</td><td rowspan="2"></td><td rowspan="2"></td></tr>
<tr><td>流动式装卸机械进出重点地段的操作</td><td>15</td><td>每漏、错1处扣5分</td></tr>
<tr><td>关键位置设置安全警示标志</td><td>15</td><td>每漏、错1处扣5分</td><td rowspan="2"></td><td rowspan="2"></td></tr>
<tr><td>流动式装卸机械行驶速度的规定</td><td>10</td><td>每漏、错1处扣5分</td></tr>
<tr><td>3</td><td>人身安全</td><td>越过线路时要注意什么</td><td>10</td><td>每漏、错1处扣5分</td><td></td><td></td></tr>
<tr><td>4</td><td>试卷质量</td><td>层次分明、清晰、整洁、文字流畅、无错别字</td><td>5</td><td>未达到1处扣1分</td><td></td><td></td></tr>
<tr><td>5</td><td>着装,
标志佩戴</td><td>按规定着装,标志齐全</td><td>5</td><td>未按规定着装扣5分,未佩戴标志扣2.5分</td><td></td><td></td></tr>
<tr><td colspan="2">合计</td><td></td><td>100</td><td></td><td></td><td></td></tr>
<tr><td>备注</td><td colspan="6">超时1 min从总分扣5分,超时5 min停止作业</td></tr>
<tr><td colspan="7">否定项:若考生发生下列情况之一,则应及时终止其考试,该考生成绩记为零分。
1. 操作不当造成设备、工具、仪器和材料损坏。
2. 严重违反安全作业规程,违反考试纪律。</td></tr>
</table>

考评员: 总分人: 年 月 日

参考答案要点

(1)同一线路、同一区域多台轨行式装卸机械同时作业时安全距离

①同一线路上,2台及以上轨行式装卸机械,应安设防撞保护装置,保持3 m以上安全距离。顺向作业时,应隔车进行;相向作业至最后一辆货车时,须单台机械作业。

②同一区域,多台流动式装卸机械同时作业时,安全间距应不小于下列数值:

a. 集装箱正面吊、抓(扒)料机、汽车吊、轮胎吊:30 m。

b. 装载机、5 t以上叉车:间隔1辆车。

c. 小型叉车:3 m。

(2)司机的违章行为

①违反《铁路货物装卸安全技术规则》第102条装卸机械日常交接检查规定,未发现叉车喇叭已烧坏问题,带病作业。

②违反《铁路货物装卸安全技术规则》第70条"各种装卸机械操作前要鸣喇叭(铃)示意。流动式装卸机械进出车门、库门、箱门,通过人员、设备通道,在坡道、转弯等视线不良地段或繁忙地带应减速鸣笛或停车避让"的规定。同时违反"小型叉车作业标准",未瞭望发现叉车后部站人情况。

③违反《铁路货物装卸安全技术规则》第69条"流动式装卸机械作业时,要在作业区关键位置设置安全警示标志,防护人员穿反光防护服、配口笛或对讲机,站立安全位置"。

④违反《铁路货物装卸安全技术规则》第73条流动式装卸机械在"站台上行驶不得超过10 km/h,在转弯、进出车(库)门及危险区域不得超过5 km/h"的规定。

(3)人身安全

越过线路时要注意信号导线、警冲标等障碍物,不得踩在基本轨与尖轨中间或辙叉处两轨中间。

S15 装车作业质量控制

铁道行业职业技能认定货装值班员高级操作技能考核准备通知单

考核时间:60 min

一、鉴定站准备

1. 材料准备

序　号	材　料　名　称	规　格	数　量	备　注
1	《铁路货物运输规程》	本	1	
2	《铁路货物装载加固规则》	本	1	
3	《铁路超限超重货物运输规则》	本	1	
4	《铁路货运票据电子化作业办法》	本	1	

2. 考场准备

(1)作业现场或演练场,场地条件及工具、量具应满足实际操作的需要,不得存在安全隐患,必要时需酌情配设辅助操作人员。

(2)如因客观原因场地条件不能满足实际操作需要时,可采取模拟的方式进行操作。

①供模拟考试用教室1间。

②考场内须光线充足,空气良好,环境安静,卫生整洁。

二、考生准备

考生按现场作业要求,着规定的作业服,佩戴标志,严格执行劳动保护的有关规定。考生需自备考试工具。

铁道行业职业技能认定货装值班员高级操作技能考核试卷(考评员用)

试题名称:装车作业质量控制

试题内容:某站装1件均重金属结构架,重75 t,长22 m,宽3.2 m,高2.4 m,使用N_{17T}两辆跨装运送,均衡装载,超级超限。试说明该车装车后,货运人员应从哪些方面进行装车作业质量控制?

一、技术要求

1. 技术用语规范。
2. 在不违反试题内容的前提下,未给定条件可自设。

二、考核要求

1. 作业过程完整。

2. 本项技能认定由被认定人独立完成。

三、考核时限

1. 准备时间：10 min。
2. 正式操作时间：60 min。
3. 在规定时间内全部完成，不加分，也不扣分。每超时 1 min，从总分扣 5 分，总超时 5 min 停止作业。

四、考核评分

1. 考评人员 3 名及以上。
2. 评分点见“考核评分记录表”。
3. 评分程序及规则：考评员各自根据考生作业程序在评分表上给予记录评分，取平均分为评定得分。
4. 算分方法：百分制计算，满分 100 分，60 分为及格。

五、否定项

若考生发生下列情况之一，则应及时终止其考试，该考生成绩记为零分。
1. 操作不当造成设备、工具、仪器和材料损坏。
2. 严重违反安全作业规程，违反考试纪律。

铁道行业职业技能认定货装值班员高级操作技能考核试卷(考生用)

单位：　　　　　　　　　　　　　　　姓名：　　　　　　　　　　　　　　　准考证号：

试题内容：某站装 1 件均重金属结构架，重 75 t，长 22 m，宽 3.2 m，高 2.4 m，使用 N_{17T} 两辆跨装运送，均衡装载，超级超限。试说明该车装车后，货运人员应从哪些方面进行装车作业质量控制？

铁道行业职业技能认定货装值班员高级操作技能考核评分记录表

准考证号：　　　　　　姓名：　　　　　　性别：　　　　　　单位：

试题名称：装车作业质量控制　　　　　　　　　　　　　　　　　　考核时间：60 min

操作开始时间：　　时　　分　　　　　　　　　　操作结束时间：　　时　　分

序号	考核内容	考 核 要 点	配分	评 分 标 准	扣分	得分
1	货物装载加固状态重点检查、确认	货物装载位置符合方案	5	漏、错扣 5 分		
		车辆转向架旁承游间	5	漏、错扣 5 分		
		加固材料和方案	10	每漏、错 1 处扣 5 分		
		加固装置符合规定	10	每漏、错 1 处扣 5 分		
		加固方法正确	10	每漏、错 1 处扣 5 分		
		对车辆采取的措施	10	漏、错扣 10 分		

续上表

序号	考核内容	考 核 要 点	配分	评 分 标 准	扣分	得分
2	对照确认电报重点复核、确认	货物装后各部位的尺寸符合要求	5	漏、错扣 5 分		
		货物支距符合要求	5	漏、错扣 5 分		
		其他各有关数据符合要求	5	漏、错扣 5 分		
3	标画检查线、拴挂表示牌	标画货物检查线及挂牌	10	每漏、错 1 处扣 5 分		
		编制“超限超重货物运输记录”	10	每漏、错 1 处扣 5 分		
4	填记控制表	填记“车站超限超重货物发送作业质量控制表”	5	漏、错扣 5 分		
5	试卷质量	层次分明、清晰、整洁、文字流畅、无错别字	5	未达到 1 处扣 1 分		
6	着装，标志佩戴	按规定着装，标志齐全	5	未按规定着装扣 5 分，未佩戴标志扣 2 分		
合计			100			
备注	超时 1 min 从总分扣 5 分，超时 5 min 停止作业					
否定项：若考生发生下列情况之一，则应及时终止其考试，该考生成绩记为零分。 1. 操作不当造成设备、工具、仪器和材料损坏。 2. 严重违反安全作业规程，违反考试纪律。						

考评员：　　　　　　　　　　总分人：　　　　　　　　　　年　　月　　日

参考答案要点

(1)货物装载加固状态重点检查、确认：

①货物实际装载位置符合装载加固方案；

②车辆转向架旁承游间符合规定；

③使用的加固材料规格、数量、质量和加固方法、措施、质量符合装载加固方案；

④货物转向架的高度、质量、性能、技术状态良好，符合使用要求；

⑤加固线(钢丝绳、镀锌铁线)已采取防磨措施，捆绑拴结牢固，拴结点无损坏；

⑥货物转向架上架体与跨装货物，下架体与车辆分别固定在一起，对货物及货物转向架的加固不得影响车辆通过曲线；车组连接处的提钩杆捆绑牢固，车钩缓冲停止器已按要求安装。

(2)对照确认电报重点复核、确认：

①货物装后各部位的尺寸(高度和宽度)、重车重心高未超出确认电报范围；

②货物支距符合要求；

③其他各有关数据符合要求。

(3)标画货物检查线及拴挂、书写表示牌：

①用颜色醒目的油漆标画易于判定货物是否位移的检查线，在货物两侧明显处以油漆书写或粘贴“超级超限”，或挂牌标识。

②在货运站系统编制“超限超重货物运输记录”并打印，会同有关单位(部门)签认；在运单上标识“超级超限”。

(4)按规定如实填写“车站超限超重货物发送作业质量控制表”。

S16 安排卸车

铁道行业职业技能认定货装值班员高级操作技能考核准备通知单

考核时间:60 min

一、鉴定站准备

1. 材料准备

序 号	材 料 名 称	规 格	数 量	备 注
1	《铁路货物装卸安全技术规则》	本	1	

2. 考场准备

(1)作业现场或演练场,场地条件及工具、量具应满足实际操作的需要,不得存在安全隐患,必要时需酌情配设辅助操作人员。

(2)如因客观原因场地条件不能满足实际操作需要时,可采取模拟的方式进行操作。

①供模拟考试用教室1间。

②考场内须光线充足,空气良好,环境安静,卫生整洁。

二、考生准备

考生按现场作业要求,着规定的作业服,佩戴标志,严格执行劳动保护的有关规定。考生需自备考试工具。

铁道行业职业技能认定货装值班员高级操作技能考核试卷(考评员用)

试题名称:安排卸车

试题内容:某站货场有一台20 t门吊(门吊电源电压只有330 V,正常电压380 V)、一台10 t汽车吊和一台15 t轮胎吊,欲卸一件18 t的货物,问如何安排卸车?

一、技术要求

1. 答题符合相关法律、法规、规章和标准的规定。
2. 技术用语规范。
3. 工具、设备使用应符合规定。
4. 在不违反试题内容的前提下,未给定条件可自设。

二、考核要求

1. 作业过程完整。
2. 本项技能认定属综合型考试。

3. 本项技能认定由被认定人独立完成。

三、考核时限

1. 准备时间:10 min。
2. 正式操作时间:60 min。
3. 在规定时间内全部完成,不加分,也不扣分。每超时 1 min,从总分扣 5 分,总超时 5 min 停止作业。

四、考核评分

1. 考评人员 3 名及以上。
2. 评分点见"考核评分记录表"。
3. 评分程序及规则:考评员各自根据考生作业程序在评分表上给予记录评分,取平均分为评定得分。
4. 算分方法:百分制计算,满分 100 分,60 分为及格。

五、否定项

若考生发生下列情况之一,则应及时终止其考试,该考生成绩记为零分。
1. 操作不当造成设备、工具、仪器和材料损坏。
2. 严重违反安全作业规程,违反考试纪律。

铁道行业职业技能认定货装值班员高级操作技能考核试卷(考生用)

单位: 姓名: 准考证号:

试题内容:某站货场有一台 20 t 门吊(门吊电源电压只有 330 V,正常电压 380 V)、一台 10 t 汽车吊和一台 15 t 轮胎吊,欲卸一件 18 t 的货物,问如何安排卸车?

铁道行业职业技能认定货装值班员高级操作技能考核评分记录表

准考证号: 姓名: 性别: 单位:

试题名称:安排卸车 考核时间:60 min

操作开始时间: 时 分 操作结束时间: 时 分

序号	考核内容	考 核 要 点	配分	评 分 标 准	扣分	得分
1	安排卸车	考虑是否使用门吊	30	每漏、错 1 处扣 5 分		
		考虑 10 t 汽车吊和 15 t 轮胎吊	15	每漏、错 1 处扣 5 分		
		两台起重机抬吊时,两台起重能力大小之比不得大于 3∶2	15	每漏、错 1 处扣 5 分		
		负荷不得超过两台起重机总能力的 80%	15	每漏、错 1 处扣 5 分		
		综述	15	每漏、错 1 处扣 5 分		
2	试卷质量	层次分明、清晰、整洁、文字流畅、无错别字	5	未达到 1 处扣 1 分		

续上表

序号	考核内容	考核要点	配分	评分标准	扣分	得分
3	着装，标志佩戴	按规定着装，标志齐全	5	未按规定着装扣5分，未佩戴标志扣2分		
合计			100			
备注	超时1 min从总分扣5分，超时5 min停止作业					
否定项：若考生发生下列情况之一，则应及时终止其考试，该考生成绩记为零分。 1. 操作不当造成设备、工具、仪器和材料损坏。 2. 严重违反安全作业规程，违反考试纪律。						

考评员： 总分人： 年 月 日

参考答案要点

(1)因货物重量18 t，小于门吊20 t额定起重量，考虑是否使用门吊。门吊电源电压降＝380－330＝50(V)，电压波动幅度＝50/380≈13.2％＞10％，根据《铁路货物装卸安全技术规则》第80条规定："当电源电压降超过额定电压的7％时，应降低额定负荷30％作业，当电压波动超过±10％时应停止作业。"故不能使用门吊进行卸车作业。

(2)因货物重量18 t，分别大于10 t汽车吊和15 t轮胎吊起重量，小于10 t汽车吊和15 t轮胎吊的总起重量，考虑是否抬吊。

①《铁路货物装卸安全技术规则》第79条规定：两台起重机抬吊时，两台起重能力大小之比不得大于3∶2。15∶10＝3∶2，符合规定比例。

②《铁路货物装卸安全技术规则》第79条规定：两台起重机抬吊时，负荷不得超过两台起重机总能力的80％。

10＋15＝25(t)，25×80％＝20(t)＞18 t，符合负荷技术要求。故可以抬吊作业。

综上所述，只能安排抬吊(一台10 t汽车吊和一台15 t轮胎吊)进行卸车作业。

S17 使用轮重测定仪测量判断超载、偏重、偏载

铁道行业职业技能认定货装值班员高级操作技能考核准备通知单

考核时间：60 min

一、鉴定站准备

1. 材料准备

序 号	材 料 名 称	规 格	数 量	备 注
1	《铁路货物装卸安全技术规则》	本	1	
2	《铁路货物装载加固规则》	本	1	

2. 考场准备

(1)作业现场或演练场，场地条件及工具、量具应满足实际操作的需要，不得存在安全隐

患,必要时需酌情配设辅助操作人员。

(2)如因客观原因场地条件不能满足实际操作需要时,可采取模拟的方式进行操作。

①供模拟考试用教室1间。

②考场内须光线充足,空气良好,环境安静,卫生整洁。

二、考生准备

考生按现场作业要求,着规定的作业服,佩戴标志,严格执行劳动保护的有关规定。考生需自备考试工具。

铁道行业职业技能认定货装值班员高级操作技能考核试卷(考评员用)

试题名称:使用轮重测定仪测量判断超载、偏重、偏载

试题内容:某站使用 C_{64K}4938030 型敞车(标记载重量为 61 t)装运氧化铝 1 车,装车后使用轮重测定仪测量结果见下表(单位:t),请根据检测结果判断是否超载、偏重、偏载。越过线路时要注意什么?(该货车自重 23 t,转向架中心距 8 700 mm,车地板高度 1 082 mm,同轴轮承重点间距离取 1 500 mm)

左侧	12.5	11.0	8.8	9.4	左侧
一位端					二位端
右侧	11.6	11.1	11.5	8.5	右侧

一、技术要求

1. 答题符合相关法律、法规、规章和标准的规定。
2. 技术用语规范。
3. 工具、设备使用应符合规定。
4. 在不违反试题内容的前提下,未给定条件可自设。

二、考核要求

1. 作业过程完整。
2. 本项技能认定属综合型考试。
3. 本项技能认定由被认定人独立完成。

三、考核时限

1. 准备时间:10 min。
2. 正式操作时间:60 min。
3. 在规定时间内全部完成,不加分,也不扣分。每超时 1 min,从总分扣 5 分,总超时 5 min 停止作业。

四、考核评分

1. 考评人员 3 名及以上。

2. 评分点见“考核评分记录表”。

3. 评分程序及规则：考评员各自根据考生作业程序在评分表上给予记录评分，取平均分为评定得分。

4. 算分方法：百分制计算，满分 100 分，60 分为及格。

五、否定项

若考生发生下列情况之一，则应及时终止其考试，该考生成绩记为零分。

1. 操作不当造成设备、工具、仪器和材料损坏。

2. 严重违反安全作业规程，违反考试纪律。

铁道行业职业技能认定货装值班员高级操作技能考核试卷(考生用)

单位：　　　　　　　　　　　　　姓名：　　　　　　　　　　　　　准考证号：

试题内容：某站使用 C_{64K}4938030 型敞车(标记载重量为 61 t)装运氧化铝 1 车，装车后使用轮重测定仪测量结果见下表(单位：t)，请根据检测结果判断是否超载、偏重、偏载。越过线路时要注意什么？(该货车自重 23 t，转向架中心距 8 700 mm，车地板高度 1 082 mm，同轴轮承重点间距离取 1 500 mm)

左侧	12.5	11.0	8.8	9.4	左侧
一位端					二位端
右侧	11.6	11.1	11.5	8.5	右侧

铁道行业职业技能认定货装值班员高级操作技能考核评分记录表

准考证号：　　　　　　姓名：　　　　　　性别：　　　　　　单位：

试题名称：使用轮重测定仪测量判断超载、偏重、偏载　　　　　　考核时间：60 min

操作开始时间：　　时　　分　　　　　　操作结束时间：　　时　　分

序号	考核内容	考 核 要 点	配分	评 分 标 准	扣分	得分
1	验算是否超载	货物总重量	10	每漏、错 1 处扣 5 分		
		敞车容许装载重量	10	每漏、错 1 处扣 5 分		
2	验算是否偏重	一位端转向架承载货物重量	10	每漏、错 1 处扣 5 分		
		二位端转向架承载货物重量	10	每漏、错 1 处扣 5 分		
		结论	10	每漏、错 1 处扣 5 分		
3	验算是否偏载	$Q_{左}$	10	每漏、错 1 处扣 5 分		
		$Q_{右}$	10	每漏、错 1 处扣 5 分		
		结论	10	每漏、错 1 处扣 5 分		
4	人身安全	越过线路时要注意什么	10	每漏、错 1 处扣 5 分		
5	试卷质量	层次分明、清晰、整洁、文字流畅、无错别字	5	未达到 1 处扣 1 分		

续上表

序号	考核内容	考核要点	配分	评分标准	扣分	得分
6	着装，标志佩戴	按规定着装，标志齐全	5	未按规定着装扣5分，未佩戴标志扣2分		
合计			100			
备注	超时1 min从总分扣5分，超时5 min停止作业					
否定项：若考生发生下列情况之一，则应及时终止其考试，该考生成绩记为零分。 1. 操作不当造成设备、工具、仪器和材料损坏。 2. 严重违反安全作业规程，违反考试纪律。						

考评员：　　　　　　　　　　总分人：　　　　　　　　　　年　月　日

参考答案要点

(1)验算是否超载

货物总重量$Q_{货}$=(12.5+11+8.8+9.4+11.6+11.1+11.5+8.5)−23=61.4(t)

C64K型敞车容许装载重量=标重61 t+货物允增载量2 t+《铁路货物运输规程》规定增载量1.22 t=64.22 t，该车不超载。

(2)验算是否偏重

一位端转向架承载货物重量Q_1=(12.5+11.0+11.1+11.6)−23/2=34.7(t)>64.22/2=32.11(t)

二位端转向架承载货物重量Q_2=(8.8+9.4+11.5+8.5)−23/2=26.7(t)

Q_2-Q_1=34.7−26.7=8(t)<10 t，但一位端转向架负重量已超过货车容许载重量的二分之一，偏重。

(3)验算是否偏载

$Q_{左}$=(12.5+11+8.8+9.4)−23/2=30.2(t)

$Q_{右}$=(11.6+11.1+11.5+8.5)−23/2=31.2(t)

同轴轮承重点间距离取1 500 mm，则货物横向偏移量b=750−(1 500×$Q_{右}/Q_{货}$)=750−(1 500×31.2/61.4)≈12(mm)，不偏载。

(4)人身安全

越过线路时要注意信号导线、警冲标等障碍物，不得踩在基本轨与尖轨中间或辙叉处两轨中间。

S18　计算超限货物超限等级及重车重心高

铁道行业职业技能认定货装值班员高级操作技能考核准备通知单

考核时间：60 min

一、鉴定站准备

1. 材料准备

序 号	材 料 名 称	规 格	数 量	备 注
1	《铁路货物装载加固规则》	本	1	
2	《铁路超限超重货物运输规则》	本	1	

2. 考场准备

(1)作业现场或演练场,场地条件及工具、量具应满足实际操作的需要,不得存在安全隐患,必要时需酌情配设辅助操作人员。

(2)如因客观原因场地条件不能满足实际操作需要时,可采取模拟的方式进行操作。

①供模拟考试用教室 1 间。

②考场内须光线充足,空气良好,环境安静,卫生整洁。

二、考生准备

考生按现场作业要求,着规定的作业服,佩戴标志,严格执行劳动保护的有关规定。考生需自备考试工具。

铁道行业职业技能认定货装值班员高级操作技能考核试卷(考评员用)

试题名称:计算超限货物超限等级及重车重心高

试题内容:(1)某站承运长方形塔式起重机底座一件,重 54 t,货物外形尺寸及装载方案如图所示,使用 N17K 装运(N17K 自重 20.8 t,重心高 723 mm),货物重心投影位于车地板纵横中心线的交叉点上,货物底部选用高度为 135 mm 的横垫木 4 根。请确定超限等级并计算重车重心高。(2)越过线路时要注意什么?

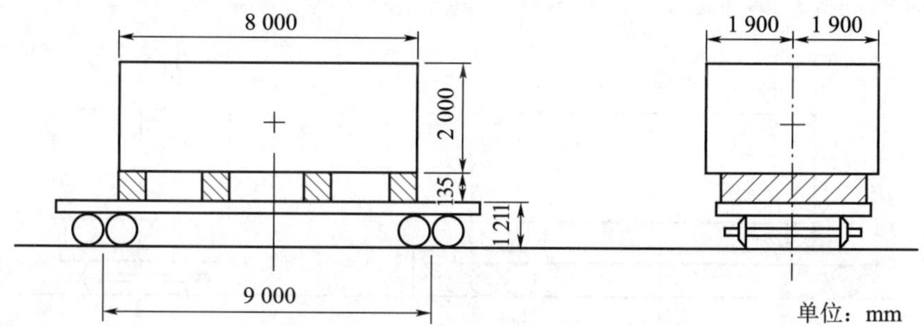

一、技术要求

1. 技术用语规范。
2. 在不违反试题内容的前提下,未给定条件可自设。

二、考核要求

1. 作业过程完整。
2. 本项技能认定由被认定人独立完成。

三、考核时限

1. 准备时间:10 min。

2. 正式操作时间：60 min。

3. 在规定时间内全部完成，不加分，也不扣分。每超时 1 min，从总分扣 5 分，总超时 5 min 停止作业。

四、考核评分

1. 考评人员 3 名及以上。

2. 评分点见“考核评分记录表”。

3. 评分程序及规则：考评员各自根据考生作业程序在评分表上给予记录评分，取平均分为评定得分。

4. 算分方法：百分制计算，满分 100 分，60 分为及格。

五、否定项

若考生发生下列情况之一，则应及时终止其考试，该考生成绩记为零分。

1. 操作不当造成设备、工具、仪器和材料损坏。

2. 严重违反安全作业规程，违反考试纪律。

铁道行业职业技能认定货装值班员高级操作技能考核试卷(考生用)

单位：　　　　　　　　　　　　　　姓名：　　　　　　　　　　　　　　准考证号：

试题内容：(1)某站承运长方形塔式起重机底座一件，重 54 t，货物外形尺寸及装载方案如图所示，使用 N_{17K} 装运(N_{17K} 自重 20.8 t，重心高 723 mm)，货物重心投影位于车地板纵横中心线的交叉点上，货物底部选用高度为 135 mm 的横垫木 4 根。请确定超限等级并计算重车重心高。(2)越过线路时要注意什么？

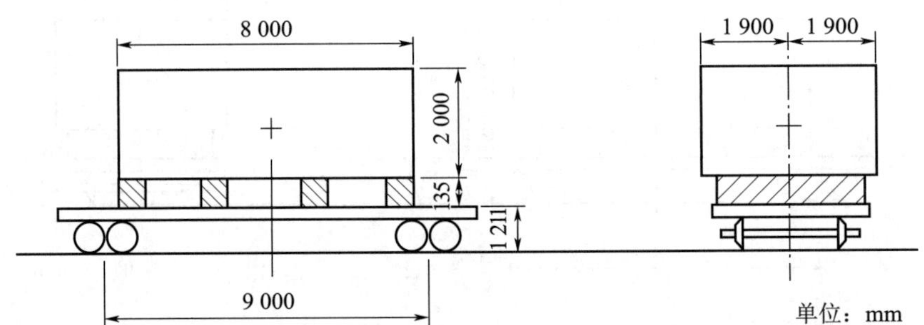

铁道行业职业技能认定货装值班员高级操作技能考核评分记录表

准考证号：　　　　　　姓名：　　　　　　性别：　　　　　　单位：

试题名称：计算超限货物超限等级及重车重心高　　　　　　　　　　考核时间：60 min

操作开始时间：　　时　　分　　　　　　　　操作结束时间：　　时　　分

序号	考核内容	考 核 要 点	配分	评 分 标 准	扣分	得分
1	确定重车重心高	引用公式正确	10	每漏、错 1 处扣 5 分		
		计算过程完整，结果正确	10	每漏、错 1 处扣 5 分		
		限速运行说明	10	每漏、错 1 处扣 5 分		

续上表

序号	考核内容	考 核 要 点	配分	评 分 标 准	扣分	得分
2	确定超限等级	正确选择检定断面和计算点	10	每漏、错 1 处扣 5 分		
		内偏差量引用公式正确	10	漏、错扣 10 分		
		计算点高度、计算宽度过程完整，结果正确	20	每漏、错 1 处扣 5 分		
		查《铁路超限超重货物运输规则》附件 4 确定超限等级	10	每漏、错 1 处扣 5 分		
3	人身安全	越过线路时要注意什么	10	每漏、错 1 处扣 5 分		
4	试卷质量	层次分明、清晰、整洁、文字流畅、无错别字	5	未达到 1 处扣 1 分		
5	着装，标志佩戴	按规定着装，标志齐全	5	未按规定着装扣 5 分，未佩戴标志扣 2 分		
合计			100			
备注	超时 1 min 从总分扣 5 分，超时 5 min 停止作业					

否定项：若考生发生下列情况之一，则应及时终止其考试，该考生成绩记为零分。
1. 操作不当造成设备、工具、仪器和材料损坏。
2. 严重违反安全作业规程，违反考试纪律。

考评员：　　　　总分人：　　　　年　　月　　日

参考答案要点

(1)确定重车重心高

$$H=\frac{h_{车}Q_{车}+h_{货}Q_{货}}{Q_{车}+Q_{货}}=\frac{723\times 20.8+(1\ 000+135+1\ 211)\times 54}{20.8+54}\approx 1\ 895(\text{mm})<2\ 000\ \text{mm}$$

重车重心高低于 2 000 mm，不需限速运行。

(2)超限等级计算

①由题意，检定断面应选在货物中部；计算点位于货物顶部最大侧宽处。

②偏差量 $C_{内}=\frac{l^2-(2x)^2}{8R}\times 1\ 000=\frac{9^2-(2\times 0)^2}{8\times 300}\times 1\ 000\approx 34(\text{mm})$。

③确定计算宽度：$X_{内}=B+C_{内}-36=1\ 900+34-36=1\ 898(\text{mm})$。

1 898 mm 小于实际宽度 1 900 mm，按实际宽度 1 900 mm。

④确定计算点高度=1 211+135+2 000=3 346(mm)。

⑤确定超限等级：根据计算点高 3 346 mm 和计算宽度 1 900 mm，查《铁路超限超重货物运输规则》附件 4，属于超级超限。

(3)人身安全

越过线路时要注意信号导线、警冲标等障碍物，不得踩在基本轨与尖轨中间或辙叉处两轨中间。

S19 货运日常工作考核内容

铁道行业职业技能认定货装值班员高级操作技能考核准备通知单

考核时间:60 min

一、鉴定站准备

1. 材料准备

序 号	材 料 名 称	规 格	数 量	备 注
1	《货运日常工作组织办法》	本	1	

2. 考场准备

(1)作业现场或演练场,场地条件及工具、量具应满足实际操作的需要,不得存在安全隐患,必要时需酌情配设辅助操作人员。

(2)如因客观原因场地条件不能满足实际操作需要时,可采取模拟的方式进行操作。

①供模拟考试用教室1间。

②考场内须光线充足,空气良好,环境安静,卫生整洁。

二、考生准备

考生按现场作业要求,着规定的作业服,佩戴标志,严格执行劳动保护的有关规定。考生需自备考试工具。

铁道行业职业技能认定货装值班员高级操作技能考核试卷(考评员用)

试题名称:货运日常工作考核内容

试题内容:(1)某站2月13日完成指标为装车数1 500车(计划1 800车),棉花装车数1 200车(计划1 300车),实际直达车数800车,重点物资实际装车数150车(计划150车),上一日18:00结存站内重车300辆,当日18:00至次日6:00到达重车1 500辆,次日6:00实际卸空800车,18:00实际卸空1 800车,待卸车200车,请计算装车计划兑现率、棉花装车兑现率、直达车比重、重点物资装车命令兑现率、卸车兑现率、夜间卸车比重、待卸率。(2)越过线路时要注意什么?

一、技术要求

1. 技术用语规范。
2. 在不违反试题内容的前提下,未给定条件可自设。

二、考核要求

1. 作业过程完整。

2. 本项技能认定由被认定人独立完成。

三、考核时限

1. 准备时间:10 min。
2. 正式操作时间:60 min。
3. 在规定时间内全部完成,不加分,也不扣分。每超时 1 min,从总分扣 5 分,总超时 5 min 停止作业。

四、考核评分

1. 考评人员 3 名及以上。
2. 评分点见“考核评分记录表”。
3. 评分程序及规则:考评员各自根据考生作业程序在评分表上给予记录评分,取平均分为评定得分。
4. 算分方法:百分制计算,满分 100 分,60 分为及格。

五、否定项

若考生发生下列情况之一,则应及时终止其考试,该考生成绩记为零分。
1. 操作不当造成设备、工具、仪器和材料损坏。
2. 严重违反安全作业规程,违反考试纪律。

铁道行业职业技能认定货装值班员高级操作技能考核试卷(考生用)

单位:　　　　　　　　　　　　　姓名:　　　　　　　　　　　　　准考证号:

试题内容:(1)某站 2 月 13 日完成指标为装车数 1 500 车(计划 1 800 车),棉花装车数 1 200 车(计划 1 300 车),实际直达车数 800 车,重点物资实际装车数 150 车(计划 150 车),上一日 18:00 结存站内重车 300 辆,当日 18:00 至次日 6:00 到达重车 1 500 辆,次日 6:00 实际卸空 800 车,18:00 实际卸空 1 800 车,待卸车 200 车,请计算装车计划兑现率、棉花装车兑现率、直达车比重、重点物资装车命令兑现率、卸车兑现率、夜间卸车比重、待卸率。(2)越过线路时要注意什么?

铁道行业职业技能认定货装值班员高级操作技能考核评分记录表

准考证号:　　　　　　姓名:　　　　　　性别:　　　　　　单位:

试题名称:货运日常工作考核内容　　　　　　　　　　　　　　考核时间:60 min

操作开始时间:　　时　　分　　　　　　　　操作结束时间:　　时　　分

序号	考核内容	考核要点	配分	评分标准	扣分	得分
1	货运日常考核内容	装车计划兑现率	10	每漏、错 1 处扣 5 分		
		分品类装车兑现率	10	每漏、错 1 处扣 5 分		
		直达车比重	10	每漏、错 1 处扣 5 分		
		重点物资装车命令兑现率	10	每漏、错 1 处扣 5 分		
		卸车兑现率	15	每漏、错 1 处扣 5 分		

续上表

序号	考核内容	考 核 要 点	配分	评 分 标 准	扣分	得分
1	货运日常考核内容	夜间卸车比重	15	每漏、错 1 处扣 5 分		
		待卸率	15	每漏、错 1 处扣 5 分		
2	人身安全	越过线路时要注意什么	5	漏、错扣 5 分		
3	试卷质量	层次分明、清晰、整洁、文字流畅、无错别字	5	未达到 1 处扣 1 分		
4	着装，标志佩戴	按规定着装，标志齐全	5	未按规定着装扣 5 分，未佩戴标志扣 2 分		
合计			100			
备注	超时 1 min 从总分扣 5 分，超时 5 min 停止作业					

否定项：若考生发生下列情况之一，则应及时终止其考试，该考生成绩记为零分。
1. 操作不当造成设备、工具、仪器和材料损坏。
2. 严重违反安全作业规程，违反考试纪律。

考评员：　　　　总分人：　　　　年　　月　　日

参考答案要点

(1)货运日常考核内容

①装车计划兑现率＝(实际装车数/装车计划数)×100％
＝(1 500/1 800)×100％≈83.33％

②棉花装车兑现率＝(品类装车数/品类计划数)×100％
＝(1 200/1 300)×100％
≈92.3％

③直达车比重＝(实际直达车数/实际装车数)×100％
＝(800/1 500)×100％
≈53.33％

④重点物资装车命令兑现率＝(实际装车数/指定装车数)×100％
＝(150/150)×100％
＝100％

⑤卸车兑现率＝(实际卸空车数/应卸车数)×100％
＝1 800/(300＋1 500＋200)×100％
＝90％

⑥夜间卸车比重＝(6 点实际卸空车数/应卸车数)×100％
＝800/(300＋1 500)×100％
≈44.44％

⑦待卸率＝(18 点待卸车数/实际卸空车数)100％
＝(200/1 800)×100％
≈11.11％

(2)人身安全

越过线路时要注意信号导线、警冲标等障碍物,不得踩在基本轨与尖轨中间或辙叉处两轨中间。

S20 货运需求受理

铁道行业职业技能认定货装值班员高级操作技能考核准备通知单

考核时间:60 min

一、鉴定站准备

1. 材料准备

序 号	材 料 名 称	规 格	数 量	备 注
1	《铁路货运票据电子化作业办法》	本	1	

2. 考场准备

(1)作业现场或演练场,场地条件及工具、量具应满足实际操作的需要,不得存在安全隐患,必要时需酌情配设辅助操作人员。

(2)如因客观原因场地条件不能满足实际操作需要时,可采取模拟的方式进行操作。

①供模拟考试用教室1间。

②考场内须光线充足,空气良好,环境安静,卫生整洁。

二、考生准备

考生按现场作业要求,着规定的作业服,佩戴标志,严格执行劳动保护的有关规定。考生需自备考试工具。

铁道行业职业技能认定货装值班员高级操作技能考核试卷(考评员用)

试题名称:货运需求受理

试题内容:某客户向A站提出运输一车普通货物至哈萨克斯坦的需求,从阿拉山口出境,请指导客户完成需求提报,并简要说明运单受理内容。越过线路时要注意什么?

一、技术要求

1. 技术用语规范。

2. 在不违反试题内容的前提下,未给定条件可自设。

二、考核要求

1. 作业过程完整。

2. 本项技能认定由被认定人独立完成。

三、考核时限

1. 准备时间：10 min。
2. 正式操作时间：60 min。
3. 在规定时间内全部完成，不加分，也不扣分。每超时 1 min，从总分扣 5 分，总超时 5 min 停止作业。

四、考核评分

1. 考评人员 3 名及以上。
2. 评分点见“考核评分记录表”。
3. 评分程序及规则：考评员各自根据考生作业程序在评分表上给予记录评分，取平均分为评定得分。
4. 算分方法：百分制计算，满分 100 分，60 分为及格。

五、否定项

若考生发生下列情况之一，则应及时终止其考试，该考生成绩记为零分。
1. 操作不当造成设备、工具、仪器和材料损坏。
2. 严重违反安全作业规程，违反考试纪律。

铁道行业职业技能认定货装值班员高级操作技能考核试卷（考生用）

单位：　　　　姓名：　　　　准考证号：

试题内容：某客户向 A 站提出运输一车普通货物至哈萨克斯坦的需求，从阿拉山口出境，请指导客户完成需求提报，并简要说明运单受理内容。越过线路时要注意什么？

铁道行业职业技能认定货装值班员高级操作技能考核评分记录表

准考证号：　　　　姓名：　　　　性别：　　　　单位：

试题名称：货运需求受理　　　　考核时间：60 min

操作开始时间：　　时　　分　　　　操作结束时间：　　时　　分

序号	考核内容	考 核 要 点	配分	评 分 标 准	扣分	得分
1	指导客户填报	指导客户先提报阶段运输需求	10	每漏、错 1 处扣 2 分		
		填报国际联运运单	10	每漏、错 1 处扣 2 分		
		确定装车日期后提出日需求	10	每漏、错 1 处扣 5 分		
2	车站进行运单受理	检查需求信息是否完整、准确	5	漏、错扣 5 分		
		审核发站、国境站办理限制	15	每漏、错 1 处扣 5 分		
		审核证明文件技术资料等原件	10	每漏、错 1 处扣 5 分		
		填记相关记事	10	每漏、错 1 处扣 5 分		
		审核客户是否在电商系统中填制国际联运运单	10	每漏、错 1 处扣 5 分		

续上表

序号	考核内容	考 核 要 点	配分	评 分 标 准	扣分	得分
3	人身安全	越过线路时要注意什么	10	每漏、错 1 处扣 5 分		
4	试卷质量	层次分明、清晰、整洁、文字流畅、无错别字	5	未达到 1 处扣 1 分		
5	着装，标志佩戴	按规定着装，标志齐全	5	未按规定着装扣 5 分，未佩戴标志扣 2 分		
合计			100			
备注	超时 1 min 从总分扣 5 分，超时 5 min 停止作业					
否定项：若考生发生下列情况之一，则应及时终止其考试，该考生成绩记为零分。 1. 操作不当造成设备、工具、仪器和材料损坏。 2. 严重违反安全作业规程，违反考试纪律。						

考评员：　　　　　　　　　　　　总分人：　　　　　　　　　　　　年　　月　　日

参考答案要点

(1)指导客户填报

指导客户先提报阶段运输需求，阶段需求类型选择国际联运，依次填写发货信息、货物信息、收货信息、增值税信息、运输信息等内容，生成预约号。

填报国际联运运单，在国际联运→运单管理→国联运单提报版块内，使用已批复的预约号根据实际运输信息填写运单后提交，生成国联运单批号，即 8 位数字的国际联运运单号。

确定装车日期后，使用批复的阶段运输需求提出日需求。

(2)车站进行运单受理

①检查需求信息是否完整、准确。

②审核发站、国境站办理限制、起重能力、专用线办理范围、危险货物办理限制、临时停限装、特定运输条件、接取送达等信息。

③审核证明文件、技术资料等原件，采集影像资料，并在证明文件背面注明托运货物数量，加盖车站日期戳，退还托运人或按规定存查。

④选择添加承运人标准记事和运输戳记，填记相关记事。

⑤审核客户是否在电商系统中填制国际联运运单，即客户提供的纸质国联运单是否有电商系统生成的 8 位国联运单号，纸质运单托运人填记部分的各栏内容是否与电商系统中填记的一致。

(3)人身安全

越过线路时要注意信号导线、警冲标等障碍物，不得踩在基本轨与尖轨中间或辙叉处两轨中间。

第三部分　技　师

1. 中欧班列使用车辆和运行有何限制？（《中欧班列组织管理暂行办法》第 12 条）

答：中欧班列应使用集装箱平车和平车-集装箱共用车，按最高速度 120 km/h 组织开行时，车辆满载时轴重不大于 21 t，编组不大于 50 辆，牵引质量 2 500 t，紧急制动距离限值 1 400 m。

2. 中欧班列开行有何要求？（《中欧班列组织管理暂行办法》第 15 条）

答：中欧班列开行不受日常货物停限装命令限制，各级调度部门要严格按国铁集团公布的开行方案和编组计划组织装车、开行，沿途作业站按方案规定进行甩挂作业，严禁随意加挂或减轴。

3. 铁路货运票据电子化实施后，列车出发车站如何作业？（《铁路货运票据电子化作业办法》第 21 条）

答：车站应严格贯彻“发站从严”的原则，根据作业计划，编制、核对出发列车编组顺序表并补充车辆“其他记事”栏信息，按规定核对列车编组顺序表、现车，相符后，与机车乘务员办理列车编组顺序表交接签认，按规定发车。

4. 重点物资运输对装车站有何要求？（《铁路重点物资运输管理办法》第 17 条）

答：装车站要加强与重点物资托运人的联系，认真落实货源，及时安排货物进站，优先安排好货位。需制定装载加固方案的，在确保安全的基础上，加快办理速度。要优先安排装车人员和机具，加强现场指导，保证装车质量。

5. 哪些货物不得混装于同一集装箱内？（《铁路集装箱运输规则》第 21 条）

答：(1)易腐货物与非易腐货物；

(2)危险货物与非危险货物；

(3)性质互抵的货物；

(4)运输条件不同的货物。

6. 中欧班列在途中因危及行车安全等特殊情况发生甩车、换装时，发生站应如何处置？（《中欧班列组织管理暂行办法》第 16 条）

答：中欧班列在途中因危及行车安全等特殊情况发生甩车、换装时，发生站要立即报告铁路局集团公司和国铁集团调度，对甩下的车辆，运输、车辆等部门要加强配合，尽快处理。发生换装时，作业站须在运单、封套相应位置上划去旧车号，填写新车号，并加盖带有站名的车站日期戳。

7. 专用线办理的货物运输品类，应符合哪些规定？（《铁路专用线专用铁路管理办法(试行)》第 14 条）

答：专用线办理的货物运输品类，应符合《铁路专用线专用铁路名称表》的规定。需要变更时，要经铁路局集团公司批准，由国铁集团公布。在专用线内组织直达、中转整零车运输，经铁路局集团公司同意。专用线办理铁路集装箱的运输时，须经国铁集团批准。办理自备集装箱的运输时，按《铁路集装箱运输规则》的规定执行。

8. 车流调整中重车调整方法有哪些？（《中国国家铁路集团有限公司铁路运输调度规则(普速铁路部分)》第 21 条）

答：重车调整是车流调整的重要内容。调整方法有去向别装车调整、限制装车、停止装车、迂回运输(变更重车输送径路)和集中装车。

9.“运输时限统计表”中“运输时间”栏如何填记？（《铁路货车统计规则》第 75 条）

答：运输时间为装车开始至卸车完了的时间，包括运行时间、在站装车时间、在站卸车时间。在站装车时间指自装车开始至本站出发时间，在站卸车时间指自到达本站至卸车完了时间。在站时间为在站运行、在站装车、在站卸车时间之和。

10. 哪些气体类危险货物罐车不需押运？（《铁路危险货物运输管理规则》第 57 条）

答：新造出厂的和洗罐站洗刷后送检修地点的及检修后首次返空的气体类危险货物罐车不需押运，但应在货物运单、货票注明“新造车出厂”、“洗刷后送检修”或“检修后返空”字样。

11. 货物损失鉴定期限是如何规定的？（《铁路货物损失处理规则》第 16 条）

答：鉴定一般应自编制货运记录之日起 10 个工作日内完成，以“货物损失查复书”送有关单位。情况特殊需要延期时，应以查复书或电报说明原因通知有关单位，但最长不得超过 30 日。

12. 发站编制的货运记录应如何处理？（《铁路货物损失处理规则》第 22 条）

答：发站编制的货运记录，由发站负责处理。如确实无法联系托运人时，应在货运记录编制当日将案卷传输到站处理。

13. 经青藏线格拉段(不含格尔木站)**和台州南站的集装箱运输应执行哪些规定？**（《铁路集装箱运输规则》第 49 条）

答：经青藏线格拉段(不含格尔木站)运输的集装箱执行以下规定：重集装箱禁止使用敞车

装运，空集装箱禁止使用未安装 F-TR 型锁的集装箱专用平车装运。发往台州南站的集装箱不得使用敞车装运。

14. 吊起的集装箱往司机室一侧运行时，司机应注意哪些事项？（《铁路货物装卸安全技术规则》第 83 条）

答：吊起的集装箱往司机室一侧运行时，应防止碰撞司机室；40 英尺集装箱调整方向时，应防止刮碰起重机扶梯。

15. 司索人员在起吊时有哪些安全要求？（《铁路货物装卸安全技术规则》第 96 条）

答：起吊时应站在安全地点，与货物保持 2 m 以上的退让余地；起吊长大、易滑、柔性货物时，两端（侧）禁止站人。禁止站在货物上或车内死角处。

16. 站内停放危险货物车辆时，应如何处理？（《铁路危险货物运输管理规则》第 47 条）

答：站内停放危险货物车辆时，应采取安全防护措施，对需要看护的重点危险货物，由车站派员看守并报告铁路公安部门。

17. 在线路旁堆放易滚动的货物有何规定？（《铁路货物装卸安全技术规则》第 15 条）

答：易滚动的货物应垂直于线路堆放，平顺整齐，打掩挤牢，防止磕碰挤压，不应斜插交错，不得在货物上登爬、坐卧、站立和走动。

18. 铁路产权罐车限装哪些品名？（《铁路危险货物运输管理规则》第 77 条）

答：铁路产权罐车限装品名为原油、汽油、煤油、航空煤油、柴油、石脑油、溶剂油、轻质燃料油及非危险货物的重油、润滑油。

19. 混装货物的装车要求是什么？（《铁路货物装卸管理规则》第 50 条）

答：混装货物，应按装车清单和配载方案进行，先装大件、重件货物，后装小件、轻泡货物，排列紧密、整齐，码放稳固，均衡装载。

20. 集装箱的检验间隔期是如何规定的？（《铁路集装箱运输规则》第 9 条）

答：集装箱应按规定进行定期检验，保证质量满足铁路运输安全要求。集装箱从出厂到第一次检验的间隔期不得超过 5 年，以后检验的间隔期不得超过 2.5 年。检验时间可提前或延后 3 个月。

21. 铁路专用线货运员与企业运输员如何办理交接？（《铁路专用线专用铁路管理办法（试行）》第 31 条）

答：铁路专用线货运员会同企业运输员，在运输协议规定的地点，使用货车调送单按铁路规定办理交接。施封的货车凭封印交接;不施封的货车、棚车、冷藏车凭车门、窗关闭状态交接;敞车、平车、砂石车不苫盖篷布的,凭货物装载状态或规定标记交接;苫盖篷布的,凭篷布现状交接。

22. 集装箱进出站,车站应如何办理?(《铁路货运票据电子化作业办法》第 9 条)

答:车站在铁路集装箱运输管理信息系统安排铁路空箱,填制铁路箱出站单出站。铁路箱凭铁路箱出站单和纸质运单需求联进站,自备集装箱或站内装箱的货物凭纸质运单需求联进站。集装箱进站或站内装箱时车站应检斤验货,核对物品清单,并在集装箱系统补录箱货总重、货物重量和施封号。

23. 高处作业苫揭篷布时,车上作业人员须执行哪些规定?(《铁路货物装卸安全技术规则》第 25 条)

答:苫揭篷布时,车上作业人员应站在车顶部纵向中线位置,面向距车帮最近处的车外方向。苫盖篷布时,先将迎风面绳子放下拴好,随放随拉随拴。揭篷布时由车的迎风端解开绳索卷起,两侧篷布随解随卷,车上作业人员应站在上风头。

24. 两台起重机抬吊时应遵守哪些规定?(《铁路货物装卸安全技术规则》第 79 条)

答:两台起重机抬吊时,负荷不得超过两台起重机总能力的 80%,绑扎索点使负荷分配不得超过每台起重机能力的 85%,两台起重机能力大小之比不得大于 3∶2。两台机械要配合协调,使吊钩和起升钢丝绳保持垂直状态。

25. 起重机司机如何试验制动性能?(《铁路货物装卸安全技术规则》第 99 条)

答:每次作业的第一钩及起吊重量达到 80%额定起重量时,须试验制动性能。每次加索,待吊索绷紧后,应检查有无拧扭死角,确认吊索平顺、钩头垂直与重心对正,吊起 0.2 m 后停车检查,确认货物无异状,方可继续运行。

26. 起重作业校正悬空货物位置时有哪些规定?(《铁路货物装卸安全技术规则》第 100 条)

答:校正悬空货物位置时,货物底面距作业人员站立位置高差 1.5 m 以下且距落货位置高差 0.5 m 以下时可用手扶,但不得用肩、身推靠;高差超过上述规定时应用司索钩或牵引绳。6 m 以上长大货物须拴牵引绳。

27. 竹子应如何装载?(《铁路货物装载加固规则》第 41 条)

答:竹子应使用敞车装载。在敞车两端使用竹篱作挡壁,并在挡壁外内插木支柱 5～7 对;两侧内插木支柱不少于 4 对。装运小竹子,应成捆装载;围装时,可不安装挡壁。腰线、封顶线与端支柱拉线,各使用 8 号镀锌铁线捆绑两周。

28. 运输时发现危险货物押运备品、押运员不符合要求时，应如何处理？（《铁路危险货物运输管理规则》第55条）

答：运输时发现押运备品不符合要求，押运员身份与携带证件不符或押运员缺乘、漏乘时应及时甩车，做好登记，并通知发站或到站联系托运人、收货人补齐押运员或押运备品，编制普通记录后方可继运。

29. 危险货物应如何存放？（《铁路危险货物运输管理规则》第58条）

答：危险货物应按其性质和要求存放在指定的仓库、雨棚等场地。遇潮或受阳光照射容易燃烧或产生易燃、易爆、有毒气体的危险货物不得在雨棚、露天存放。存放保管危险货物时，应符合"铁路危险货物配放表"的要求。编号不同的爆炸品不得同库存放。

30. 危货箱运输有何要求？（《铁路危险货物运输管理规则》第88条）

答：危货箱同一车限装同一品名、同一铁危编号的危险货物；包装应与《铁路危险货物运输管理规则》要求一致。装箱应采取安全防护措施，防止货物在运输中倒塌、窜动和撒漏。运输时只允许办理一站直达并符合办理限制要求。

31. 简述中欧班列西中东三个通道的吸引货源和出境口岸。（《中欧班列组织管理暂行办法》第9条）

答：中欧班列按照货源和出境口岸不同，分西中东三个通道组织开行。西部通道班列，主要吸引中西部地区与欧洲间的进出口货源，经陇海、兰新等干线运输，从阿拉山口（霍尔果斯）出入境。中部通道班列，主要吸引华北、华中地区与欧洲间的进出口货源，经京广、集二等干线运输，从二连口岸出入境。东部通道班列，主要吸引华东和华南沿海、东北地区与欧洲间的进出口货源，经京沪、哈大等干线运输，从满洲里口岸出入境。

32. 装卸机械、工属索具及配套设施日常交接检查的内容是什么？（《铁路货物装卸安全技术规则》第102条，《铁路货物装卸管理规则》第24条）

答：(1)各类装卸机械、工索具及配套设施应进行日常交接检查，装卸机械应进行动车试验，确认机械各部位（安全装置、动力、制动、操纵系统，音响、照明装置，绝缘、紧固、润滑情况等）、属索具和整机外观状态是否良好，禁止带病作业。铁路局集团公司应制定装卸机械交接检查办法和检查标准。

(2)交、接班人员应共同现场确认机械安全装置、性能、状态是否良好。接班人员对设备质量和使用安全负责。

33. 铁路篷布损坏、丢失，车站应如何处理？（《货车篷布管理规则》第13条）

答：铁路篷布损坏、丢失时，车站应按规定向责任者核收赔偿费，因托运人或收货人责任损坏、丢失的，自送回车站之日起，至赔偿当日止，同时核收篷布延期使用费。车站收取赔款后，向集装箱公司拍发电报,内容包括:责任单位、篷布张数、篷布号码、赔偿金额、延期使用费金额、杂费收据号码。集装箱公司应及时在铁路货车篷车管理信息系统中进行维修、丢失等操作。

34. 货物损失的等级是如何划分的?(《铁路货物损失处理规则》第 9 条)

答:货物损失分为四级:

(1)一级损失。货物损失款额(简称损失款额)10 万元以上的。

(2)二级损失。损失款额 1 万元以上未满 10 万元的。

(3)三级损失。损失款额 1 000 元以上未满 1 万元的。

(4)轻微损失。损失款额未满 1 000 元的。

35. 哪些货物不得通过安检?(《铁路零散货物快运、货物混装运输安全检查管理办法》第 31 条)

答:对品名不符、包装不符、形态不符、包装上无中文品名(进出口货物包装上仅有外文时,托运人须提供中外文对照)、理化性质不清的货物和危险货物,以及超出该托运人零散货物运单(需求联)、"货物混装运输进站单"或"物品清单"范围的货物,不得通过安检。

36. 集装箱装运的货物发生被盗丢失需要编制货运记录时,应重点勘查并记明哪些内容?(《铁路货物损失处理规则》附件 2)

答:集装箱装运的,重点勘查并记明箱号、箱体和箱门状态、破损部位的尺寸、新旧痕迹和箱门密封情况;施封加固及集装箱在车内的装载位置和箱距,箱内货物装载现状及容积、现有数量或短少数量。

37. 装过哪些危险货物的货车必须洗刷除污?(《铁路危险货物运输管理规则》第 66 条)

答:装过危险货物的货车,卸后应清扫干净。下列情况应进行洗刷除污:

(1)装过剧毒品的毒品车;

(2)发生过撒漏、受到污染(包括有刺激异味)的货车;

(3)回送检修运输过危险货物的货车。

38. 危险货物运输包装分为哪几类?(《铁路危险货物运输管理规则》第 32 条)

答:根据其内装物的危险程度,包装划分为三种类别:

Ⅰ类包装:盛装具有较大危险性的货物,包装强度要求高;

Ⅱ类包装:盛装具有中等危险性的货物,包装强度要求较高;

Ⅲ类包装:盛装具有较小危险性的货物,包装强度要求一般。

39. 集装箱专用门式起重机作业时除执行“十不吊”外，还应遵守哪些规定？（《铁路货物装卸安全技术规则》第 82 条）

答：(1)切换吊具后，应先试吊，检验确认制动器可靠后，方准继续作业。

(2)在通电情况下，禁止插上或拔下吊具电源插头。

(3)作业完毕，将吊具调为 20 英尺状态，并上升到上部极限位置。

40. 铁路货运计量安全检测设备故障分为哪几类？（《铁路货运计量安全检测设备运用管理规则》第 80 条）

答：设备故障分为三类：

(1)责任连续停机时间超过 48 h，为一类故障；

(2)责任连续停机时间超过 24 h，不超过 48 h，为二类故障；

(3)责任连续停机时间不超过 24 h，为三类故障。

41. 遇哪些情况，可采取限制装车或停止装车措施来消除局部重车积压？（《中国国家铁路集团有限公司铁路运输调度规则(普速铁路部分)》第 23 条）

答：(1)装车数超过区段通过能力和编组站作业能力时。

(2)装车数超过卸车地的卸车能力时。

(3)因自然灾害、事故，线路封锁中断行车时。

(4)因其他原因发生车辆积压或堵塞时。

凡经上级文电、调度命令批准，采取限装、停装措施时，铁路局集团公司、车站、货运中心均不准在限装或停装期间，办理到达限装、停装区段(或车站)的途中换票和变更到站。

42. 遇哪些情况，可采取集中装车？（《中国国家铁路集团有限公司铁路运输调度规则(普速铁路部分)》第 24 条）

答：(1)某铁路局集团公司管内重车严重不足时。

(2)某方向移交重车严重不足时。

(3)重点用户、港口、国境站急需到达物资或外运物资严重积压时。

(4)急需防洪、抢险、救灾等重点物资时。

(5)其他经国铁集团(铁路局集团公司)确认需要组织装运时。

集中装车仅在所经区段通过能力和到站卸车能力允许的条件下，方准采用。

43. 站内办理危险货物时，办理限制包括哪些内容？（《铁路危险货物运输管理规则》第 20 条）

答：危险货物站内办理时，办理限制包括办理站名称，发送、到达品名及相应的装运方式。接轨的专用线办理时，办理限制包括接轨站、专用线名称，发送、到达品名及相应的装运方式；专用线共用时，还应包括共用单位名称，发送、到达品名及相应的装运方式等。

44. 车站对到达的危险货物应如何办理？（《铁路危险货物运输管理规则》第 60 条）

答：对到达的货物要及时通知收货人，做到及时交付货物，及时取送车辆。货位清空后，需及时清扫、洗刷干净。对撒漏的危险货物及废弃物，应及时通知收货人进行处理。对危险性大、撒漏严重的，要会同安监、卫生防疫、环保、消防等部门共同处理。

45. 如何装载长度不足 2.5 m 的木材？（《铁路货物装载加固规则》第 40 条）

答：长度不足 2.5 m 的木材不能全部成捆时，需用长材或成捆材压顶。其装载方法可根据木材长度，分别采取：

（1）围装：将木材沿车辆端侧墙内侧竖立一周，超出端侧墙部分，不得大于端侧墙高度（立装木材长度）的二分之一。围板厚度不得小于 40 mm，围板四周用 8 号镀锌铁线 2 股串联，并用 U 形钉钉固。

（2）顺装：每垛内插 2 对支柱，垛间距离须小于木材本身长度的五分之一。

46. 装运酸类、碱类、煤焦油、焦油、黄磷的罐车罐体分别是什么颜色？（《铁路危险货物运输管理规则》第 78 条）

答：装运酸、碱类的罐车罐体为全黄色，罐体两侧纵向中部应涂装有一条宽 300 mm 黑色水平环形色带；装运煤焦油、焦油的罐体为全黑色，罐体两侧纵向中部应涂装有一条宽 300 mm 红色水平环形色带；装运黄磷的罐车罐体为银灰色，罐体中部无环形色带。

47. 装运其他危险货物罐车罐体是什么颜色，中部的环形色带代表什么？（《铁路危险货物运输管理规则》第 78 条）

答：装运其他危险货物罐车罐体本底色应为银灰色，罐体两侧纵向中部应涂装有一条宽 300 mm 表示货物主要特性的水平环形色带：红色表示易燃性，绿色表示氧化性，黄色表示毒性，黑色表示腐蚀性。环带上层 200 mm 宽涂蓝色，下层 100 mm 宽涂红色或黄色分别表示易燃气体或毒性气体。环带 300 mm 为全蓝色时表示非易燃无毒气体。

48. 危险货物罐车运输途中发生泄漏、火灾及其他行车事故时应如何处理？（《铁路危险货物运输管理规则》第 124 条）

答：危险货物罐车运输途中发生泄漏、火灾及其他行车事故时，车站应立即启动应急预案，迅速向铁路有关部门、地方政府及公安、消防、环保、卫生防疫部门报告，并速请熟悉货物性质及罐体构造的部门协助处置。要设立警戒区，组织人员向逆风方向疏散，防止危险货物流入水域。易燃、有毒液体发生泄漏时，应及时阻断火源。对标有“禁水”标记的罐车，严禁用水施救。对有毒气体施救时应站在上风方向，防止中毒事故发生。

49. 危险货物罐车装卸作业有哪些规定？（《铁路危险货物运输管理规则》第 77 条）

答：危险货物罐车装卸作业应在专用线内办理。铁路产权罐车限装品名为原油、汽油、煤油、航空煤油、柴油、石脑油、溶剂油、轻质燃料油及非危险货物的重油、润滑油。对擅自涂改铁路产权罐车标记装运限定之外品名的，要立即扣车处理，同时追查有关责任单位、责任人的责任。厂、段修过期车辆不得装车运用。

50. 哪些危险品禁止运输？（《铁路危险货物运输管理规则》第 25 条）

答：(1)禁止运输法律、法规禁止生产和运输的危险物品、危险性质不明以及未采取安全措施的过度敏感或者能自发反应而产生危险的物品。

(2)凡性质不稳定或由于聚合、分解在运输中能引起剧烈反应的危险货物，托运人应采用加入稳定剂或抑制剂等方法，保证运输安全。如：乙烯基甲醚、乙酰乙烯酮、丙烯醛、丙烯酸、醋酸乙烯、甲基丙烯酸甲酯等，并在货物运单“托运人记载事项”内填写“已加入稳定剂或抑制剂”字样。

51. 装运需停止制动作用的货车应如何办理？（《铁路危险货物运输管理规则》第 46 条）

答：装运需停止制动作用的货车时，车站应书面通知所在地货车车辆段，由货车车辆段组织相关运用作业场派员关闭截断塞门并施封，封上应有“停止制动”字样，车站在货票上注明“停止制动”。到站卸车后，车站应书面通知所在地货车车辆段，由货车车辆段组织相关运用作业场派员拆封，并确认铁路货车自动制动机技术状态良好后开启截断塞门。

52. 分析发生偏载、偏重的原因主要有哪些？（《铁路货物装载加固规则》《铁路集装箱运输规则》）

答：铁路容易发生货车偏载、偏重的车辆相当一部分是敞车、棚车，这些车辆在装载散堆装货物或者件数较多的成件货物时，受各种因素影响，装车后及在车辆运行过程中货物重心容易偏离车辆纵、横中心线，造成所装货车偏载、偏重。

(1)货物加固强度不足或没有对货物采取加固措施。

(2)未按方案装车，货物装车后货车偏载、偏重。

(3)集装箱内货物配重不良造成货车偏载、偏重。

(4)空车内残存货物引起货车偏载。

(5)装载不均衡。

53. 超限、超重货物变更到站时，应如何办理？（《铁路超限超重货物运输规则》第 29 条）

答：超限、超重货物变更到站时，除按普通货物变更有关规定办理外，还应遵守下列规定：

(1)受理变更的车站应为超限超重货物办理站。

(2)受理变更的车站应对货物的装载加固状况进行检查，确认状态良好后以电报向铁路局集团公司重新申请，并注明原确认电报发布单位、电报号码、新到站及车号。

(3)受理变更的铁路局集团公司按规定确认或申请，变更后的运输要求按新确认电报执行。

(4)受理变更的车站应在“超限超重货物运输记录”中签认。

54. 哪些货物为无法交付货物？(《铁路货物损失处理规则》第48条)

答：(1)从承运人发出领货通知次日起(不能实行领货通知的，从卸车完了的次日起)，经过查找，满30日(搬家货物满60日)仍无人领取的货物。

(2)收货人拒领，托运人又未按规定期限提出处理意见的货物。

(3)赔偿后又找回但收货人拒领的货物。

55. 2019年1月6日，国家轨道衡计量站某铁路计量检测所根据检定计划负责使用T6DK8088235、T6DK8088236、T6DK8088237、T6DK8088238、T6DK8088239动态检衡车一组5辆对某编组站货车超偏载检测装置进行定期检定，检定结束后编组站依据铁路计量检测所检定计划电报安排，要求邻近某货运站办理挂运手续。请分析邻近货运站可否办理。(《铁路货物运输管理规则》第23条，《铁路货运计量安全检测设备运用管理规则》第25条，《铁路货运票据电子化作业办法》第37条)

答：(1)动态检衡车属铁路非运用车，应凭“特殊货车及运送用具回送清单”办理挂运回送，但该货运站不是动态检衡车所在站，货运站现车系统中没有动态检衡车信息，不能办理挂运回送手续；

(2)动态检衡车所在编组站应凭国家轨道衡计量站铁路计量检测所提出的挂运申请，及时在“铁路货运票据综合应用管理系统”中填制“特殊货车及运送用具回送清单”办理回送；

(3)编组站应在检定工作完成后24 h内挂运检衡车组。

56. 5月5日，某站到达氢氧化钠4车，每车重60 t，当天发出领货通知；5月15日，收货人到车站办理领货手续并将货物搬出(仓储费费率按照国铁集团公布的基准费率执行)。**请问：车站应如何核收货物仓储费？**(《铁路货物运价规则》第42条)

答：氢氧化钠为危险货物，依据《铁路货物运价规则》第42条规定，危险货物仓储费按普通货物费率加100%计算。从车站发出领货通知的次日起免费保管两日，即5月6日、7日为免费保管期。5月8日、9日、10日，即应收仓储费之日起前三天按规定费率的50%核收仓储费。自第四日起仓储费按规定费率核收，即11日至15日，共5天。因此，前三天仓储费＝(150×0.5)×(1＋100%)×3×4＝1 800(元)；后五天仓储费＝150×(1＋100%)×5×4＝6 000(元)；合计1 800＋6 000＝7 800(元)。

57. 托运人在甲站发运一车木片到乙站造纸厂专用线卸车。请问：甲站对客户提报的需求在电商系统实货核实后，如何进行运单受理？(《铁路货运票据电子化作业办法》第7条)

答：(1)检查需求信息是否完整、准确。

(2)审核到站办理限制、专用线办理范围、临时停限装等信息。

(3)审核证明文件原件，采集影像资料，并在证明文件背面注明托运货物数量，加盖车站日期戳，退还托运人或按规定存查。

(4)选择添加承运人标准记事和运输戳记，填记装载加固方案号码。

58. 甲站到达卸车4车货物，其中棚车装载草鱼1车，棚车装载大米1车，租用敞车装载道岔1车，自备敞车装载玉米1车，请问以上4车卸车后，空车如何运用？（《铁路鲜活货物运输规则》第17、23条，《铁路货物运输规程》第43条）

答：草鱼卸空后按调度命令使用“特殊货车及运送用具回送清单”回送到指定洗刷消毒除污车站，洗刷消毒除污。大米卸空后按规定组织排空或装车使用。租用敞车卸空后由收货人提出货物运单向车站办理托运手续，按规定支付运费。自备敞车卸空后由收货人提出货物运单向车站办理托运手续，按规定支付运费。

59. 4时15分，某货场将3车水渣送至货物线6道对位，4时20分，货运员电话通知抓料机司机开始卸车，先卸南端第一辆，因卸后需清底，5时20分开始隔车卸第三辆，5时45分，在抓斗起升未超出车帮的情况下，司机回转抓料机大臂，抓斗碰撞车帮导致车辆倾斜，一位台车1轴脱轨，11时37分复救完毕。请分析该起事故的原因。（《铁路货物装卸安全技术规则》第89条）

答：(1)抓料机司机安全意识不牢，在卸车作业过程中盲目图快，违反《铁路货物装卸安全技术规则》第89条中“回转时，料(铲)斗要离地面、工作面或车帮0.5 m以上；禁止急剧回转”的规定，在抓料机抓斗提升未超过车辆侧梁的情况下就回转大臂，造成抓斗与车辆碰撞，没有及时停止操作，应急处置不当。

(2)当班货运员未交代作业方法和安全注意事项，装卸工组在作业前未按规定组织召开工前会，对卸车作业中可能发生的安全隐患未能做到及时提示、提醒。

(3)货运员及装卸工组制度不落实，未组织进行卸车前作业检查，装卸工组未安排人员进行防护指挥，仅司机一人作业。

60. 有一个等截面均质的金属构件重25 t，现有三台起重量分别为20 t、15 t、10 t的起重机，如何选用机械并说明理由。（《铁路货物装卸安全技术规则》第79条）

答：(1)货重25 t，超过任一台起重能力，应选择两台设备进行抬吊。

(2)只能选择20 t、15 t进行抬吊。

(3)不能用20 t、10 t，因为抬吊时两台起重机能力大小之比不得大于3∶2。

(4)不能选用15 t、10 t，因为负荷超过两台起重机总起重能力的80%。

61. 铁路各相关单位应如何加强铁路运输过程中△B货物的安全防范？（《铁路保价运输管理办法》第10～12条）

答：各相关单位应加强铁路运输过程中的安全防范，对△B货物采取有效的安全防范措施，保证运输安全。发站对△B货物应重点组织装车、及时挂运，运送途中严格交接检查。沿途各编组站、区段站对装有Ⓑ货物的车辆应及时挂运,发现问题及时处理。对保留列车中装有Ⓑ货物的车辆,车站负责组织人员重点看护。Ⓑ货物运抵到站后,车站应及时组织卸车并通知收货人领取。对装有Ⓑ货物的整车,铁路局集团公司可根据需要组织押运护送,并在货物运单“承运人记事”栏内注明“铁路保价押运”,免收押运人乘车费。

62. 甲、乙、丙、丁站均为局管内同一线上四个站,甲、乙、丁站为货运营业站,丙站为新建工程线与国铁营业线接轨站,不办理货运业务。甲站相距乙站 150 km,乙站相距丙站 20 km,丙站相距丁站 12 km。某日甲站承运乙站的砂石车 2 组共 20 辆,所装货物为石砟,货物重量每车为 55 t。经核查该批路料是工程在建线使用,实际卸车地点为丙站接轨的工程线内。砂石车卸空后凭调度命令返回甲站。分析指出该批运输中存在的问题,丙站应如何做?(《铁路货物运价规则》第 19、64 条)

答:存在的问题:

(1)按《铁路货物运价规则》第 19 条规定按途中装卸办理,因此甲站承运到乙站不符合规定。甲站应制票到实际卸车地点的前方站丁站。

(2)按《铁路货物运价规则》第 64 条规定发站填写“特殊货车及运送用具回送清单”挂运,丙站卸车完毕后凭调度命令挂运不符合规定。

丙站应做到:

(1)发现该批货物实际卸车地点为本站工程线时,应发电报通知甲站补收至丁站运费。

(2)对国铁货车进入工程在建线车辆做好统计,向其管理单位核收在建线货车占用费。

(3)砂石车回送时,填写“特殊货车及运送用具回送清单”挂运。

63. 2018 年 8 月 18 日整车普通货物 1 车运抵到站,到站将该车送入运单记载的专用线货车交接地点,并使用货车调送单与该专用线企业运输员办理了货车交接,次日,运单收货人凭纸质领货凭证、委托书、运输变更要求书及经办人身份证,向到站提出变更收货人的要求,到站为其办理了变更,并向变更后的收货人办理了货物交付手续。请说明到站是否违章及依据。(《铁路货物运输规程》第 35 条,《铁路货运票据电子化作业办法》第 33、35 条)

答:到站该作业存在违章。

(1)到站在货物已交付后办理变更。根据《铁路货运票据电子化作业办法》第 33 条规定“专用线卸车的,货车办理交接后即为外交付完毕”,及《铁路货物运输规程》第 35 条规定“到站由收货人组织卸车的货物,在货车交接地点交接完毕,即为交付完毕”,所以车站不能办理已交付完毕的货物运输变更。

(2)运输变更提出人不符合规章要求。根据《铁路货运票据电子化作业办法》第 35 条规定“途中或到站,仅受理托运人提出的货物运输一次变更需求”,而车站办理了收货人提出的运输变更要求。

(3)运输变更相关资料不符合规章要求。根据《铁路货运票据电子化作业办法》第 35 条规定“变更处理站应审核运单托运人存查联、领货凭证、货物运输变更要求书;电子领货的,验证领货密码,打印领货凭证”,而变更要求人未提出托运人存查联。

64. 危险货物装运有何要求?(《铁路危险货物运输管理规则》第 41 条)

答:危险货物限使用棚车装运(铁路危险货物品名表“特殊规定”栏有特殊规定的除外)。装运时,同一车限同一品名、同一铁危编号。爆炸品、硝酸铵、氯酸钠、氯酸钾、黄磷和钢桶包装的一级易燃液体应选用 P64、P64A、P64AK、P64AT、P64GK、P64GT、P70 型等竹底棚车或木底棚车装运,并应对门口处金属磨耗板,端、侧墙的金属部分采用非破坏性措施进行衬垫隔离处理。如使用铁底棚车时,应经铁路局集团公司批准。毒性物质限使用毒品专用车,如毒品专用车不足时,经铁路局集团公司批准可使用铁底棚车装运(剧毒品除外)。铁路局集团公司应指定毒品专用车保管(备用)站。

65. 危险货物装车作业需做哪些工作?(《铁路危险货物运输管理规则》第 42 条)

答:(1)检查车辆。检查车种车型与规定装运货物相符,查看门窗状态、进行透光检查,确认车辆状况良好。

(2)检查货物。检查货物品名、包装、件数与货物运单填写是否一致,以及货物包装是否符合规定。

(3)装车作业。传达安全注意事项及装载方案,检查消防器材和安全防护用品。装载货物(含国际联运换装)不得超过车辆(含集装箱)标记载重量及罐车允许充装量,严禁增载和超装、超载。

(4)装车后工作。检查堆码及装载状态,查验门窗是否关闭良好,做好施封加锁工作等。

66. 托运人托运危险货物应遵守哪些规定?办理站发现托运人匿报、谎报、夹带危险货物如何处理?(《铁路危险货物运输管理规则》第 27 条)

答:(1)托运人托运危险货物时,应如实表明收货人名称、货物的名称、性质、重量、数量等,不得匿报、谎报品名、性质、重量,不得在普通货物中夹带危险货物。

(2)办理站应对承运的货物加强安全检查,发现托运人匿报、谎报危险货物品名或在普通货物中夹带危险货物时,除依法不予承运外,铁路局集团公司还应按《铁路危险货物运输安全监督管理规定》要求,及时向所在地铁路监督管理局报告。

67. 5 月 5 日,甲站发乙站铁矿石 1 车;5 月 10 日,该车到达乙站;当日,收货人安排人员到乙站,提出将该车铁矿石到站由乙站变更为丙站。请问:乙站能否受理收货人提出的货物运输变更需求?如果托运人提出货物运输变更需求,应该如何办理?(《铁路货运票据电子化作业办法》第 35 条,《铁路货物运输规程》第 40 条)

答:乙站不能受理收货人提出的货物运输变更需求。依据《铁路货运票据电子化作业办法》第 35 条规定:“途中或到站仅受理托运人提出的货物运输一次变更需求”。

如果托运人提出货物运输变更需求,应按以下流程办理:

(1)托运人向乙站提出货物运输变更需求,乙站负责审核运单托运人存查联、领货凭证、货物运输变更要求书;电子领货的,验证领货密码,打印领货凭证。

(2)乙站将托运人提出的货物运输变更需求上报所属铁路局集团公司同意后,在货票系统中录入货物运输变更要求书,运单状态变为"变更完成",并在纸质运单托运人存查联、领货凭证上修改相关信息,加盖车站日期戳或带有站名的人名章后交托运人。电子领货的,向托运人申明,原领货密码失效,凭变更后的纸质领货凭证领货。

(3)乙站还应电知甲站、丙站及所属铁路局集团公司财务部(收入部)。

68. 某站使用 C_{64K} 一辆装运 3 件规格相同的卷钢,卷钢件重 20 t。请指出图 3-1(装车照片局部)**中装载加固方面的违章之处。**(《铁路货物装载加固规则》第 12、17 条、附件 1)

图 3-1

答:(1)货物单件重 20 t,并装于车辆中部和两枕梁位置处,违反"在车辆两枕梁内外等距离、宽度不小于 1.3 m 范围内和车辆中部三处承载时,中部货物重量不得大于 13 t"的规定。

(2)中部卷钢明显向车辆一端偏移,违反"装车后货物总重心的投影应位于货车纵、横中心线的交叉点上"的规定。

(3)卷钢下应铺垫稻草垫,违反了《铁路货物装载加固规则》附件 1 定型方案规定的"卷钢与车地板之间铺垫稻草垫"的规定。

69. 6 月 29 日,某站货物线使用汽车吊进行卸车作业,作业情况如图 3-2 所示,请指出违章之处。(《铁路货物装卸安全技术规则》第 96、100 条)

答:(1)司索工未按规定戴安全帽。违反《铁路货物装卸安全技术规则》第 96 条,起重工"作业时必须配戴符合国家标准的安全帽"。

(2)司索工未使用司索钩校正货件。违反《铁路货物装卸安全技术规则》第 100 条,"校正悬空货物位置时,货物底面距作业人员站立位置高差 1.5 m 以下且距落货位置高差 0.5 m 以下时可用手扶,但不得用肩、身推靠;高差超过上述规定时应用司索钩或牵引绳。6 m 以上长大货物须拴牵引绳"。

图 3-2

(3)作业区域有闲杂人员逗留。

70. 集装箱应如何码放?(《铁路集装箱运输规则》第 40、41 条)

答:集装箱应固定作业场地,分区码放,与其他货物分开存放。集装箱货场应使用集装箱运输信息系统实行精确的箱位管理,通过电子终端设备实时采集、录入作业信息;堆场应划分箱区箱位,在地面作出明显标识,留有检查作业通道。码放集装箱时,须关闭箱门,码放整齐。多层码放时,应角件对齐,不得超过限制堆码层数;系列 2 集装箱采用超宽角件,不得与系列 1 集装箱上下层混合码放。

71. 某企业要托运机械设备一件,货重 55 t,长 12 m、宽 2.5 m、高 1.5 m,重心距一端 7 m,使用 N_{17T} 一辆装载(N_{17T} 标重 60 t,车长 $L=13$ m,销距 $l=9$ m)**,试分析确定经济合理的装载方案。**(《铁路货物装载加固规则》附件 2)

答:方案 1:货物总重心投影落在车辆纵横中心线交叉点上,货物一端突出车辆长度为 500 mm,需要游车一辆,并使用高度符合要求的横垫木。

方案 2:距重心较远一端与车端平齐,$a_{需}=500$ mm。

$P_{容}$按标重 60 t 计算,$P_{容}-Q=60-55=5(\text{t})<10$ t。

$a_{容}=[P_{容}/(2Q)-0.5]l=[60/(2\times55)-0.5]\times9\,000\approx409(\text{mm})$

$a_{容}<a_{需}$,不符合装载要求。

方案 3:距重心较远一端突出车端 300 mm,货物半宽小于车辆半宽,不需加挂游车。

$a_{需}=7\,000-6\,500-300=200(\text{mm})$

$a_{容}>a_{需}$,符合装载要求。

综上,方案 1、方案 3 均符合装载要求,但方案 1 需要使用游车 1 辆,从经济角度考虑应选择方案 3。

72. 发现货物损失,应如何处理?(《铁路货物损失处理规则》第 11 条)

答:发现货物损失后,发现人员应保护现场,立即向车站负责人和货物损失处理人员报告。

接到报告后，车站负责人应组织有关人员立即赶赴现场进行货物损失勘查、清理、资料收集并编制“货物损失报告”。必要时通知托运人或收货人。物流企业（包括铁路物流企业或铁路运输企业委托的社会物流企业）在接取送达过程中发现货物损失时，应由物流企业相关人员对发生损失货物情况拍照留存，并编制货物损失报告连同货物损失现场照片一并交车站。

73. 发现货物被盗、火灾等情况，应报告哪些单位？（《铁路货物损失处理规则》第 13 条）

答：发现货物被盗、火灾等情况，发现单位（人）应立即向公安、消防部门报案。货物损失涉及铁路交通事故的，应报告铁路局集团公司列车调度、安全监督管理部门；涉及车辆技术状态的，应通知车辆部门；涉及活动物或食品污染变质的，应通知防疫、检疫部门；涉及参加保险的货物，必要时应通知保险公司；涉及海关监管的货物，应通知海关监管部门；涉及环境污染的货物，应通知环保部门；必要时还应通知托运人或收货人。

74. 货物损失报告如何编制？（《铁路货物损失处理规则》第 20 条）

答：货物损失报告应由货运员或负责接取送达的物流企业相关人员根据现场勘查情况，在发现当日编制。货物损失报告应如实记载损失货物及有关方面的当时现状，填写字体要工整清晰，项目各栏填写齐全，并应由编制人本人签字。其他参加检查货物（车）的有关人员也应签字，同时注明其所属单位名称。货物损失报告有涂改时，在涂改处应加盖编制人员的人名章。货物损失报告由货装值班员审核签字后，连同收集的施封锁、现场影像等相关资料，一并交货物损失处理人员。

75. 货运记录编制有哪些要求？（《铁路货物损失处理规则》第 20 条）

答：货运记录根据货物损失报告编制。货运记录由车站货物损失处理人员编制。编制记录要如实记载货物损失及有关方面的当时现状，不得在记录中作损失责任的结论，记录各栏应逐项填记。货运记录应记明车（箱）体、门窗、施封或篷布的情况、货物包装及装载加固状态、损失货物装载位置、损失程度等。具体编制方法按《铁路货物损失处理规则》附件 2 规定办理。通过保价系统打印的货运记录（货主页）加盖货物损失处理专用章和带有所属单位名称的人名章后生效。非系统打印、有涂改或手写的货运记录无效。

76. 甲站 2019 年 6 月 5 日承运到乙站水泥 2 车（甲站到乙站全程 2 480 km）**，6 月 18 日到达卸车，当日乙站发出领货通知，6 月 21 日收货人来站办理交付手续，并将货物搬走。该货是否逾期，是否支付逾期违约金？**（《铁路货物运输规程》）

答：计算运到期限：

（1）货物发送期间 1 日；

（2）货物运输期间：2 480÷250＝9.92（日），不满 1 日进为 1 日，10 日；

（3）运到期限为 1＋10＝11（日）。

货物实际运到日数：从 6 月 6 日起至 18 日，共计 13 日。

逾期天数:2 日。

从承运人发出领货通知的次日起,由于收货人未在 2 日内将货物领出,即失去要求承运人支付违约金的权利。

77. 施封锁的管理有哪些规定?(《铁路货物损失处理规则》第 47 条)

答:车站对施封锁(包括在专用线、专用铁路)应建立保管、请领、发放、使用、销毁或回收制度,严格做好去向登记。编有记录的施封锁,卸车站均自卸车之日起保管 180 日后方可销毁。未编有记录的施封锁保管 30 日后,方可销毁或回收。有源电子施封锁还应按时返厂。遇车站更名时,自更名之日起,原站名的施封锁可继续使用半年。

78. 敞车装运货物发生湿损如何划责?(《铁路货物损失处理规则》附件 3)

答:(1)敞车装运的货物,篷布苫盖良好、装载无异状,货物湿损列装车站责任。

(2)因铁路货车篷布丢失造成货物湿损,按站车交接规定列责。

(3)托运人自备篷布丢失、损坏及造成货物湿损,列发站责任,赔款由发站和沿途各铁路局集团公司(不含发送铁路局集团公司)分摊。

(4)篷布顶部(包括敞顶集装箱篷布)被割造成货物湿损,比照《铁路货物损失处理规则》二、(十)处理。

(5)因篷布(包括敞顶集装箱篷布)质量不良造成货物湿损,列装车站责任。

79. 超限货物的等级是如何划分的?(《铁路超限超重货物运输规则》第 8 条)

答:根据货物的超限程度,超限货物分为三个等级:一级超限、二级超限和超级超限。

(1)一级超限:自轨面起高度在 1 250 mm 以上超限但未超出一级超限限界者;

(2)二级超限:超出一级超限限界而未超出二级超限限界者,以及自轨面起高度在 150 mm 至未满 230 mm 间超限但未超出二级超限限界者;

(3)超级超限:超出二级超限限界者,以及自轨面起高度在 230 mm 至 1 250 mm 间超限者。

80. 鲜活货物是如何分类的?(《铁路鲜活货物运输规则》第 6 条)

答:鲜活货物分为易腐货物和活动物两大类:

(1)易腐货物包括肉、蛋、乳制品、速冻食品、冻水产品、鲜蔬菜、鲜水果、花卉植物等,按其热状态分为冻结货物、冷却货物和未冷却货物。常见品名见"易腐货物机械冷藏车运输条件表"。冻结货物是指经过冷冻加工成为冻结状态的易腐货物。冷却货物是指经过冷却处理,温度在冻结点以上的易腐货物。未冷却货物是指未经过任何冷处理,完全处于自然状态的易腐货物。

(2)活动物包括禽、畜、兽、蜜蜂、水产品等。

81. 哪些危险货物运输作业实行签认制度?(《铁路危险货物运输管理规则》第48条)

答:(1)爆炸品、硝酸铵、剧毒品(非罐装、铁路危险货物品名表"特殊规定"栏有第67条特殊规定的)、气体类和其他另有规定的危险货物运输作业实行签认制度。作业应按规定程序和作业标准进行并签认。要对作业过程内容的完整性、真实性负责,严禁漏签、代签和补签。签认单保存期半年。

(2)运输签认制度的有关要求按"铁路危险货物运输作业签认单""铁路剧毒品运输作业签认单""危险货物罐车作业签认单"办理。

(3)货检站未产生货检作业时,可不进行签认。

82. 货物损失分哪几类?(《铁路货物损失处理规则》第8条)

答:货物损失分为五类:

(1)火灾。

(2)被盗(有被盗痕迹)。

(3)丢失(全批未到或部分短少、漏失,没有被盗痕迹)。

(4)损坏(破裂、变形、磨伤、摔损、部件破损、湿损、冻损、腐烂、植物枯死、活动物死亡、变质、污染、染毒等)。

(5)其他(因办理差错及其他原因造成的货物损失)。

83. 2019年3月10日A站(甲局集团公司直属站)**发B站**(乙局集团公司)**整车1车,车号C_{64K}4625389,压榨机4件,木箱包装,货票号码Y0766523,保价100万元,该车3月14日到达B站,3月15日卸前检查运行前端,其中1件木箱包装一侧有一处破洞,检内货有明显被盗痕迹,且台面有多处磨伤和划痕,车内货物用铁线加固,初步估算货物损失已超过10万元,B站于当日卸车。请根据上述情况,拍发一份"货物损失速报"。**(《铁路货物损失处理规则》第14条)

答:

货物损失速报

主送:A站、甲局集团公司、乙局集团公司、B车务段、甲局集团公司公安局、乙局集团公司公安局

抄送:国铁集团货运部

(1)一级、被盗;

(2)2019年3月15日、B站;

(3)A站、B站、压榨机、2019年3月10日;

(4)C_{64K}4625389、Y0766523、整车、保价100万元;

(5)3月15日卸前检查运行前端,其中1件木箱包装一侧有一处破洞,检内货有明显被盗痕迹,且台面有多处磨伤和划痕,车内货物用铁线加固,初步估算货物损失已超过10万元;

(6)请发站联系托运人,3日内提出处理意见。

B站

2019年3月15日

84. 遇哪些情况应编制货运记录？（《铁路货物损失处理规则》第 18 条）

答：凡是货物在铁路运输过程中发生货物损失的，车站均应在发现损失次日内按批（车）编制货运记录。遇有下列情况时也应编制货运记录：

（1）发生《铁路货物运输规程》《铁路货物运输管理规则》及其引申规则办法中所规定需要编制的情况时。

（2）自备篷布、自备集装箱运输发生损失时。

（3）一批货物中的部分货物补送或损失货物及误运送、误办理及其他情况货物需要回送时。

（4）发现无标记、无法交付货物，公安机关查获铁路运输中被盗、被诈骗的货物以及公安机关缴回的赃款移交车站，沿途拾得的铁路运输货物交给车站处理时。

（5）托运人组织装车，收货人组织卸车，货车施封良好，篷布苫盖和敞车、平车、砂石车货物装载外观无异状，收货人提出货物有损失经承运人确认时。

（6）集装箱运输的货物，箱体完整、施封良好，交付完毕次日内，收货人提出货物有损失经承运人确认时。

85. 遇哪些情况应编制普通记录？（《铁路货物损失处理规则》第 19 条）

答：遇有下列情况之一，须在当日按批（车）编制普通记录：

（1）发生《铁路货物运输规程》《铁路货物运输管理规则》及其引申规则办法中所规定需要编制的情况时。

（2）货物损失涉及车辆技术状态时。

（3）货车发生换装整理时。

（4）集装箱封印失效、丢失或封印站名、号码与票据信息不一致或未按规定使用施封锁时。

（5）卸车（换装）发现货物件数或重量较票据记载信息多出时。

（6）依据其他有关规定，需要证明时。

在办理货运检查交接作业时发现问题，按规定拍发的交接电报应视为普通记录。

86. 中途站编制的货运记录应如何处理？（《铁路货物损失处理规则》第 23 条）

答：（1）中途站编制的货运记录，应在货运记录编制当日将案卷传输到站处理，并向有关站调查，同时告知发站。

（2）一批货物中部分货物发生损失时，应拴挂“损失货物标签”继运到站。继运到站前对发生损失的货物应采取防护措施，避免扩大损失。

（3）发生火灾、货物变质、活动物死亡、气体类危险货物泄漏、剧毒品、爆炸品、放射性物品被盗丢失，货物损失能在发现站处理的，发现站应积极处理；不能在发现站处理的，应在货运记录编制当日将案卷传输到站处理，由发现站负责查明原因。

87. 到站编制的货运记录应如何处理？（《铁路货物损失处理规则》第 24 条）

答：（1）到站编制的货运记录（货主页）应及时交给收货人，收货人领取货运记录时应在存查页上签收。

(2)到站卸车时,遇有发站或中途站编制的货运记录,应按照货运记录记载的情况,认真核对现货,无论情况是否相符,均应重新编制货运记录交收货人,原记录打印留存。

(3)到站编制的货运记录,应在货运记录编制当日将案卷传输发站及有关站调查。

(4)调查案卷传输后,件数不足的货物补送齐全,在向收货人补交时应收回原货运记录(货主页),并及时通知有关站结案。补交时发生损失的,应重新编制货运记录并调查。

88. 铁路箱损坏责任如何划分?(《铁路集装箱运输规则》第 68 条)

答:(1)到站卸车发现损坏,除卸车作业导致损坏、能判明其他责任者、发站证明没有责任以外的,由发站赔偿;站内掏箱发现集装箱地板、端侧壁、顶部等内部损坏,除掏箱作业导致损坏及能判明其他责任者以外,由发站赔偿。到站认为集装箱损坏为发站责任的,应于卸车或站内掏箱 24 h 内拍照,编制"铁路箱破损记录"并通过集装箱运输信息系统发给发站和产权单位。

(2)集装箱在车站(包括:站内、站外、铁路专用线、专用铁路等)发生损坏,由该站赔偿;车站应拍照并编制"铁路箱破损记录"。集装箱损坏属托运人、收货人、铁路专用线、专用铁路、接取送达单位等责任的,车站按规定索赔。

(3)铁路局集团公司应与收货人明确约定:到达的集装箱在站外发生损坏,由收货人或接取送达单位赔偿;收货人认为属托运人装箱等原因导致地板、端侧壁、顶部等内部损坏的,由收货人向托运人索赔。

89. 承运气体类危险货物自备货车时,应检查哪些内容?(《铁路危险货物运输管理规则》第 79 条)

答:(1)托运人或收货人的罐车产权单位名称应与"自备铁路车辆经国家铁路过轨运输证"的单位名称相统一;

(2)货物品名、托运人、收货人、发到站、专用线等应与办理限制相统一;

(3)货物品名应与罐体标记品名相统一;

(4)托运人提供的"铁路液化气体罐车充装记录"一式两份,一份由发站留存,一份随货物运单至到站交收货人;

(5)罐车产权单位提供的移动式压力容器使用登记证;

(6)虽符合上述(1)～(5)项条件,但车辆检修时间过期、证件过期、车况不良、罐体密封不严、罐体标记文字不清等有碍安全运输的不予办理运输。

90. 危货箱办理危险货物中哪些品类?(《铁路危险货物运输管理规则》第 86 条)

答:危货箱仅办理铁路危险货物品名表中下列品类:

(1)铁路通用箱。

①二级易燃固体。

②二级氧化性物质。

③腐蚀性物质:二级酸性腐蚀性物质、二级碱性腐蚀性物质、二级其他腐蚀性物质。

(2)自备危货箱。

①第(1)项规定的品类。

②二级毒性物质。

(3)危货箱装运第(1)、(2)项以外的危险货物,以及使用罐式集装箱装运危险货物的,由所属铁路局集团公司组织研究提出安全运输条件建议(罐式箱还应提出框架静强度及冲击试验合格报告),报国铁集团货运部。国铁集团货运部组织专家进行技术审查,通过技术审查后公布安全运输条件。

91. 甲站2019年4月30日受理一件货物损失赔偿,车站货物损失处理人员于2019年5月6日填发“赔通”,并于次日8时与所属车务段财务人员办理交接手续并签认。车务段财务科接到“赔通”后,于2019年5月16日(星期四)向赔偿要求人支付了赔款,2019年5月17日赔偿要求人向铁路局集团公司12306客服中心提出了投诉,申诉赔偿时间过长。作为货物损失处理人员,试分析赔偿各环节是否符合规定并说明理由。(《铁路货物损失处理规则》第39条)

答:车站货物损失处理人员办理时间符合规定。自受理日4月30日的次日起2个工作日,扣除5月1日至4日的法定节假日,应于5日至6日内填发“赔通”,并于填发“赔通”的次日与车务段财务人员办理交接手续并签认,上述作业时间符合规定。

依据《铁路货物损失处理规则》第39条规定:办理赔偿的期限,自受理赔偿要求的次日起至填发“赔通”之日止为2个工作日。“赔通”下达后,经办人员应于2个工作日内与财务人员办理交接手续并签认。

车务段财务部门自5月7日至16日完成向赔偿要求人的赔款支付,扣除11日、12日法定休息日,实际支付赔款时间为8个工作日,支付时间超时3个工作日。依据《铁路货物损失处理规则》第39条规定:财务部门接到“赔通”后,应在5个工作日内支付赔款。

92. A站(甲局集团公司)发B站(乙局集团公司)一车大米,2 400件(25 kg/件),60 t,B站卸前检查发现该车一侧无封,向上一货检站C站拍发补封电报,但漏抄送发站,卸车时见车门口货物堆码零乱,有明显被盗痕迹,全车实卸2 350件,短少50件,另见车内前部上层货物有60件不同程度湿痕,货运检查该车不透光,A站提供的装车时影像资料显示装车时货物状态良好。车辆定检情况:广厂,19.10—18.06,广厂,24.06—18.06,取消辅修。请对货物损失定责,并说明理由和依据。(《铁路货物损失处理规则》附件3)

答:(1)短少50件大米,50件×25 kg/件=1 250 kg,不足2 t,且到站拍发的补封电报漏抄发站,根据《铁路货物损失处理规则》附件3二、(一)3规定:货车在途中发生补封,拍发电报漏抄送发、到站的,列上一货运检查站责任,赔款由责任单位和补封单位分摊。短少50件大米列C站责,赔款由C站和B站分摊。

(2)湿损 60 件大米，湿损货物堆码于车内前部上层，并非车门处，应是车辆技术状态不良漏雨所致，货运检查不能发现该车透光，根据《铁路货物损失处理规则》附件 3 三、(三)1.(2)规定：因漏雨造成的湿损，货运检查不能发现的，列最近定检施修该车的车辆段所属铁路局集团公司或车辆厂属地铁路局集团公司责任。湿损 60 件大米列乙局集团公司责任。

93. 甲站发乙站米糠一车，1 100 件，重 56 t，苫盖自备篷布 2 块，该车到达丙站发现无自备篷布，丙站编制普通记录证明继运；乙站到达检查与丙站普记记载相符，卸车发现米糠湿损 413 件，丢失 27 件，编制货运记录送查丙站抄甲站，甲站未复，丙站未按《铁路货物损失处理规则》规定处理。收货人将湿损米糠降价处理后，要求铁路赔偿米糠湿损损失 8 260.00 元，丢失损失 810.00 元，自备篷布丢失损失 1 060.00 元，合计损失 10 130.00 元。问：(1)各站在处理过程中存在哪些问题？(2)请依章划分损失责任。(3)乙站在理赔方面应如何处理？(《铁路货物损失处理规则》附件 3)

答：(1)各站在处理过程中存在的问题：

①该案乙站送查不正确，按章应送查发站、抄丙站；

②丙站发现无自备篷布应编制货运记录。

(2)依章划分损失责任：从损失程度看属于损坏，是由于自备篷布丢失造成的湿损，应根据《铁路货物损失处理规则》附件 3 三、(三)2.(3)，托运人自备篷布丢失、损坏及造成货物湿损，列发站责任，赔款由发站和沿途各铁路局集团公司(不含发送铁路局集团公司)分摊。

(3)乙站在理赔方面的处理：该案赔款已超过 10 000 元，属于二级损失，由乙站在受理当日，以查复书写明调查过程、损失款额等上报主管铁路局集团公司，抄送甲、丙站，由主管铁路局集团公司审核办理。

94. A 站专用线内装运一车甲醇，货物密度为 804.8 kg/m³，所用车辆为标重 52 t、容积 60 m³ 的 G60 型铁路产权罐车，货物实际装载重量为 37 t。到达 B 站后，收货人在货场内进行卸车作业。请分析发、到站装卸车存在的问题。(危险货物办理限制符合规定)(《铁路危险货物运输管理规则》第 77、82 条)

答：(1)装车站存在的问题

①违反《铁路危险货物运输管理规则》第 77 条“铁路产权罐车限装品名为原油、汽油、煤油、航空煤油、柴油、石脑油、溶剂油、轻质燃料油及非危险货物的重油、润滑油”，铁路产权罐车不得用于装甲醇。

②充装量：根据 $0.83V_{标}\leqslant V_{许装}\leqslant 0.95V_{标}$。

许装体积下限：$60\times0.83=49.8(m^3)$。

许装重量下限：$49.8\times804.8\approx40\ 080(kg)$。

许装体积上限：$60\times0.95=57(m^3)$。

许装重量上限：$57\times804.8\approx45\ 873(kg)$。

现实际装载重量 37 t 低于许装重量下限，所以不符合规定。

(2)卸车站存在的问题

违反《铁路危险货物运输管理规则》第 77 条“危险货物罐车装卸作业应在专用线内办理”，货场内不允许办理危险货物罐车的装卸业务。

95. 甲站使用 C_{64} 型标重 61 t 的敞车装运到丙站的进口矿粉一车(机械装车托运人自装，已按容许载重量收费)**，途经乙站时，列检发现车体向右侧倾斜超过容许限度，游间压死，出具“车统-23”扣车。经乙站轨道衡检测，货物实际重量 70.0 t。经协商，托运人不同意卸下多余货物。请依据题意分析乙站和丙站对该车的处理程序。**(《铁路货物运输管理规则》)

答：乙站处理程序：

(1)拍站车交接电报。在到达 120 min 内拍发交接电报通知上一货检站，并抄知发、到站。

(2)在货检系统、货运站系统编制普通记录将该车送换装线进行换装处理。

(3)确定实际装载量并换装。经轨道衡检测该车原装货物重 70 t，C_{64} 型敞车最大容许载重量 65.2 t，选配一辆 C_{70} 型的敞车换装，在货运站系统进行换装操作。

(4)拍发电报给发站、到站，告知到站按规定补收全程运费差价。

(5)属于托运人责任，应填发垫款通知书，记明因换装所发生的装卸费用。

丙站处理程序：应按 70 t 补收全程运费差价，并收取 70 t 的装卸费，并按垫款通知书向乙站清算费用。

96. 某专用线要发送螺纹钢(长 9 000 mm，直径 18 mm，打捆后件重 3.5 t)**32 件，来电咨询装车方法，要求除使用条形草支垫或稻草绳把、稻草垫外，不使用其他加固材料，如何回复？**(《铁路货物装载加固规则》附件 1)

答：货物总重 32×3.5＝112(t)，建议使用“编号：070806 长 9 000 mm 螺纹钢、圆钢”定型方案，装载 2 辆货车，首选 60 t 通用敞车。

(1)车辆：使用 60 t、61 t 通用敞车。

(2)加固材料：使用条形草支垫或稻草绳把、稻草垫。

(3)装载方法：装载 2 层。第 1 层 8 件，自车辆两端墙向中部交错装载；第 2 层 8 件，装在车辆中部。

(4)加固方法：在车辆两枕梁上方及枕梁外侧 1 000 mm、内侧 1 850 mm 处各铺设条形草支垫 1 道，层间加垫稻草垫。

97. 某站某日承运一车混装货物，专用线内装车。经查：物品清单记载货物品名有 10 个共 1 000 件(其中豆粕 100 件，铁危编号：42525)**，有所属货运中心批准按普通货物运输的文件。请据此情况分析发站是否违章及依据。**(《铁路危险货物运输管理规则》第 26 条，《中国铁路总公司关于加强高铁快运、行包和零散货物快运、混装货物安检工作的通知》)

答：发站作业存在违章。

(1)该车违反规定在专用线内装混装货物。依据《中国铁路总公司关于加强高铁快运、行包和零散货物快运、混装货物安检工作的通知》三、(七)“混装货物必须在铁路站场装车”的要求。

(2)该站未经铁路局集团公司批准以普通货物运输条件运输,且非单一品名装运豆粕。依据《铁路危险货物运输管理规则》第26条“铁路危险货物品名表‘特殊规定’栏规定符合按普通货物运输条件的,铁路局集团公司应在其包装方法和包装标志满足危险货物要求,并使用整车或集装箱装载单一品名的情况下,批准其可按普通货物条件运输”。

98. 某站装车作业后,车门的关闭状态如图3-3所示,是否存在问题?请叙述此类车门的正确关门程序。(《铁路货物装载加固规则》)

图 3-3

答:存在主要问题是未按C_{70}车门正确的关闭程序关闭车门,造成下锁铁无法锁闭。

正确的关门方法是:

(1)先将左侧车门门扇关严,再关右侧门扇将左侧门扇压实;

(2)向上翻起下部锁铁;

(3)向下压紧锁铁至闭锁位;

(4)转动并向上抬起手把至锁头插入上侧梁锁孔中;

(5)将手把完全卡进止挡铁内完成闭锁;

(6)对左扇车门进行开启试拉检查。

99. A站某日计划装白糖(成件)**1车、刨花**(成件、轻泡货物)**1车、原煤**(散装)**1车、磷矿石**(散装)**1车,车站现有可用空车4辆,分别是P_{64}3410089**(标重58 t)**、P_{62NK}3313102**(标重60 t)**、C_{64K}4944861**(标重61 t)**、C_{70}1659886**(标重70 t)**。请写出提高货车静载重的最优空车分配方案。**(《铁路货物装载加固规则》附件6)

答:(1)根据《铁路货物装载加固规则》附件6货车增载规定,P_{64}、P_{62NK}、C_{64K}均为增载车型,C_{70}车不允许增载;白糖、刨花、原煤、磷矿石均为适于增载的货物品类。

(2)根据待装货物特性,白糖、刨花适于棚车装运,原煤、磷矿石适于敞车装运。

(3)P_{62NK}车(标重60 t)较P_{64}车(标重58 t)可多装2 t,因刨花是轻泡货物,用于装刨花不能装足可多装的 2 t,但用于装白糖则可以满吨;C_{64K} 车用于装原煤和磷矿石均可以增载,但整车磷矿石按 2 号运价率计费,整车原煤按 4 号运价率计费,为充分利用货车的载重力和容积,以及更经济的方式,应使用 C_{64K} 车装运磷矿石。

因此,提高货车静载重最优的空车分配方案是:P_{64}3410089(标重 58 t)用于装刨花,P_{62NK}3313102(标重 60 t)用于装白糖,C_{64K}4944861(标重 61 t)用于装磷矿石,C_{70}1659886(标重 70 t)用于装原煤。

100. 车站对客户提报的需求实货核实,在电商系统确认后,运单受理需审核哪些内容?(《铁路货运票据电子化作业办法》第 7 条)

答:(1)检查需求信息是否完整、准确。

(2)审核发到站办理限制、起重能力、专用线办理范围、危险货物办理限制、临时停限装、特定运输条件、接取送达等信息。

(3)审核证明文件、技术资料等原件,采集影像资料,并在证明文件背面注明托运货物数量,加盖车站日期戳,退还托运人或按规定存查。

(4)运单受理通过前对成组或整列运输的运单需求联进行标识。

(5)选择添加承运人标准记事和运输戳记;填记装载加固方案号码、费用浮动项目号及相关记事。

(6)国际联运出口(含过境)运输,还需审核客户是否在电商系统中填制国际联运运单,即客户提供的纸质国联运单是否有电商系统生成的 8 位国联运单号,纸质运单托运人填记部分的各栏内容是否与电商系统中填记的一致。

S1 危险货物装车

铁道行业职业技能认定货装值班员技师操作技能考核准备通知单

考核时间:60 min

一、鉴定站准备

1. 材料准备

序 号	材 料 名 称	规 格	数 量	备 注
1	《铁路危险货物运输管理规则》	本	1	
2	《铁路危险货物品名表》	本	1	
3	《铁路技术管理规程(普速铁路部分)》	本	1	

2. 考场准备

(1)作业现场或演练场,场地条件及工具、量具应满足实际操作的需要,不得存在安全隐患,必要时需酌情配设辅助操作人员。

(2)如因客观原因场地条件不能满足实际操作需要时,可采取模拟的方式进行操作。

①供模拟考试用教室1间。

②考场内须光线充足,空气良好,环境安静,卫生整洁。

二、考生准备

考生按现场作业要求,着规定的作业服,佩戴标志,严格执行劳动保护的有关规定。考生需自备考试工具。

铁道行业职业技能认定货装值班员技师操作技能考核试卷(考评员用)

试题名称:危险货物装车

试题内容:某危险货物办理站专用线使用G_{70}装运硫酸,标记容积38 m^3,标记载重70 t,密度1.84 t/m^3。请确定装车条件,检查装车质量,并说明电力机车牵引车辆编组的要求。

一、技术要求

1. 答题符合相关法律、法规、规章和标准的规定。
2. 技术用语规范。
3. 工具、设备使用应符合规定。
4. 在不违反试题内容的前提下,未给定条件可自设。

二、考核要求

1. 作业过程完整。
2. 本项技能认定属综合型考试。

3. 本项技能认定由被认定人独立完成。

三、考核时限

1. 准备时间:10 min。
2. 正式操作时间:60 min。
3. 在规定时间内全部完成,不加分,也不扣分。每超时 1 min,从总分扣 5 分,总超时 5 min 停止作业。

四、考核评分

1. 考评人员 3 名及以上。
2. 评分点见"考核评分记录表"。
3. 评分程序及规则:考评员各自根据考生作业程序在评分表上给予记录评分,取平均分为评定得分。
4. 算分方法:百分制计算,满分 100 分,60 分为及格。

五、否定项

若考生发生下列情况之一,则应及时终止其考试,该考生成绩记为零分。
1. 操作不当造成设备、工具、仪器和材料损坏。
2. 严重违反安全作业规程,违反考试纪律。

铁道行业职业技能认定货装值班员技师操作技能考核试卷(考生用)

单位: 姓名: 准考证号:

试题内容:某危险货物办理站专用线使用 G_{70} 装运硫酸,标记容积 38 m^3,标记载重 70 t,密度 1.84 t/m^3。请确定装车条件,检查装车质量,并说明电力机车牵引车辆编组的要求。

铁道行业职业技能认定货装值班员技师操作技能考核评分记录表

准考证号: 姓名: 性别: 单位:

试题名称:危险货物装车 考核时间:60 min

操作开始时间: 时 分 操作结束时间: 时 分

序号	考核内容	考核要点	配分	评分标准	扣分	得分
1	确定充装重量范围	确定车辆	5	漏、错扣 5 分		
		确定体积上限、下限	10	每漏、错 1 处扣 5 分		
		确定重量上限、下限	10	每漏、错 1 处扣 5 分		
		依据《铁路危险货物运输管理规则》第 82 条	10	每漏、错 1 处扣 5 分		
2	装车前检查	受理时,操作电商系统	5	漏、错扣 5 分		
		罐体外表检查	5	漏、错扣 5 分		
		阀、盖、垫及仪表检查	10	每漏、错 1 处扣 5 分		

续上表

序号	考核内容	考 核 要 点	配分	评 分 标 准	扣分	得分
3	装车后检查	关严罐车阀件，盖好人孔盖，拧紧螺栓	10	每漏、错 1 处扣 5 分		
		确定充装重量	10	每漏、错 1 处扣 5 分		
		罐车两侧插放“禁止溜放”表示牌	5	漏、错扣 5 分		
4	编组要求	依“铁路车辆编组隔离表”	10	每漏、错 1 处扣 5 分		
5	试卷质量	层次分明、清晰、整洁、文字流畅、无错别字	5	未达到 1 处扣 1 分		
6	着装，标志佩戴	按规定着装，标志齐全	5	未按规定着装扣 5 分，未佩戴标志扣 2 分		
合计			100			
备注	超时 1 min 从总分扣 5 分，超时 5 min 停止作业					
否定项：若考生发生下列情况之一，则应及时终止其考试，该考生成绩记为零分。 1. 操作不当造成设备、工具、仪器和材料损坏。 2. 严重违反安全作业规程，违反考试纪律。						

考评员： 总分人： 年 月 日

参考答案要点

(1)确定充装重量

①应使用企业自备罐车装运。

②充装体积：$0.83V_{标} \leqslant V_{许} \leqslant 0.95V_{标}$。

$0.83 \times 38\ m^3 \leqslant V_{许} \leqslant 0.95 \times 38\ m^3$

$31.54\ m^3 \leqslant V_{许} \leqslant 36.1\ m^3$

③充装重量：$\rho \times V_{标下} \leqslant W \leqslant \rho \times V_{标上}$。

$1.84\ t/m^3 \times 31.54\ m^3 \leqslant W \leqslant 1.84\ t/m^3 \times 36.1\ m^3$

$58.0336\ t \leqslant W \leqslant 66.424\ t$

严禁超装超载。

④依据《铁路危险货物运输管理规则》第 82 条：充装非气体类液体危险货物时，应根据液体货物的密度、罐车标记载重量、标记容积确定充装量。充装量不得大于罐车标记载重量；同时要留有膨胀余量，充装量上限不得大于罐体标记容积的 95%，下限不得小于罐体标记容积的 83%。

(2)装车前检查

受理时，在电商系统中添加承运人标准记事，以及运输戳记“禁止溜放”和“△2”。

托运人应确认罐车是否良好，罐体外表应保持清洁，标记、文字应能清晰易辨。

罐体有漏裂，阀、盖、垫及仪表等附件、配件不齐全或作用不良的罐车禁止使用。

(3)装车后检查

①应及时关严罐车阀件，盖好人孔盖，拧紧螺栓，严禁混入杂质。

②核对危险货物罐车充装记录（计量单）或磅单，确定充装重量。

③《铁路危险货物运输管理规则》“铁路车辆禁止溜放和限速连挂表”规定插放“禁止溜放”

表示牌。

(4)电力机车编组隔离要求

《铁路技术管理规程(普速铁路部分)》"铁路车辆编组隔离表"规定:与电力机车隔离最少2辆。

S2　危险货物车辆使用及相关受理

铁道行业职业技能认定货装值班员技师操作技能考核准备通知单

考核时间:60 min

一、鉴定站准备

1. 材料准备

序　号	材　料　名　称	规　格	数　量	备　注
1	《铁路货物运输规程》	本	1	
2	《铁路危险货物运输管理规则》	本	1	
3	《铁路办理站危险货物办理限制》	本	1	
4	《铁路危险货物品名表》	本	1	
5	《铁路技术管理规程(普速铁路部分)》	本	1	

2. 考场准备

(1)作业现场或演练场,场地条件及工具、量具应满足实际操作的需要,不得存在安全隐患,必要时需酌情配设辅助操作人员。

(2)如因客观原因场地条件不能满足实际操作需要时,可采取模拟的方式进行操作。

①供模拟考试用教室1间。

②考场内须光线充足,空气良好,环境安静,卫生整洁。

二、考生准备

考生按现场作业要求,着规定的作业服,佩戴标志,严格执行劳动保护的有关规定。考生需自备考试工具。

铁道行业职业技能认定货装值班员技师操作技能考核试卷(考评员用)

试题名称:危险货物车辆使用及相关受理

试题内容:某局集团公司某专用线准备增加煤焦油的发送作业,到站为本局管内另一专用线。煤焦油的密度为1.13 t/m^3,收货人提供的车辆为G17BK,载重为63 t,容积为66.4 m^3,请问:(1)此车型可以使用吗?如何装车来保证符合充装要求?(2)在煤焦油装车的办理限制公布后,正式实施运输前,产权单位还需进行哪些工作?(3)正式开办运输后,受理承运煤焦油罐车时车站应检查哪些内容?

一、技术要求

1. 答题符合相关法律、法规、规章和标准的规定。
2. 技术用语规范。
3. 工具、设备使用应符合规定。
4. 在不违反试题内容的前提下，未给定条件可自设。

二、考核要求

1. 作业过程完整。
2. 本项技能认定属综合型考试。
3. 本项技能认定由被认定人独立完成。

三、考核时限

1. 准备时间：10 min。
2. 正式操作时间：60 min。
3. 在规定时间内全部完成，不加分，也不扣分。每超时 1 min，从总分扣 5 分，总超时 5 min 停止作业。

四、考核评分

1. 考评人员 3 名及以上。
2. 评分点见“考核评分记录表”。
3. 评分程序及规则：考评员各自根据考生作业程序在评分表上给予记录评分，取平均分为评定得分。
4. 算分方法：百分制计算，满分 100 分，60 分为及格。

五、否定项

若考生发生下列情况之一，则应及时终止其考试，该考生成绩记为零分。
1. 操作不当造成设备、工具、仪器和材料损坏。
2. 严重违反安全作业规程，违反考试纪律。

铁道行业职业技能认定货装值班员技师操作技能考核试卷（考生用）

单位：　　　　　　　　　　姓名：　　　　　　　　　　准考证号：

试题内容：某局集团公司某专用线准备增加煤焦油的发送作业，到站为本局管内另一专用线。煤焦油的密度为 1.13 t/m^3，收货人提供的车辆为 G_{17BK}，载重为 63 t，容积为 66.4 m^3，请问：(1)此车型可以使用吗？如何装车来保证符合充装要求？(2)在煤焦油装车的办理限制公布后，正式实施运输前，产权单位还需进行哪些工作？(3)正式开办运输后，受理承运煤焦油罐车时车站应检查哪些内容？

铁道行业职业技能认定货装值班员技师操作技能考核评分记录表

准考证号：　　　　姓名：　　　　性别：　　　　单位：

试题名称：危险货物车辆使用及相关受理　　　　考核时间：60 min

操作开始时间：　时　分　　　　操作结束时间：　时　分

序号	考核内容	考 核 要 点	配分	评 分 标 准	扣分	得分
1	确定使用车型	确定车的类型	5	漏、错扣 5 分		
		确定充装量上下限	10	每漏、错 1 处扣 5 分		
		充装体积的上下限	10	每漏、错 1 处扣 5 分		
		充装重量的上下限	10	每漏、错 1 处扣 5 分		
		计算充装重量范围	10	每漏、错 1 处扣 5 分		
2	办理限制	正确签订运输协议	10	每漏、错 1 处扣 5 分		
3	受理承运时车站应检查的内容	罐车产权单位名称	5	漏、错扣 5 分		
		与办理限制相统一	5	漏、错扣 5 分		
		品名一致	5	漏、错扣 5 分		
		充装记录	5	漏、错扣 5 分		
		检定证书和检测报告	5	漏、错扣 5 分		
		其他	10	每漏、错 1 处扣 5 分		
4	试卷质量	层次分明、清晰、整洁、文字流畅、无错别字	5	未达到 1 处扣 1 分		
5	着装，标志佩戴	按规定着装，标志齐全	5	未按规定着装扣 5 分，未佩戴标志扣 2.5 分		
合计			100			
备注	超时 1 min 从总分扣 5 分，超时 5 min 停止作业					

否定项：若考生发生下列情况之一，则应及时终止其考试，该考生成绩记为零分。

1. 操作不当造成设备、工具、仪器和材料损坏。
2. 严重违反安全作业规程，违反考试纪律。

考评员：　　　　总分人：　　　　年　月　日

参考答案要点

(1)此车型应按下列步骤确定能否使用：

①G17BK 属于黏油罐车，装卸方式属于上装下卸式，适合装运煤焦油。

②使用罐车运输需要遵守《铁路危险货物运输管理规则》第 82 条的规定：充装量不得大于罐车标记载重量；同时要留有膨胀余量，充装上限不得大于罐体标记容积的 95%，下限不得小于罐体标记容积的 83%。

根据罐车容积确定的充装体积的上限：66.4×95%=63.08(m^3)，根据罐车容积确定的充装体积的下限：66.4×83%≈55.11(m^3)。

③根据充装体积确定的充装重量上限：63.08×1.13≈71.28(t)，超过货车标重 63 t，按 63 t 计算。

根据充装体积确定的充装重量下限：55.11×1.13≈62.28(t)，小于货车标重 63 t。

④根据标重和密度确定的容许充装的煤焦油体积：63/1.13≈55.75(m^3)。

符合规定的体积充装范围为 55.11～55.75 m^3，充装重量范围为 62.28～63 t。

(2)在煤焦油装车的办理限制公布后，正式实施运输前，应做下列工作：

根据《铁路危险货物运输管理规则》第 23 条的规定：产权单位应与办理站(货运中心)签订专用线运输协议和危险货物运输安全协议。

(3)煤焦油罐车属于非气体类，根据《铁路危险货物运输管理规则》第 79 条规定，承运时车站应检查：

①托运人或收货人的罐车产权单位名称应与"过轨运输证"的单位名称相统一；

②货物品名、托运人、收货人、发到站、专用线等应与办理限制相统一；

③货物品名应与罐体标记品名相统一；

④托运人提供的充装记录；

⑤应检查铁路罐车容积检定证书和铁路罐车罐体检测报告；

⑥虽符合上述①～⑤项条件，但车辆检修时间过期、证件过期、车况不良、罐体密封不严、罐体标记文字不清等有碍安全运输的不予办理运输。

S3　货运日常工作分析内容和考核内容

铁道行业职业技能认定货装值班员技师操作技能考核准备通知单

考核时间：60 min

一、鉴定站准备

1. 材料准备

序　号	材　料　名　称	规　格	数　量	备　注
1	《货运日常工作组织办法》	本	1	

2. 考场准备

(1)作业现场或演练场，场地条件及工具、量具应满足实际操作的需要，不得存在安全隐患，必要时需酌情配设辅助操作人员。

(2)如因客观原因场地条件不能满足实际操作需要时，可采取模拟的方式进行操作。

①供模拟考试用教室 1 间。

②考场内须光线充足，空气良好，环境安静，卫生整洁。

二、考生准备

考生按现场作业要求，着规定的作业服，佩戴标志，严格执行劳动保护的有关规定。考生需自备考试工具。

铁道行业职业技能认定货装值班员技师操作技能考核试卷(考评员用)

试题名称:货运日常工作分析内容和考核内容

试题内容:5 月 1 日,甲站需求车 160 车,受理车 150 车,实际装车 125 车,6:00 卸空 130 车,待卸 80 车,18:00 卸空 190 车,18:00 待卸 50 车,请说明货运日常工作分析内容有哪些?请计算装车计划兑现率、装车满足率、夜间卸车比重。

一、技术要求

1. 技术用语规范。
2. 在不违反试题内容的前提下,未给定条件可自设。

二、考核要求

1. 作业过程完整。
2. 本项技能认定由被认定人独立完成。

三、考核时限

1. 准备时间:10 min。
2. 正式操作时间:60 min。
3. 在规定时间内全部完成,不加分,也不扣分。每超时 1 min,从总分扣 5 分,总超时 5 min 停止作业。

四、考核评分

1. 考评人员 3 名及以上。
2. 评分点见“考核评分记录表”。
3. 评分程序及规则:考评员各自根据考生作业程序在评分表上给予记录评分,取平均分为评定得分。
4. 算分方法:百分制计算,满分 100 分,60 分为及格。

五、否定项

若考生发生下列情况之一,则应及时终止其考试,该考生成绩记为零分。

1. 操作不当造成设备、工具、仪器和材料损坏。
2. 严重违反安全作业规程,违反考试纪律。

铁道行业职业技能认定货装值班员技师操作技能考核试卷(考生用)

单位: 姓名: 准考证号:

试题内容:5 月 1 日,甲站需求车 160 车,受理车 150 车,实际装车 125 车,6:00 卸空 130 车,待卸 80 车,18:00 卸空 190 车,18:00 待卸 50 车,请说明货运日常工作分析内容有哪些?请计算装车计划兑现率、装车满足率、夜间卸车比重。

铁道行业职业技能认定货装值班员技师操作技能考核评分记录表

准考证号：　　　　　　　姓名：　　　　　　性别：　　　　　　单位：

试题名称：货运日常工作分析内容和考核内容　　　　　　　　　　考核时间：60 min

操作开始时间：　　时　　分　　　　　　操作结束时间：　　时　　分

序号	考核内容	考 核 要 点	配分	评 分 标 准	扣分	得分
1	货运日常工作分析内容	10 项内容	60	每漏、错 1 处扣 5.5 分，漏最后总结扣 5 分		
2	货运日常考核内容	装车计划兑现率	10	每漏、错 1 处扣 5 分		
		装车满足率	10	每漏、错 1 处扣 5 分		
		夜间卸车比重	10	每漏、错 1 处扣 5 分		
3	试卷质量	层次分明、清晰、整洁、文字流畅、无错别字	5	未达到 1 处扣 1 分		
4	着装，标志佩戴	按规定着装，标志齐全	5	未按规定着装扣 5 分，未佩戴标志扣 2 分		
合计			100			
备注	超时 1 min 从总分扣 5 分，超时 5 min 停止作业					
否定项：若考生发生下列情况之一，则应及时终止其考试，该考生成绩记为零分。 1. 操作不当造成设备、工具、仪器和材料损坏。 2. 严重违反安全作业规程，违反考试纪律。						

考评员：　　　　　　　　　　　　总分人：　　　　　　　　　　　　年　　月　　日

参考答案要点

(1)货运日常工作分析内容

①货物发送量(装车数、静载重)完成情况；

②使用车去向完成情况；

③分品类装车完成情况；

④装车命令指定装运的重点物资完成情况；

⑤口岸站进出口货物装卸车及主要品类完成情况；

⑥港口站装卸车及主要品类完成情况；

⑦应卸车完成情况；

⑧主要卸车站的卸车及停时完成情况；

⑨直达列车(“五定”班列，大宗货物直达、始发、阶梯直达)、成组装车完成情况；

⑩针对某一时期工作中关键问题的专题分析。

上述指标按阶段(旬、月、季、年)与计划及上年同期比较，总结好的做法，分析未完成原因，并按期报国铁集团。

(2)考核内容

装车计划兑现率＝(实际装车数/装车计划数)×100％＝125/150×100％≈83％

装车满足率＝(实际装车数/装车需求数)×100％＝125/160×100％≈78％

夜间卸车比重＝(6 点实际卸空车数/应卸车数)×100％＝130/(130＋80)×100％≈62％

S4　超长货物装载加固

铁道行业职业技能认定货装值班员技师操作技能考核准备通知单

考核时间:60 min

一、鉴定站准备

1. 材料准备

序　号	材　料　名　称	规　格	数　量	备　注
1	《铁路超限超重货物运输规则》	本	1	
2	《铁路货物装载加固规则》	本	1	

2. 考场准备

(1)作业现场或演练场,场地条件及工具、量具应满足实际操作的需要,不得存在安全隐患,必要时需酌情配设辅助操作人员。

(2)如因客观原因场地条件不能满足实际操作需要时,可采取模拟的方式进行操作。

①供模拟考试用教室1间。

②考场内须光线充足,空气良好,环境安静,卫生整洁。

二、考生准备

考生按现场作业要求,着规定的作业服,佩戴标志,严格执行劳动保护的有关规定。考生需自备考试工具。

铁道行业职业技能认定货装值班员技师操作技能考核试卷(考评员用)

试题名称:超长货物装载加固

试题内容:某站装运均重箱型货物一件,重35 t,尺寸及装载方法如图所示,货物对称地装载在NX_{17BH}型平车上(车自重22.8 t),使用160 mm高横垫木两根,两端挂有同规格的游车。请计算超限等级和运输过程中作用于货物上的各种力。

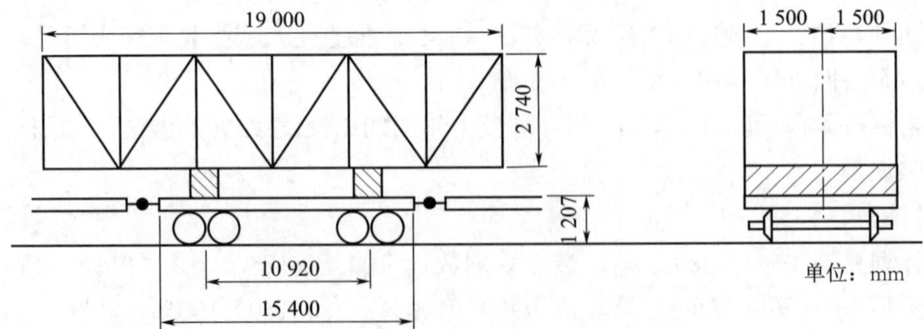

一、技术要求

1. 答题符合相关法律、法规、规章和标准的规定。
2. 技术用语规范。
3. 工具、设备使用应符合规定。
4. 在不违反试题内容的前提下，未给定条件可自设。

二、考核要求

1. 作业过程完整。
2. 本项技能认定属综合型考试。
3. 本项技能认定由被认定人独立完成。

三、考核时限

1. 准备时间：10 min。
2. 正式操作时间：60 min。
3. 在规定时间内全部完成，不加分，也不扣分。每超时 1 min，从总分扣 5 分，总超时 5 min 停止作业。

四、考核评分

1. 考评人员 3 名及以上。
2. 评分点见“考核评分记录表”。
3. 评分程序及规则：考评员各自根据考生作业程序在评分表上给予记录评分，取平均分为评定得分。
4. 算分方法：百分制计算，满分 100 分，60 分为及格。

五、否定项

若考生发生下列情况之一，则应及时终止其考试，该考生成绩记为零分。
1. 操作不当造成设备、工具、仪器和材料损坏。
2. 严重违反安全作业规程，违反考试纪律。

铁道行业职业技能认定货装值班员技师操作技能考核试卷(考生用)

单位：　　　　　　　　　　　　姓名：　　　　　　　　　　　　准考证号：

试题内容：某站装运均重箱型货物一件，重 35 t，尺寸及装载方法如图所示，货物对称地装载在 NX_{17BH} 型平车上(车自重 22.8 t)，使用 160 mm 高横垫木两根，两端挂有同规格的游车。请计算超限等级和运输过程中作用于货物上的各种力。

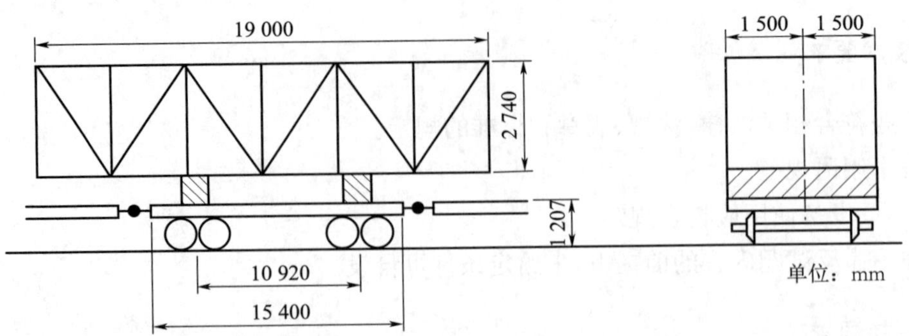

铁道行业职业技能认定货装值班员技师操作技能考核评分记录表

准考证号： 姓名： 性别： 单位：

试题名称：超长货物装载加固 考核时间：60 min

操作开始时间： 时 分 操作结束时间： 时 分

序号	考核内容	考 核 要 点	配分	评 分 标 准	扣分	得分
1	计算超限等级	确定检定断面	5	漏、错扣 5 分		
		计算偏差量	10	漏、错扣 10 分		
		计算附加偏差量	10	漏、错扣 10 分		
		确定计算点的宽度和高度	10	漏、错扣 10 分		
		查《铁路超限超重货物运输规则》确定超限等级	5	漏、错扣 5 分		
2	计算各种力值	纵向惯性力代用数据清楚，步骤完整，计算结果正确	10	漏、错扣 10 分		
		横向惯性力代用数据清楚，步骤完整，计算结果正确	10	漏、错扣 10 分		
		垂直惯性力代用数据清楚，步骤完整，计算结果正确	10	漏、错扣 10 分		
		风力代用数据清楚，步骤完整，计算结果正确	10	漏、错扣 10 分		
		纵向摩擦力代用数据清楚，步骤完整，计算结果正确	5	漏、错扣 5 分		
		横向摩擦力代用数据清楚，步骤完整，计算结果正确	5	漏、错扣 5 分		
3	试卷质量	层次分明、清晰、整洁、文字流畅、无错别字	5	未达到 1 处扣 1 分		
4	着装，标志佩戴	按规定着装，标志齐全	5	未按规定着装扣 5 分，未佩戴标志扣 2 分		
合计			100			
备注	超时 1 min 从总分扣 5 分，超时 5 min 停止作业					
否定项：若考生发生下列情况之一，则应及时终止其考试，该考生成绩记为零分。 1. 操作不当造成设备、工具、仪器和材料损坏。 2. 严重违反安全作业规程，违反考试纪律。						

考评员： 总分人： 年 月 日

参考答案要点

(1)计算超限等级

①选择检定断面及计算点

检定断面应选在货物端部，计算点在其最高处两侧。

②计算偏差量

$$C_{外}=\frac{(2x)^2-l^2}{8R}\times 1\ 000=\frac{[2\times(19\div 2)]^2-10.92^2}{8\times 300}\times 1\ 000\approx 101(\text{mm})$$

③计算附加偏差量

$$K=75\left(\frac{2x}{l}-1.4\right)=75\times\left(\frac{19}{10.92}-1.4\right)\approx 25(\text{mm})$$

④确定货物计算宽度与高度

$$X_{外}=B+C_{外}+K-36=1\ 500+101+25-36=1\ 590(\text{mm})$$

$$H=2\ 740+160+1\ 207=4\ 107(\text{mm})$$

⑤确定超限等级

根据计算点高度 4 107 mm，计算点宽度 1 590 mm，确定为二级超限。

(2)计算作用于货物上的各种力值

①纵向惯性力

$T=t_0\times Q=(0.001\ 2Q_{总}^2-0.32Q_{总}+29.85)\times Q=(0.001\ 2\times 57.8^2-0.32\times 57.8+29.85)\times 35\approx 537.7(\text{kN})$

②横向惯性力

$$n_0=2.82+2.2\frac{a}{l}=2.82(\text{kN/t})$$

$$N=n_0Q=2.82\times 35=98.7(\text{kN})$$

③垂直惯性力

$$q_{垂}=3.54+3.78\frac{a}{l}=3.54(\text{kN/t})$$

$$Q_{垂}=q_{垂}Q=3.54\times 35=123.9(\text{kN})$$

④风力

$$W=qF=0.49\times(19\times 2.74)\approx 25.5(\text{kN})$$

⑤摩擦力

$$F_{摩}^{纵}=9.8\mu Q=9.8\times 0.45\times 35\approx 154.4(\text{kN})$$

$$F_{摩}^{横}=\mu(9.8Q-Q_{垂})=0.45\times(9.8\times 35-123.9)\approx 98.6(\text{kN})$$

S5　装卸违章致使车轮脱轨

铁道行业职业技能认定货装值班员技师操作技能考核准备通知单

考核时间：60 min

一、鉴定站准备

1. 材料准备

序号	材料名称	规格	数量	备注
1	《铁路货物装卸安全技术规则》	本	1	

2. 考场准备

(1)作业现场或演练场，场地条件及工具、量具应满足实际操作的需要，不得存在安全隐患，必要时需酌情配设辅助操作人员。

(2)如因客观原因场地条件不能满足实际操作需要时，可采取模拟的方式进行操作。

①供模拟考试用教室1间。

②考场内须光线充足，空气良好，环境安静，卫生整洁。

二、考生准备

考生按现场作业要求，着规定的作业服，佩戴标志，严格执行劳动保护的有关规定。考生需自备考试工具。

铁道行业职业技能认定货装值班员技师操作技能考核试卷(考评员用)

试题名称：装卸违章致使车轮脱轨

试题内容：甲站在货2线调车作业时发现线路东端车号为X_{70}5228971车辆2位台车轮对脱轨。经查，装卸队接通知货2线卸集装箱30车，防护信号安设完毕后，正面吊辅助人员张某配合货运员乔某在线路西端检查车辆，另一辅助人员赵某对作业区域进行隔离防护，这时正面吊司机吴某独自在吊卸X_{70}5228971车辆上装载的集装箱时，因箱体与车辆锁头未分离，正面吊将集装箱连同车辆2位端一同吊起，造成2位台车轮对脱轨，构成铁路交通一般D2事故。请分析该事故发生的违章之处，说出应急处置要点。

一、技术要求

1. 答题符合相关法律、法规、规章和标准的规定。
2. 技术用语规范。
3. 工具、设备使用应符合规定。
4. 在不违反试题内容的前提下，未给定条件可自设。

二、考核要求

1. 作业过程完整。
2. 本项技能认定属综合型考试。
3. 本项技能认定由被认定人独立完成。

三、考核时限

1. 准备时间：10 min。
2. 正式操作时间：60 min。

3. 在规定时间内全部完成，不加分，也不扣分。每超时 1 min，从总分扣 5 分，总超时 5 min 停止作业。

四、考核评分

1. 考评人员 3 名及以上。

2. 评分点见“考核评分记录表”。

3. 评分程序及规则：考评员各自根据考生作业程序在评分表上给予记录评分，取平均分为评定得分。

4. 算分方法：百分制计算，满分 100 分，60 分为及格。

五、否定项

若考生发生下列情况之一，则应及时终止其考试，该考生成绩记为零分。

1. 操作不当造成设备、工具、仪器和材料损坏。

2. 严重违反安全作业规程，违反考试纪律。

铁道行业职业技能认定货装值班员技师操作技能考核试卷(考生用)

单位：　　　　　　　　　　　　　姓名：　　　　　　　　　　　　　准考证号：

试题内容：甲站在货 2 线调车作业时发现线路东端车号为 X_{70}5228971 车辆 2 位台车轮对脱轨。经查，装卸队接通知货 2 线卸集装箱 30 车，防护信号安设完毕后，正面吊辅助人员张某配合货运员乔某在线路西端检查车辆，另一辅助人员赵某对作业区域进行隔离防护，这时正面吊司机吴某独自在吊卸 X_{70}5228971 车辆上装载的集装箱时，因箱体与车辆锁头未分离，正面吊将集装箱连同车辆 2 位端一同吊起，造成 2 位台车轮对脱轨，构成铁路交通一般 D2 事故。请分析该事故发生的违章之处，说出应急处置要点。

铁道行业职业技能认定货装值班员技师操作技能考核评分记录表

准考证号：　　　　　姓名：　　　　　　性别：　　　　　单位：

试题名称：装卸违章致使车轮脱轨　　　　　　　　　　　　　　　考核时间：60 min

操作开始时间：　　时　　分　　　　　　　操作结束时间：　　时　　分

序号	考核内容	考 核 要 点	配分	评 分 标 准	扣分	得分
1	集装箱吊卸作业	起重机械作业“十不吊”和“装卸集装箱平车(F-TR 锁)时，辅助人员不少于 2 人”的规定	10	每漏、错 1 处扣 5 分		
		点动试吊	10	漏、错扣 10 分		
		卸集装箱平车(F-TR 锁)作业重点	10	每漏、错 1 处扣 5 分		
		现场盯控	10	每漏、错 1 处扣 5 分		
		安全知识	10	每漏、错 1 处扣 5 分		
2	如何处理	脱轨处置要点	40	每漏、错 1 处扣 5 分		
3	试卷质量	层次分明、清晰、整洁、文字流畅、无错别字	5	未达到 1 处扣 1 分		

续上表

序号	考核内容	考核要点	配分	评分标准	扣分	得分
4	着装，标志佩戴	按规定着装，标志齐全	5	未按规定着装扣5分，未佩戴标志扣2分		
合计			100			
备注	超时1 min从总分扣5分，超时5 min停止作业					
否定项：若考生发生下列情况之一，则应及时终止其考试，该考生成绩记为零分。 1. 操作不当造成设备、工具、仪器和材料损坏。 2. 严重违反安全作业规程，违反考试纪律。						

考评员：　　　　　　　　　　总分人：　　　　　　　　　　年　月　日

参考答案要点

(1)事故发生的违章之处

①正面吊司机吴某在无人指挥的情况下，违章独自进行集装箱吊卸作业，违反起重机械作业“十不吊”中“非信号人员指挥或信号不明不吊”和“装卸集装箱平车(F-TR锁)时，辅助人员不少于2人”的规定。

②正面吊司机未执行“点动试吊”，违反“卸集装箱平车(F-TR锁)时，应先以低速挡点动起升100 mm左右，确认集装箱角件孔与车辆锁头分离后，方可继续起升”的规定。

③正面吊辅助人员张某、赵某未及时制止正面吊司机独自卸车违章的行为，也未检查确认集装箱角件孔与车辆锁头的分离状态。

④现场盯控出现空当。货运员乔某在卸车作业过程中，未履行安全检查职责，对卸车过程没有全程盯控，车辆卸空后未对车辆进行检查确认。

⑤安全教育培训不到位。作业人员缺乏本岗位应掌握的安全知识要求，对作业标准不落实造成的严重后果认识不清。

(2)应急处置要点

①通知相关人员立即离开危险区域，避免或减轻人身伤害。

②立即向负责人、值班调度人员或车站值班员报告事故发生的时间、地点、货车脱轨或倾覆辆数及人员伤亡情况等。

③按照事故救援统一指挥做好相关工作，保护人身和财产安全。

④保护好事故现场，积极协助有关部门调查、取证。

S6　货物装载加固

铁道行业职业技能认定货装值班员技师操作技能考核准备通知单

考核时间：60 min

一、鉴定站准备

1. 材料准备

序 号	材 料 名 称	规 格	数 量	备 注
1	《铁路货物装载加固规则》	本	1	
2	《铁路超限超重货物运输规则》	本	1	

2. 考场准备

(1)作业现场或演练场，场地条件及工具、量具应满足实际操作的需要，不得存在安全隐患，必要时需酌情配设辅助操作人员。

(2)如因客观原因场地条件不能满足实际操作需要时，可采取模拟的方式进行操作。

①供模拟考试用教室1间。

②考场内须光线充足，空气良好，环境安静，卫生整洁。

二、考生准备

考生按现场作业要求，着规定的作业服，佩戴标志，严格执行劳动保护的有关规定。考生需自备考试工具。

铁道行业职业技能认定货装值班员技师操作技能考核试卷(考评员用)

试题名称:货物装载加固

试题内容:某站装运一均重货件，重36 t，规格为16 300 mm×2 800 mm×1 200 mm，使用横垫木高度为200 mm，请确定装载方法。(使用N17K装运，车辆标重60 t，自重20.8 t，车长13 000 mm，车地板高1 211 mm，车辆重心高723 mm，销距9 000 mm)

一、技术要求

1. 答题符合相关的法律、法规、规章标准的规定。
2. 技术用语规范。
3. 工具、设备使用应符合规定。
4. 在不违反试题内容的前提下，未给定条件可自设。

二、考核要求

1. 作业过程完整。
2. 本项技能认定属综合型考试。
3. 本项技能认定由被认定人独立完成。

三、考核时限

1. 准备时间:10 min。
2. 正式操作时间:60 min。
3. 在规定时间内全部完成，不加分，也不扣分。每超时1 min，从总分扣5分，总超时5 min停止作业。

四、考核评分

1. 考评人员 3 名及以上。

2. 评分点见“考核评分记录表”。

3. 评分程序及规则：考评员各自根据考生作业程序在评分表上给予记录评分，取平均分为评定得分。

4. 算分方法：百分制计算，满分 100 分，60 分为及格。

五、否定项

若考生发生下列情况之一，则应及时终止其考试，该考生成绩记为零分。

1. 操作不当造成设备、工具、仪器和材料损坏。

2. 严重违反安全作业规程，违反考试纪律。

铁道行业职业技能认定货装值班员技师操作技能考核试卷(考生用)

单位：　　　　姓名：　　　　准考证号：

试题内容：某站装运一均重货件，重 36 t，规格为 16 300 mm×2 800 mm×1 200 mm，使用横垫木高度为 200 mm，请确定装载方法。(使用 N_{17K} 装运，车辆标重 60 t，自重 20.8 t，车长 13 000 mm，车地板高 1 211 mm，车辆重心高 723 mm，销距 9 000 mm)

铁道行业职业技能认定货装值班员技师操作技能考核评分记录表

准考证号：　　　　姓名：　　　　性别：　　　　单位：

试题名称：货物装载加固　　　　考核时间：60 min

操作开始时间：　　时　　分　　　　操作结束时间：　　时　　分

序号	考核内容	考核要点	配分	评分标准	扣分	得分
1	确定装载方法	货物总重心偏离车辆横中心线容许距离的计算	10	漏、错扣 10 分		
		一端突出装载货物总重心偏离车辆横中心线实际距离	5	漏、错扣 5 分		
		确定装载是否符合规定	5	漏、错扣 5 分		
		一端突出 300 mm，另一端使用游车装载，货物总重心偏离车辆横中心线实际距离	5	漏、错扣 5 分		
		确定装载是否符合规定	5	漏、错扣 5 分		
		一车负重，货物重心位于车辆纵横中心线交叉点上，两端突出一致，两端加挂游车的装载方法	5	漏、错扣 5 分		
		计算重车重心高	10	漏、错扣 10 分		
		确定检定断面	5	漏、错扣 5 分		
		计算货物检定断面处的外偏差量	10	漏、错扣 10 分		
		计算附加偏差量	10	漏、错扣 10 分		
		确定货物计算宽度	5	漏、错扣 5 分		

续上表

序号	考核内容	考核要点	配分	评分标准	扣分	得分
1	确定装载方法	确定货物计算高度	5	漏、错扣5分		
		确定是否超限	5	漏、错扣5分		
		确定装载是否符合规定	5	漏、错扣5分		
2	试卷质量	层次分明、清晰、整洁、文字流畅、无错别字	5	未达到1处扣1分		
3	着装，标志佩戴	按规定着装，标志齐全	5	未按规定着装扣5分，未佩戴标志扣2分		
合计			100			
备注	超时1 min从总分扣5分，超时5 min停止作业					
否定项：若考生发生下列情况之一，则应及时终止其考试，该考生成绩记为零分。 1. 操作不当造成设备、工具、仪器和材料损坏。 2. 严重违反安全作业规程，违反考试纪律。						

考评员： 总分人： 年 月 日

参考答案要点

(1)确定货物总重心偏离车辆横中心线的容许距离$a_{容}$

当$P_{容}-Q=60-36=24(t)\geqslant 10$ t时：$a_{容}=\dfrac{5}{Q}l=\dfrac{5}{36}\times 9\ 000\approx 1\ 250(mm)$。

(2)一端突出装载

$a_{实}=(货长-车长)/2=(16\ 300-13\ 000)/2=1\ 650(mm)$

$a_{实}>a_{容}$，不符合装载条件。

(3)一端突出300 mm，另一端使用游车装载

$a_{实}=货长/2-车长/2-300=1\ 350(mm)$

$a_{实}>a_{容}$，不符合装载条件。

(4)一车负重，货物重心位于车辆纵横中心线交叉点上，两端突出一致，两端加挂游车的装载方法

①计算重车重心高

$h_{货}=1\ 200/2+1\ 211+200=2\ 011(mm)$

$H=(Q_{车}h_{车}+Q_{货}h_{货})/(Q_{车}+Q_{货})$

$=(20.8\times 723+36\times 2\ 011)/(20.8+36)\approx 1\ 539(mm)$

②计算是否超限

$x=货长/2=8.15(m)$

因$2x/l=2\times 8.15/9\approx 1.81>1.4$，货物的检定断面在突出端的端部。

$C_{外}=[(2x)^2-l^2]\div(8R)\times 1\ 000=[(2\times 8.15)^2-9^2]\div 2\ 400\times 1\ 000\approx 77(mm)$

$K=75\times(2x/l-1.4)=75\times(2\times 8\ 150/9\ 000-1.4)\approx 31(mm)$

$X=B+C_{外}+K-36=1\ 400+77+31-36=1\ 472(mm)$

$H'=1\ 200+200+1\ 211=2\ 611$(mm)

查《铁路超限超重货物运输规则》附件4“机车车辆限界基本轮廓、各级超限限界与建筑限界距离线路中心线所在垂直平面尺寸表”,在高度2 611 mm,计算宽度为1 472 mm处,该货物不超限。

因此,该装载方案符合规定要求。

S7　超限货物运输

铁道行业职业技能认定货装值班员技师操作技能考核准备通知单

考核时间:60 min

一、鉴定站准备

1. 材料准备

序　号	材　料　名　称	规　格	数　量	备　注
1	《铁路货物装载加固规则》	本	1	
2	《铁路超限超重货物运输规则》	本	1	

2. 考场准备

(1)作业现场或演练场,场地条件及工具、量具应满足实际操作的需要,不得存在安全隐患,必要时需酌情配设辅助操作人员。

(2)如因客观原因场地条件不能满足实际操作需要时,可采取模拟的方式进行操作。

①供模拟考试用教室1间。

②考场内须光线充足,空气良好,环境安静,卫生整洁。

二、考生准备

考生按现场作业要求,着规定的作业服,佩戴标志,严格执行劳动保护的有关规定。考生需自备考试工具。

铁道行业职业技能认定货装值班员技师操作技能考核试卷(考评员用)

试题名称:超限货物运输

试题内容:一件货物重48 t,长15 600 mm,宽2 980 mm,高2 000 mm,货物重心高1 000 mm。选用NX_{17BH}一辆两端、两侧等距离突出装载,使用高度150 mm横垫木两根,装后货物重心距离车辆横中心线1 000 mm,距离车辆纵中心线60 mm。(NX_{17BH}自重22.8 t,标重61 t,车底架长15 400 mm,宽2 960 mm,转向架中心距10 920 mm,地板面至轨面的高为1 207 mm,空车重心高740 mm)(1)请问此装载方法是否合理?(2)计算重车重心高是多少?(3)该货物是否超限?

一、技术要求

1. 答题符合相关法律、法规、规章和标准的规定。
2. 技术用语规范。
3. 工具、设备使用应符合规定。
4. 在不违反试题内容的前提下,未给定条件可自设。

二、考核要求

1. 作业过程完整。
2. 本项技能认定属综合型考试。
3. 本项技能认定由被认定人独立完成。

三、考核时限

1. 准备时间:10 min。
2. 正式操作时间:60 min。
3. 在规定时间内全部完成,不加分,也不扣分。每超时 1 min,从总分扣 5 分,总超时 5 min 停止作业。

四、考核评分

1. 考评人员 3 名及以上。
2. 评分点见"考核评分记录表"。
3. 评分程序及规则:考评员各自根据考生作业程序在评分表上给予记录评分,取平均分为评定得分。
4. 算分方法:百分制计算,满分 100 分,60 分为及格。

五、否定项

若考生发生下列情况之一,则应及时终止其考试,该考生成绩记为零分。
1. 操作不当造成设备、工具、仪器和材料损坏。
2. 严重违反安全作业规程,违反考试纪律。

铁道行业职业技能认定货装值班员技师操作技能考核试卷(考生用)

单位: **姓名:** **准考证号:**

试题内容:一件货物重 48 t,长 15 600 mm,宽 2 980 mm,高 2 000 mm,货物重心高 1 000 mm。选用 NX_{17BH} 一辆两端、两侧等距离突出装载,使用高度 150 mm 横垫木两根,装后货物重心距离车辆横中心线 1 000 mm,距离车辆纵中心线 60 mm。(NX_{17BH} 自重 22.8 t,标重 61 t,车底架长 15 400 mm,宽 2 960 mm,转向架中心距 10 920 mm,地板面至轨面的高为 1 207 mm,空车重心高 740 mm)(1)请问此装载方法是否合理?(2)计算重车重心高是多少?(3)该货物是否超限?

铁道行业职业技能认定货装值班员技师操作技能考核评分记录表

准考证号：　　　　　　　　姓名：　　　　　　　　性别：　　　　　　　　单位：

试题名称：超限货物运输　　　　　　　　　　　　　　　　　　　　　　考核时间：60 min

操作开始时间：　时　分　　　　　　　　　　操作结束时间：　时　分

序号	考核内容	考核要点	配分	评分标准	扣分	得分
1	检验装载方法是否符合规定	计算纵向偏移容许偏离量	10	每漏、错 1 处扣 5 分		
		确定纵向偏离是否符合规定	5	漏、错扣 5 分		
		横向偏离量引用规章说明	5	漏、错扣 5 分		
		确定横向偏离是否符合规定	5	漏、错扣 5 分		
2	计算重车重心高	确定重车重心高	15	每漏、错 1 处扣 5 分		
3	确定超限等级	确定是否超限	40	每漏、错 1 处扣 5 分		
		引用规章对检验结果进行说明	10	每漏、错 1 处扣 5 分		
4	试卷质量	层次分明、清晰、整洁、文字流畅、无错别字	5	未达到 1 处扣 1 分		
5	着装，标志佩戴	按规定着装，标志齐全	5	未按规定着装扣 5 分，未佩戴标志扣 2 分		
合计			100			
备注	超时 1 min 从总分扣 5 分，超时 5 min 停止作业					

否定项：若考生发生下列情况之一，则应及时终止其考试，该考生成绩记为零分。
1. 操作不当造成设备、工具、仪器和材料损坏。
2. 严重违反安全作业规程，违反考试纪律。

考评员：　　　　　　　　　　　　　　总分人：　　　　　　　　　　　　　　年　月　日

参考答案要点

(1)检验装载方法是否符合规定

①货物重心偏离车辆横中心线的容许距离。

当 $P_{容}-Q\geqslant 10$ t时，即 61－48＝13(t)＞10 t。

$$a_{容}=\frac{5}{Q}l=\frac{5}{48}\times 10\ 920\approx 1\ 138(\text{mm})$$

货物重心偏离车辆横中心线的实际距离为 1 000 mm，比较得知货物实际偏离量小于容许偏离量 1 138 mm，符合规定。

②依据《铁路货物装载加固规则》第 12 条：装车后货物总重心的投影应位于货车纵、横中心线的交叉点上。必须偏离时，横向偏离量不得超过 100 mm。

货物重心偏离车辆纵中心线的距离为 60 mm，小于 100 mm，符合规定。

(2)计算重车重心高

据题意已知：$Q_{车}=22.8$ t，$h_{车}=740$ mm，$Q_{货}=48$ t，$h_{货}$＝货物重心高度＋垫木高度＋车地板高度＝1 000＋150＋1 207＝2 357(mm)。

重车重心高 $H=\frac{h_{车}Q_{车}+h_{货}Q_{货}}{Q_{车}+Q_{货}}=[(740\times22.8)+(2\ 357\times48)]\div(22.8+48)$

$\approx1\ 837(\text{mm})<2\ 000\ \text{mm}$

(3)确定超限等级

①确定计算点

该货物装车后最低点距轨面高度为 1 357 mm>1 250 mm，选上不选下，所以计算点应在货物上部最高处；又 $2x/l=15\ 600/10\ 920\approx1.43>1.4$，货物中部的偏差量小于两端偏差量，所以计算点应选在货物两端上部最高处。

②货物计算宽度

a. 实测宽度 $B=1\ 490$ mm

b. 外偏差量 $C_{外}=\frac{(2x)^2-l^2}{8R}\times1\ 000$

$=[(2\times7.8)^2-10.92^2]/(8\times300)\times1\ 000$

$\approx52(\text{mm})$

c. 附加偏差量 $K=75\left(\frac{2x}{l}-1.4\right)=75\left(\frac{15\ 600}{10\ 920}-1.4\right)\approx3(\text{mm})$

d. 计算宽度 $X_{外}=B+C_{外}+K-36=1\ 490+52+3-36=1\ 509(\text{mm})$

③确定计算点高度

$H'=2\ 000+1\ 207+150=3\ 357(\text{mm})$

④确定超限等级

根据计算结果，计算点高度 3 357 mm 处，计算宽度为 1 509 mm，查《铁路超限超重货物运输规则》附件 4，确定该处不超限。

经计算得知，选用 NX17BH 两端、两侧均衡突出装载，重车重心小于 2 000 mm，也不超限，符合《铁路货物装载加固规则》附件 2 和《铁路货物装载加固规则》第 12、19 条规定。

S8　货物损失赔偿

铁道行业职业技能认定货装值班员技师操作技能考核准备通知单

考核时间：60 min

一、鉴定站准备

1. 材料准备

序　号	材　料　名　称	规　格	数　量	备　注
1	《铁路货物运输规程》	本	1	
2	《铁路货物运输管理规则》	本	1	
3	《铁路货物损失处理规则》	本	1	

2. 考场准备

(1)作业现场或演练场,场地条件及工具、量具应满足实际操作的需要,不得存在安全隐患,必要时需酌情配设辅助操作人员。

(2)如因客观原因场地条件不能满足实际操作需要时,可采取模拟的方式进行操作。

①供模拟考试用教室1间。

②考场内须光线充足,空气良好,环境安静,卫生整洁。

二、考生准备

考生按现场作业要求,着规定的作业服,佩戴标志,严格执行劳动保护的有关规定。考生需自备考试工具。

铁道行业职业技能认定货装值班员技师操作技能考核试卷(考评员用)

试题名称:货物损失赔偿

试题内容:2021年7月7日A站承运到B站化肥一车,车号C4613666,“站到门”运输,苫盖篷布一块,件数1 200件,包装标重50 kg,全批保价12万元。7月14日B站卸前检查,车体良好,篷布捆绑无异状,运行前端顶部有1 000 mm×800 mm破口,卸见货物实有1 188件。B站15日编制货运记录并向C站(上一有监控设备货运检查站)拍发电报。16日与B站合作的社会物流企业送达过程中发生交通事故,造成16件漏失不能收集,当日编制补充记录。请代B站分析定责,并确定货物损失种类及相关单位责任赔款。

一、技术要求

1. 答题符合相关的法律、法规、规章和标准的规定。
2. 技术用语规范。
3. 在不违反试题内容的前提下,未给定条件可自设。

二、考核要求

1. 作业过程完整。
2. 本项技能认定属综合型考试。
3. 本项技能认定由被认定人独立完成。

三、考核时限

1. 准备时间:10 min。
2. 正式操作时间:60 min。
3. 在规定时间内全部完成,不加分,也不扣分。每超时1 min,从总分扣5分,总超时5 min停止作业。

四、考核评分

1. 考评人员3名及以上。

2. 评分点见"考核评分记录表"。

3. 评分程序及规则:考评员各自根据考生作业程序在评分表上给予记录评分,取平均分为评定得分。

4. 算分方法:百分制计算,满分100分,60分为及格。

五、否定项

若考生发生下列情况之一,则应及时终止其考试,该考生成绩记为零分。

1. 操作不当造成设备、工具、仪器和材料损坏。

2. 严重违反安全作业规程,违反考试纪律。

铁道行业职业技能认定货装值班员技师操作技能考核试卷(考生用)

单位: 姓名: 准考证号:

试题内容:2021年7月7日A站承运到B站化肥一车,车号C4613666,"站到门"运输,苫盖篷布一块,件数1 200件,包装标重50 kg,全批保价12万元。7月14日B站卸前检查,车体良好,篷布捆绑无异状,运行前端顶部有1 000 mm×800 mm破口,卸见货物实有1 188件。B站15日编制货运记录并向C站(上一有监控设备货运检查站)拍发电报。16日与B站合作的社会物流企业送达过程中发生交通事故,造成16件漏失不能收集,当日编制补充记录。请代B站分析定责,并确定货物损失种类及相关单位责任赔款。

铁道行业职业技能认定货装值班员技师操作技能考核评分记录表

准考证号: 姓名: 性别: 单位:

试题名称:货物损失赔偿 考核时间:60 min

操作开始时间: 时 分 操作结束时间: 时 分

序号	考核内容	考核要点	配分	评分标准	扣分	得分
1	货物损失责任划分	被盗责任划分	5	漏、错扣5分		
		责任划分依据	10	每漏、错1处扣5分		
		确定责任单位	5	漏、错扣5分		
		赔款分摊单位	5	漏、错扣5分		
		漏失责任划分	5	漏、错扣5分		
		责任划分依据	10	每漏、错1处扣5分		
		确定责任单位	5	漏、错扣5分		
		确定赔款单位	5	漏、错扣5分		
2	货物损失赔偿计算	通过计算,确定各单位赔款金额	20	每漏、错1处扣5分		
3	确定损失种类	通过计算,确定损失种类	20	每漏、错1处扣5分		

续上表

序号	考核内容	考 核 要 点	配分	评 分 标 准	扣分	得分
4	试卷质量	层次分明、清晰、整洁、文字流畅、无错别字	5	未达到 1 处扣 1 分		
5	着装，标志佩戴	按规定着装，标志齐全	5	未按规定着装扣 5 分，未佩戴标志扣 2 分		
合计			100			
备注	超时 1 min 从总分扣 5 分，超时 5 min 停止作业					
否定项：若考生发生下列情况之一，则应及时终止其考试，该考生成绩记为零分。 1. 操作不当造成设备、工具、仪器和材料损坏。 2. 严重违反安全作业规程，违反考试纪律。						

考评员：　　　　　　　　　　总分人：　　　　　　　　　　年　　月　　日

参考答案要点

(1)货物损失责任划分

①被盗责任划分

a. B 站未在规定时间内拍发电报，被盗 12 件货物损失列 B 站责任。

b. 依据《铁路货物损失处理规则》附件 3 二、(十)2 规定：检查发现但未处理的，列发现站责任。

c. 赔款由发现站、装车站和上一有监控设备的货运检查站分摊。

d. 赔款由 A、B、C 站分摊。

②漏失责任划分

a. 与 B 站合作的社会物流企业送达过程中发生交通事故，造成 16 件漏失不能收集。漏失 16 件货物属于 B 站责任。

b. 依据《铁路货物损失处理规则》附件 3 四、(二十)规定：由承运人负责接取送达时，在送达时发生的货物损失，列到站责任。

c. 漏失 16 件货物列 B 站责任。

d. 赔款由 B 站承担(委托其他物流企业接取送达时，B 站按委托协议清算赔款)。

(2)货物损失赔偿计算

篷布被盗割造成 12 件货物被盗损失为 120 000.00/1 200×12=1 200.00(元)

送达漏失 16 件货物损失为 120 000.00/1 200×16=1 600.00(元)

其中：

B 站责任赔偿 1 200.00/3+1 600.00=2 000.00(元)

A 站赔偿 1 200.00/3=400.00(元)

C 站赔偿 1 200.00/3=400.00(元)

综上所述，B 站责赔 2 000.00 元，A 站和 C 站分别分摊 400.00 元。

(3)确定损失种类

因漏失损失 1 600.00 元高于被盗损失 1 200.00 元，漏失属丢失类，因此该案货物损失为丢失。

S9 选择门吊

铁道行业职业技能认定货装值班员技师操作技能考核准备通知单

考核时间:60 min

一、鉴定站准备

1. 材料准备

序 号	材 料 名 称	规 格	数 量	备 注
1	《铁路货物装卸安全技术规则》	本	1	

2. 考场准备

(1)作业现场或演练场,场地条件及工具、量具应满足实际操作的需要,不得存在安全隐患,必要时需酌情配设辅助操作人员。

(2)如因客观原因场地条件不能满足实际操作需要时,可采取模拟的方式进行操作。

①供模拟考试用教室1间。

②考场内须光线充足,空气良好,环境安静,卫生整洁。

二、考生准备

考生按现场作业要求,着规定的作业服,佩戴标志,严格执行劳动保护的有关规定。考生需自备考试工具。

铁道行业职业技能认定货装值班员技师操作技能考核试卷(考评员用)

试题名称:选择门吊

试题内容:有一个等截面均质的金属构件长10 m,重50 t。现有三台起重量分别为40 t、30 t及20 t的门式起重机,要将该货物吊起应如何选择门吊?请回答门吊选择的依据并校验。

一、技术要求

1. 答题符合相关法律、法规、规章和标准的规定。
2. 技术用语规范。
3. 工具、设备使用应符合规定。
4. 在不违反试题内容的前提下,未给定条件可自设。

二、考核要求

1. 作业过程完整。
2. 本项技能认定属综合型考试。

3. 本项技能认定由被认定人独立完成。

三、考核时限

1. 准备时间:10 min。
2. 正式操作时间:60 min。
3. 在规定时间内全部完成,不加分,也不扣分。每超时 1 min,从总分扣 5 分,总超时 5 min 停止作业。

四、考核评分

1. 考评人员 3 名及以上。
2. 评分点见“考核评分记录表”。
3. 评分程序及规则:考评员各自根据考生作业程序在评分表上给予记录评分,取平均分为评定得分。
4. 算分方法:百分制计算,满分 100 分,60 分为及格。

五、否定项

若考生发生下列情况之一,则应及时终止其考试,该考生成绩记为零分。
1. 操作不当造成设备、工具、仪器和材料损坏。
2. 严重违反安全作业规程,违反考试纪律。

铁道行业职业技能认定货装值班员技师操作技能考核试卷(考生用)

单位: 姓名: 准考证号:

试题内容:有一个等截面均质的金属构件长 10 m,重 50 t。现有三台起重量分别为 40 t、30 t 及 20 t 的门式起重机,要将该货物吊起应如何选择门吊?请回答门吊选择的依据并校验。

铁道行业职业技能认定货装值班员技师操作技能考核评分记录表

准考证号: 姓名: 性别: 单位:

试题名称:选择门吊 考核时间:60 min

操作开始时间: 时 分 操作结束时间: 时 分

序号	考核内容	考 核 要 点	配分	评 分 标 准	扣分	得分
1	选择门吊	依据	24	每漏、错 1 处扣 8 分		
		考虑 40 t 及 20 t 门吊	22	每漏、错 1 处扣 5 分		
		考虑 30 t 及 20 t 门吊	15	每漏、错 1 处扣 5 分		
		考虑 40 t 及 30 t 门吊	25	每漏、错 1 处扣 5 分		
		综述	4	漏、错扣 4 分		
2	试卷质量	层次分明、清晰、整洁、文字流畅、无错别字	5	未达到 1 处扣 1 分		

续上表

序号	考核内容	考核要点	配分	评分标准	扣分	得分
3	着装，标志佩戴	按规定着装，标志齐全	5	未按规定着装扣5分，未佩戴标志扣2分		
合计			100			
备注	超时1 min从总分扣5分，超时5 min停止作业					
否定项：若考生发生下列情况之一，则应及时终止其考试，该考生成绩记为零分。 1. 操作不当造成设备、工具、仪器和材料损坏。 2. 严重违反安全作业规程，违反考试纪律。						

考评员：　　　　　　　　　　　总分人：　　　　　　　　　　　　　年　　月　　日

参考答案要点

根据两台起重机抬吊时，荷重不得超过两台起重机总起重量的80%，绑扎索点使负荷分配不得超过每台起重机起重能力的85%，两台起重机起重能力大小之比不得大于3∶2进行选择。

(1)选用40 t及20 t门吊

两台起重机总起重量＝40＋20＝60(t)

两台起重机总起重量的80%＝60×80%＝48(t)

金属构件重50 t大于48 t，荷重超过两台起重机总起重量的80%，所以不符合规定。

另外两台起重机起重能力大小之比＝40∶20＝2∶1，大于3∶2，也不符合规定。

故该方案不可行。

(2)选用30 t及20 t门吊

两台起重机总起重量＝30＋20＝50(t)

两台起重机总起重量的80%＝50×80%＝40(t)

金属构件重50 t大于40 t，荷重超过两台起重机总起重量的80%，所以不符合规定，故该方案不可行。

(3)选用40 t及30 t门吊

两台起重机总起重量＝40＋30＝70(t)

两台起重机总起重量的80%＝70×80%＝56(t)

金属构件重50 t小于56 t，荷重不超过两台起重机总起重量的80%，所以符合规定。

两台起重机起重能力大小之比＝40∶30＝4∶3，两台起重机起重能力大小之比不大于3∶2，也符合规定。故该方案可行。

所以应选用40 t及30 t门吊。

S10　现场作业质量检查

铁道行业职业技能认定货装值班员技师操作技能考核准备通知单

考核时间：60 min

一、鉴定站准备

1. 材料准备

序　号	材　料　名　称	规　格	数　量	备　注
1	《铁路货物装载加固规则》及附件	本	1	
2	《铁路超限超重货物运输规则》	本	1	
3	《铁路危险货物运输管理规则》	本	1	

2. 考场准备

(1)作业现场或演练场,场地条件及工具、量具应满足实际操作的需要,不得存在安全隐患,必要时需酌情配设辅助操作人员。

(2)如因客观原因场地条件不能满足实际操作需要时,可采取模拟的方式进行操作。

①供模拟考试用教室1间。

②考场内须光线充足,空气良好,环境安静,卫生整洁。

二、考生准备

考生按现场作业要求,着规定的作业服,佩戴标志,严格执行劳动保护的有关规定。考生需自备考试工具。

铁道行业职业技能认定货装值班员技师操作技能考核试卷(考评员用)

试题名称:现场作业质量检查

试题内容:下表是某站当日装车现状。请按规定检查装车质量,并指出存在问题,依章进行处理。

序号	车种	货物品名	装载简单情况	问题说明及处理
1	N_{17K}	桥架	货物一端突出端梁0.4 m	
2	P_{64AK}	氰化钠	随货押运无培训合格证	
3	N_{17AK}	钢轨	前转向架负重29 t,后转向架负重17 t	
4	N_{17AT}	水轮机	装后重车重心高为2 010 mm	
5	N_{17AK}	设备	货物重心横向偏移85 mm	
6	C_{62BK}	铁矿石	货重63 t,分三堆装于货车两端及中部	

一、技术要求

1. 答题符合相关法律、法规、规章和标准的规定。
2. 技术用语规范。
3. 工具、设备使用应符合规定。
4. 在不违反试题内容的前提下,未给定条件可自设。

二、考核要求

1. 作业过程完整。
2. 本项技能认定属综合型考试。

3. 本项技能认定由被认定人独立完成。

三、考核时限

1. 准备时间:10 min。
2. 正式操作时间:60 min。
3. 在规定时间内全部完成,不加分,也不扣分。每超时 1 min,从总分扣 5 分,总超时 5 min 停止作业。

四、考核评分

1. 考评人员 3 名及以上。
2. 评分点见“考核评分记录表”。
3. 评分程序及规则:考评员各自根据考生作业程序在评分表上给予记录评分,取平均分为评定得分。
4. 算分方法:百分制计算,满分 100 分,60 分为及格。

五、否定项

若考生发生下列情况之一,则应及时终止其考试,该考生成绩记为零分。
1. 操作不当造成设备、工具、仪器和材料损坏。
2. 严重违反安全作业规程,违反考试纪律。

铁道行业职业技能认定货装值班员技师操作技能考核试卷(考生用)

单位: 姓名: 准考证号:

试题内容:下表是某站当日装车现状。请按规定检查装车质量,并指出存在问题,依章进行处理。

序号	车种	货物品名	装载简单情况	问题说明及处理
1	N_{17K}	桥架	货物一端突出端梁 0.4 m	
2	P_{64AK}	氰化钠	随货押运无培训合格证	
3	N_{17AK}	钢轨	前转向架负重 29 t,后转向架负重 17 t	
4	N_{17AT}	水轮机	装后重车重心高为 2 010 mm	
5	N_{17AK}	设备	货物重心横向偏移 85 mm	
6	C_{62BK}	铁矿石	货重 63 t,分三堆装于货车两端及中部	

铁道行业职业技能认定货装值班员技师操作技能考核评分记录表

准考证号: 姓名: 性别: 单位:

试题名称:现场作业质量检查 考核时间:60 min

操作开始时间: 时 分 操作结束时间: 时 分

序号	考核内容	考 核 要 点	配分	评 分 标 准	扣分	得分
1	检查装车质量	突出车端规定、是否超长及处理方法	15	每漏、错 1 处扣 5 分		
		氰化钠车辆使用、押运规定及处理方法	15	每漏、错 1 处扣 5 分		

续上表

序号	考核内容	考核要点	配分	评分标准	扣分	得分
1	检查装车质量	纵向偏离规定、是否偏重和处理方法	15	每漏、错1处扣5分		
		重车重心高规定、确定限速运行和处理方法	20	每漏、错1处扣5分		
		横向偏离规定和判定是否偏载	10	每漏、错1处扣5分		
		散堆装装载规定和处理方法	15	每漏、错1处扣5分		
2	试卷质量	层次分明、清晰、整洁、文字流畅、无错别字	5	未达到1处扣1分		
3	着装，标志佩戴	按规定着装，标志齐全	5	未按规定着装扣5分，未佩戴标志扣2分		
合计			100			
备注	超时1 min从总分扣5分，超时5 min停止作业					

否定项：若考生发生下列情况之一，则应及时终止其考试，该考生成绩记为零分。
1. 操作不当造成设备、工具、仪器和材料损坏。
2. 严重违反安全作业规程，违反考试纪律。

考评员：　　　　总分人：　　　　年　月　日

参考答案要点

(1)依据《铁路货物装载加固规则》第19条，货物突出平车车端装载，突出端的半宽不大于车辆半宽时，允许突出端梁300 mm；大于车辆半宽时，允许突出端梁200 mm。而桥架一端突出端梁0.4 m，属超长货物。

处理方法：超过此限时，应使用游车。

(2)氰化钠属剧毒品，依据《铁路危险货物运输管理规则》第41条，毒性物质限使用毒品专用车，如毒品专用车不足时，经铁路局集团公司批准可使用铁底棚车装运(剧毒品除外)，并派押运人随车押运。依《铁路危险货物运输管理规则》第50条，押运员押运时应携带培训合格证明。

处理方法：必须将该货物倒装到毒品专用车，且派经培训合格的人员随车押运，并持有效的“培训合格证”、身份证。

(3)依据《铁路货物装载加固规则》第12条，纵向偏离时，每个车辆转向架所承受的货物重量不得超过货车容许载重量的二分之一，且两转向架承受重量之差不得大于10 t。前转向架负重29 t，后转向架负重17 t，两转向架承受重量之差12 t＞10 t，该钢轨装载偏重。

处理方法：将钢轨纵向位移，使装后钢轨总重心落在车辆纵横中心线的交叉点上。

(4)依据《铁路货物装载加固规则》第13条，重车重心高度从钢轨面起，超过2 000 mm时应按《铁路货物装载加固规则》表2-2的规定限速运行。2 000 mm＜重车重心高度2 010 mm≤2 400 mm时，运行限速50 km/h，通过侧向道岔限速15 km/h。

处理方法：限速运行时，由装车站以文电向铁路局集团公司请示，铁路局集团公司货运管理部门以电报批示，跨局集团公司运输则应同时抄给有关铁路局集团公司货运、运输、调度、机务、工务等有关部门。限速运行时，发站应在货物运单、票据封套、编组顺序表及货车表示牌上注明"限速××公里"字样，或采取配重措施，以降低重车重心高。

(5)依据《铁路货物装载加固规则》第 12 条，装车后货物总重心的投影应位于货车纵、横中心线的交叉点上。必须偏离时，横向偏离量不得超过 100 mm。

该车装载符合规定。

(6)依据《铁路货物装载加固规则》第 20 条，散堆装货物装车应使用货运计量安全检测设备防止超载，装车后应采取平顶等措施防止偏载偏重。铁矿石分三堆装于货车两端及中部，不符合规定。

处理方法：装车后将铁矿石采取平顶措施。

S11 组织装卸作业

铁道行业职业技能认定货装值班员技师操作技能考核准备通知单

考核时间：60 min

一、鉴定站准备

1. 材料准备

序 号	材 料 名 称	规 格	数 量	备 注
1	《铁路货物装卸安全技术规则》	本	1	
2	《铁路货物运输管理规则》	本	1	

2. 考场准备

(1)作业现场或演练场，场地条件及工具、量具应满足实际操作的需要，不得存在安全隐患，必要时需酌情配设辅助操作人员。

(2)如因客观原因场地条件不能满足实际操作需要时，可采取模拟的方式进行操作。

①供模拟考试用教室 1 间。

②考场内须光线充足，空气良好，环境安静，卫生整洁。

二、考生准备

考生按现场作业要求，着规定的作业服，佩戴标志，严格执行劳动保护的有关规定。考生需自备考试工具。

铁道行业职业技能认定货装值班员技师操作技能考核试卷(考评员用)

试题名称：组织装卸作业

试题内容：某货场货装值班员李某 18 点接班后，夜班第一阶段计划安排装一车钢板(C_{62}4621340)，钢板每件重 5 t(长 10 m，宽 2.4 m)，共计 12 件，20 点敞车送到货 4 道，22 点将其挂走。货 4 道有 2 台门吊，1 号 36 t，2 号 10 t，当班门吊工组 2 个，1 组 3 人，司机 1 人，起重工 2 人;2 组 4 人,司机 1 人,起重工 3 人。假设你是李某,将如何组织本次作业?

一、技术要求

1. 答题符合相关法律、法规、规章和标准的规定。
2. 技术用语规范。
3. 工具、设备使用应符合规定。
4. 在不违反试题内容的前提下,未给定条件可自设。

二、考核要求

1. 作业过程完整。
2. 本项技能认定属综合型考试。
3. 本项技能认定由被认定人独立完成。

三、考核时限

1. 准备时间:10 min。
2. 正式操作时间:60 min。
3. 在规定时间内全部完成,不加分,也不扣分。每超时 1 min,从总分扣 5 分,总超时 5 min 停止作业。

四、考核评分

1. 考评人员 3 名及以上。
2. 评分点见"考核评分记录表"。
3. 评分程序及规则:考评员各自根据考生作业程序在评分表上给予记录评分,取平均分为评定得分。
4. 算分方法:百分制计算,满分 100 分,60 分为及格。

五、否定项

若考生发生下列情况之一,则应及时终止其考试,该考生成绩记为零分。
1. 操作不当造成设备、工具、仪器和材料损坏。
2. 严重违反安全作业规程,违反考试纪律。

铁道行业职业技能认定货装值班员技师操作技能考核试卷(考生用)

单位: 姓名: 准考证号:

试题内容:某货场货装值班员李某 18 点接班后,夜班第一阶段计划安排装一车钢板(C_{62}4621340),钢板每件重 5 t(长 10 m,宽 2.4 m),共计 12 件,20 点敞车送到货 4 道,22 点将其挂走。货 4 道有 2 台门吊,1 号 36 t,2 号 10 t,当班门吊工组 2 个,1 组 3 人,司机 1 人,起重工 2 人;2 组 4 人,司机 1 人,起重工 3 人。假设你是李某,将如何组织本次作业?

铁道行业职业技能认定货装值班员技师操作技能考核评分记录表

准考证号：　　　　　　姓名：　　　　　　性别：　　　　　　单位：

试题名称：组织装卸作业　　　　　　　　　　　　　　　　　　考核时间：60 min

操作开始时间：　　时　　分　　　　　　　　操作结束时间：　　时　　分

序号	考核内容	考核要点	配分	评分标准	扣分	得分
1	根据阶段计划，下达作业计划	填写“装卸作业单”	10	每漏、错1处扣5分		
2	安全注意事项	7项内容	49	每漏、错1处扣7分		
3	安全预想	作业前准备	11	每漏、错1处扣3分		
4	技术要求	4项内容	20	每漏、错1处扣5分		
5	人身安全	执行一站二看三通过、横越线路、横越列车车辆等人身安全的有关规定	5	未执行人身安全规定扣5分		
6	着装，标志佩戴	按规定着装，标志齐全	5	未按规定着装扣5分，未佩戴标志扣2分		
合计			100			
备注	超时1 min从总分扣5分，超时5 min停止作业					

否定项：若考生发生下列情况之一，则应及时终止其考试，该考生成绩记为零分。
1. 操作不当造成设备、工具、仪器和材料损坏。
2. 严重违反安全作业规程，违反考试纪律。

考评员：　　　　　　　　　　总分人：　　　　　　　　　　年　　月　　日

参考答案要点

(1)步骤和方法

①根据阶段计划，决定使用2号门吊，选用均衡梁(钢板夹钳)，由当班2组作业，作业时间1 h 30 min(20:10—21:40)。填写“装卸作业单”发给作业工组。

②安全注意事项：

a. 起吊时司索工应站在安全地点，与货物保持2 m以上的退让余地；起吊货物时，两端(侧)禁止站人。

b. 禁止站在货物上或车内死角处。

c. 吊装货物进入车厢前，车内禁止留人。

d. 向车内吊装货物，退让余地不足3 m时，人员不得预先进入车内；待货物进入车内降至离车地板0.5 m以下，司索人员方可进入车厢。

e. 作业前开启中门，作业人员从中门上下。

f. 车上车下使用的工具要传递。

g. 夜间作业要使用带红色信号灯的防护信号牌。

③作业前，工组长应根据货运员的要求布置作业方法和安全注意事项，召开工前会，针对天、地、人、货、车、机(具)具体情况，开展安全预想，进行作业分工，指定人员负责作业前后三

检、作业区防护、安设防护信号和机具使用、保管等，作业完毕整理好现场和机具。

(2)技术要求

①了解掌握人员、设备情况，按计划和方案实施，分配合理有序，确保作业效率。

②现场检查作业标准的执行和卡控措施的落实情况，严控退让距离不足和作业时人员留在车厢内问题发生，保证作业安全。

③严把装车质量关，严格执行装载加固方案和装车前后三检要求。

④装卸工组做好装卸作业质量自检，由货运员验收合格后签认"装卸作业单"。

(3)人身安全

执行一站二看三通过、横越线路、横越列车车辆等人身安全的有关规定。

(4)着装，标志佩戴

按规定着装，标志齐全。

S12　轿车装载加固方案及装载要求

铁道行业职业技能认定货装值班员技师操作技能考核准备通知单

考核时间：60 min

一、鉴定站准备

1. 材料准备

序　号	材　料　名　称	规　格	数　量	备　注
1	《铁路货物装载加固规则》	本	1	

2. 考场准备

(1)作业现场或演练场，场地条件及工具、量具应满足实际操作的需要，不得存在安全隐患，必要时需酌情配设辅助操作人员。

(2)如因客观原因场地条件不能满足实际操作需要时，可采取模拟的方式进行操作。

①供模拟考试用教室 1 间。

②考场内须光线充足，空气良好，环境安静，卫生整洁。

二、考生准备

考生按现场作业要求，着规定的作业服，佩戴标志，严格执行劳动保护的有关规定。考生需自备考试工具。

铁道行业职业技能认定货装值班员技师操作技能考核试卷(考评员用)

试题名称：轿车装载加固方案及装载要求

试题内容：托运人到你站托运一批轿车，提出使用平车顺装，需要制定装载加固方案，请叙述装载加固方案及汽车装载的相关要求。

一、技术要求

1. 答题符合相关法律、法规、规章和标准的规定。
2. 技术用语规范。
3. 工具、设备使用应符合规定。
4. 在不违反试题内容的前提下，未给定条件可自设。

二、考核要求

1. 作业过程完整。
2. 本项技能认定属综合型考试。
3. 本项技能认定由被认定人独立完成。

三、考核时限

1. 准备时间：10 min。
2. 正式操作时间：60 min。
3. 在规定时间内全部完成，不加分，也不扣分。每超时 1 min，从总分扣 5 分，总超时 5 min 停止作业。

四、考核评分

1. 考评人员 3 名及以上。
2. 评分点见“考核评分记录表”。
3. 评分程序及规则：考评员各自根据考生作业程序在评分表上给予记录评分，取平均分为评定得分。
4. 算分方法：百分制计算，满分 100 分，60 分为及格。

五、否定项

若考生发生下列情况之一，则应及时终止其考试，该考生成绩记为零分。
1. 操作不当造成设备、工具、仪器和材料损坏。
2. 严重违反安全作业规程，违反考试纪律。

铁道行业职业技能认定货装值班员技师操作技能考核试卷(考生用)

单位： 姓名： 准考证号：

试题内容：托运人到你站托运一批轿车，提出使用平车顺装，需要制定装载加固方案，请叙述装载加固方案及汽车装载的相关要求。

铁道行业职业技能认定货装值班员技师操作技能考核评分记录表

准考证号：　　　　　　　姓名：　　　　　　　性别：　　　　　　　单位：

试题名称：轿车装载加固方案及装载要求　　　　　　　　　　　　　　考核时间：60 min

操作开始时间：　时　　分　　　　　　　　操作结束时间：　时　　分

序号	考核内容	考 核 要 点	配分	评 分 标 准	扣分	得分
1	使用车型、方案	确定车型	4	漏、错扣 4 分		
		有定型方案、暂行方案和试运方案的，一律按方案装车	10	每漏、错 1 处扣 5 分		
		暂无方案的办理方法	20	每漏、错 1 处扣 5 分		
		托运货物与既有定型方案和暂行方案中货物规格相近，装载加固方法相同并且使用相同车辆装载的办理方法	15	每漏、错 1 处扣 5 分		
2	装载加固方案批准后装载要求	轿车门窗闭锁，制动手柄应拉紧，并将挡位放在空挡或 P 挡上	12	每漏、错 1 处扣 4 分		
		相邻两辆间距不小于 100 mm。跨装在两平车上的轿车，其头部与前辆轿车的尾部间距不小于 350 mm	12	每漏、错 1 处扣 4 分		
		在轿车前轮前端、后轮后端，均应安放相应规格的掩挡，掩紧钉固，并采用八字形拉牵加固	12	每漏、错 1 处扣 4 分		
3	人身安全	执行一站二看三通过、横越线路、横越列车车辆等人身安全的有关规定	5	未执行人身安全规定扣 5 分		
4	试卷质量	层次分明、清晰、整洁、文字流畅、无错别字	5	未达到 1 处扣 1 分		
5	着装，标志佩戴	按规定着装，标志齐全	5	未按规定着装扣 5 分，未佩戴标志扣 2 分		
合计			100			
备注	超时 1 min 从总分扣 5 分，超时 5 min 停止作业					

否定项：若考生发生下列情况之一，则应及时终止其考试，该考生成绩记为零分。

1. 操作不当造成设备、工具、仪器和材料损坏。
2. 严重违反安全作业规程，违反考试纪律。

考评员：　　　　　　　　　　　　总分人：　　　　　　　　　　　　年　　月　　日

参考答案要点

(1)轿车装载加固方案

①轿车应使用木地板平车装载，测量货物外形规格（包括单件重量、重心位置、外形尺寸、支重面长度和宽度等），有定型方案、暂行方案和试运方案的，一律按方案装车；暂无方案的，由托运人向装车站申报计划装载加固方案，或由装车站组织制定计划方案并经托运人同意，必要时还应同时提出装载加固计算说明书或论证报告，并按权限报批。

②与既有定型方案和暂行方案中货物规格（包括单件重量、重心位置、外形尺寸、支重面长度和宽度等）相近，装载加固方法相同并且使用相同车辆装载的货物，由装车站提出比照申请（试运方案和超过有效期的暂行方案不得比照），发送铁路局集团公司或直属货运站段按权限确认后批准装车站执行，并纳入暂行方案管理。

③装载加固方案批准后，组织装车，轿车门窗闭锁，制动手柄应拉紧，并将挡位放在空挡或P挡上。

④相邻两辆间距不小于100 mm。跨装在两平车上的轿车，其头部与前辆轿车的尾部间距不小于350 mm。

⑤在轿车前轮前端、后轮后端，均应安放相应规格的掩挡，掩紧钉固，并采用八字形拉牵加固。

(2)人身安全

执行一站二看三通过、横越线路、横越列车车辆等人身安全的有关规定。

(3)着装，标志佩戴

按规定着装，标志齐全。

S13 上报货物损失责任裁定

铁道行业职业技能认定货装值班员技师操作技能考核准备通知单

考核时间：60 min

一、鉴定站准备

1. 材料准备

序 号	材 料 名 称	规 格	数 量	备 注
1	《铁路货物运输规程》	本	1	
2	《铁路货物运输管理规则》	本	1	
3	《铁路货物损失处理规则》	本	1	

2. 考场准备

(1)作业现场或演练场，场地条件及工具、量具应满足实际操作的需要，不得存在安全隐患，必要时需酌情配设辅助操作人员。

(2)如因客观原因场地条件不能满足实际操作需要时，可采取模拟的方式进行操作。

①供模拟考试用教室1间。

②考场内须光线充足，空气良好，环境安静，卫生整洁。

二、考生准备

考生按现场作业要求，着规定的作业服，佩戴标志，严格执行劳动保护的有关规定。考生需自备考试工具。

铁道行业职业技能认定货装值班员技师操作技能考核试卷(考评员用)

试题名称：上报货物损失责任裁定

试题内容：东兴站(呼和浩特局集团公司)发酒泉站(兰州局集团公司)化肥一车，该车卸前货检好，施封有效，开启车门见货码整齐。卸时清点实卸 1 056 件(袋标：50 kg)，较票记件数不足 144 件，车容未满，卸空车。该车途经铁路局集团公司依次为呼和浩特局集团公司、乌鲁木齐局集团公司、兰州局集团公司。酒泉站查阅货票及沿途超偏载数据显示货物重量分别为东兴货票记载 60 t(1 200 件，件重 50 kg)；包头西(呼和浩特局集团公司)58.5 t；临河(呼和浩特局集团公司)58.1 t；哈密东(乌鲁木齐局集团公司)58.2 t；嘉峪关(兰州局集团公司)52.6 t；酒泉复衡重量 52.8 t。责任单位对酒泉站的定责意见有争议，请使用“货物损失查复书”代酒泉站报裁(写明主送和抄送单位)。

一、技术要求

1. 答题符合相关法律、法规、规章和标准的规定。
2. 技术用语规范。
3. 工具、设备使用应符合规定。
4. 在不违反试题内容的前提下，未给定条件可自设。

二、考核要求

1. 作业过程完整。
2. 本项技能认定属综合型考试。
3. 本项技能认定由被认定人独立完成。

三、考核时限

1. 准备时间：10 min。
2. 正式操作时间：60 min。
3. 在规定时间内全部完成，不加分，也不扣分。每超时 1 min，从总分扣 5 分，总超时 5 min 停止作业。

四、考核评分

1. 考评人员 3 名及以上。
2. 评分点见“考核评分记录表”。
3. 评分程序及规则：考评员各自根据考生作业程序在评分表上给予记录评分，取平均分为评定得分。
4. 算分方法：百分制计算，满分 100 分，60 分为及格。

五、否定项

若考生发生下列情况之一，则应及时终止其考试，该考生成绩记为零分。

1. 操作不当造成设备、工具、仪器和材料损坏。
2. 严重违反安全作业规程，违反考试纪律。

铁道行业职业技能认定货装值班员技师操作技能考核试卷(考生用)

单位：　　　　　　　　　　　　　　　　姓名：　　　　　　　　　　　　　　　　准考证号：

试题内容：东兴站(呼和浩特局集团公司)发酒泉站(兰州局集团公司)化肥一车，该车卸前货检好，施封有效，开启车门见货码整齐。卸时清点实卸 1 056 件(袋标：50 kg)，较票记件数不足 144 件，车容未满，卸空车。该车途经铁路局集团公司依次为呼和浩特局集团公司、乌鲁木齐局集团公司、兰州局集团公司。酒泉站查阅货票及沿途超偏载数据显示货物重量分别为东兴货票记载 60 t(1 200 件，件重 50 kg)；包头西(呼和浩特局集团公司)58.5 t；临河(呼和浩特局集团公司)58.1 t；哈密东(乌鲁木齐局集团公司)58.2 t；嘉峪关(兰州局集团公司)52.6 t；酒泉复衡重量 52.8 t。责任单位对酒泉站的定责意见有争议，请使用“货物损失查复书”代酒泉站报裁(写明主送和抄送单位)。

铁道行业职业技能认定货装值班员技师操作技能考核评分记录表

准考证号：　　　　　　　姓名：　　　　　　　　性别：　　　　　　　　单位：

试题名称：上报货物损失责任裁定　　　　　　　　　　　　　　　　　　　　考核时间：60 min

操作开始时间：　　时　　分　　　　　　　　　　操作结束时间：　　时　　分

序号	考核内容	考 核 要 点	配分	评 分 标 准	扣分	得分
1	货物损失查复书内容	主送单位	10	漏、错扣 10 分		
		抄送单位	15	每漏、错 1 处扣 5 分		
		沿途超偏载数据显示、货物重量数据的确定	20	每漏、错 1 处扣 4 分		
		到站复衡重量确定	10	漏、错扣 10 分		
		判定责任单位、责任划分依据	30	每漏、错 1 处扣 5 分		
2	人身安全	执行一站二看三通过、横越线路、横越列车车辆等人身安全的有关规定	5	未执行人身安全规定扣 5 分		
3	试卷质量	层次分明、清晰、整洁、文字流畅、无错别字	5	未达到 1 处扣 1 分		
4	着装，标志佩戴	按规定着装，标志齐全	5	未按规定着装扣 5 分，未佩戴标志扣 2 分		
合计			100			
备注	超时 1 min 从总分扣 5 分，超时 5 min 停止作业					
否定项：若考生发生下列情况之一，则应及时终止其考试，该考生成绩记为零分。 1. 操作不当造成设备、工具、仪器和材料损坏。 2. 严重违反安全作业规程，违反考试纪律。						

考评员：　　　　　　　　　　　　　　总分人：　　　　　　　　　　　　　　年　　月　　日

参考答案要点

(1)货物损失查复书内容

主送：兰州局集团公司

抄送：呼和浩特局集团公司、乌鲁木齐局集团公司、东兴站

查复书内容：

我查阅货票及沿途超偏载数据显示货物重量分别为：东兴货票记载 60 t(1 200 件，件重 50 kg)；包头西(呼和浩特局集团公司)58.5 t；临河(呼和浩特局集团公司)58.1 t；哈密东(乌鲁木齐局集团公司)58.2 t；嘉峪关(兰州局集团公司)52.6 t；酒泉复衡重量 52.8 t。数据显示该车在包头西至哈密东间经过几个测点检测重量均无太大变化，但在哈密东与嘉峪关两个测

点间出现较大变化，两个测点间重量相差 5.6 t，我过衡重量与嘉峪关检测情况也基本相符。由此分析该车应为哈密东至嘉峪关间被盗。

综上所述，能通过监控设备判明发生区段的，列发生铁路局集团公司责任，我认为该案应以《铁路货物损失处理规则》附件 3 二、2 规定“能通过监控设备判明发生区间的，列该区间所属铁路局集团公司责任”。涉及乌鲁木齐局集团公司和兰州局集团公司，列乌鲁木齐局集团公司责任，赔款由乌鲁木齐局集团公司和兰州局集团公司共同分摊。

上案定责意见与责任单位有争议，我依章报你裁定。

(2)人身安全

执行一站二看三通过、横越线路、横越列车车辆等人身安全的有关规定。

(3)着装，标志佩戴

按规定着装，标志齐全。

S14 综合题(集装箱)

铁道行业职业技能认定货装值班员技师操作技能考核准备通知单

考核时间：60 min

一、鉴定站准备

1. 材料准备

序　号	材　料　名　称	规　格	数　量	备　注
1	《铁路集装箱运输规则》	本	1	
2	《铁路货物装卸安全技术规则》	本	1	

2. 考场准备

(1)作业现场或演练场，场地条件及工具、量具应满足实际操作的需要，不得存在安全隐患，必要时需酌情配设辅助操作人员。

(2)如因客观原因场地条件不能满足实际操作需要时，可采取模拟的方式进行操作。

①供模拟考试用教室 1 间。

②考场内须光线充足，空气良好，环境安静，卫生整洁。

二、考生准备

考生按现场作业要求，着规定的作业服，佩戴标志，严格执行劳动保护的有关规定。考生需自备考试工具。

铁道行业职业技能认定货装值班员技师操作技能考核试卷(考评员用)

试题名称：综合题(集装箱)

试题内容：蛇口站发沧州站 20 英尺空集装箱一批 2 箱，箱号分别为 580075、617895，使用

NX_{17AK}装运(已安装F-TR型锁车型)。请按规定码放集装箱,并说明正常情况下装、卸车作业的规定。

一、技术要求

1. 答题符合相关法律、法规、规章和标准的规定。
2. 技术用语规范。
3. 工具、设备使用应符合规定。
4. 在不违反试题内容的前提下,未给定条件可自设。

二、考核要求

1. 作业过程完整。
2. 本项技能认定属综合型考试。
3. 本项技能认定由被认定人独立完成。

三、考核时限

1. 准备时间:10 min。
2. 正式操作时间:60 min。
3. 在规定时间内全部完成,不加分,也不扣分。每超时1 min,从总分扣5分,总超时5 min停止作业。

四、考核评分

1. 考评人员3名及以上。
2. 评分点见"考核评分记录表"。
3. 评分程序及规则:考评员各自根据考生作业程序在评分表上给予记录评分,取平均分为评定得分。
4. 算分方法:百分制计算,满分100分,60分为及格。

五、否定项

若考生发生下列情况之一,则应及时终止其考试,该考生成绩记为零分。
1. 操作不当造成设备、工具、仪器和材料损坏。
2. 严重违反安全作业规程,违反考试纪律。

铁道行业职业技能认定货装值班员技师操作技能考核试卷(考生用)

单位:　　　　　　　　　　　　姓名:　　　　　　　　　　　　准考证号:

试题内容:蛇口站发沧州站20英尺空集装箱一批2箱,箱号分别为580075、617895,使用NX_{17AK}装运(已安装F-TR型锁车型)。请按规定码放集装箱,并说明正常情况下装、卸车作业的规定。

铁道行业职业技能认定货装值班员技师操作技能考核评分记录表

准考证号：　　　　　　　　姓名：　　　　　　　　性别：　　　　　　　　单位：

试题名称：综合题(集装箱)　　　　　　　　　　　　　　　　　　　　　　考核时间：60 min

操作开始时间：　　时　　分　　　　　　　　操作结束时间：　　时　　分

序号	考核内容	考核要点	配分	评分标准	扣分	得分
1	集装箱码放	固定场所、分区码放	10	每漏、错1处扣5分		
		集装箱堆码要求	20	每漏、错1处扣4分		
2	集装箱装车作业	装车前系统录入	5	漏、错扣5分		
		装车前检查	10	每漏、错1处扣5分		
		装车时注意事项	10	每漏、错1处扣5分		
		装车后检查、查看运单状态	10	每漏、错1处扣5分		
3	集装箱卸车作业	卸车前调取信息	5	漏、错扣5分		
		卸车时注意事项、查看运单状态	15	每漏、错1处扣5分		
4	人身安全	执行一站二看三通过、横越线路、横越列车车辆等人身安全的有关规定	5	未执行人身安全规定扣5分		
5	试卷质量	层次分明、清晰、整洁、文字流畅、无错别字	5	未达到1处扣1分		
6	着装，标志佩戴	按规定着装，标志齐全	5	未按规定着装扣5分，未佩戴标志扣2分		
合计			100			
备注	超时1 min从总分扣5分，超时5 min停止作业					

否定项：若考生发生下列情况之一，则应及时终止其考试，该考生成绩记为零分。
1. 操作不当造成设备、工具、仪器和材料损坏。
2. 严重违反安全作业规程，违反考试纪律。

考评员：　　　　　　　　　　　　　　总分人：　　　　　　　　　　　　　　年　　月　　日

参考答案要点

(1)集装箱码放

①集装箱应固定作业场地，分区码放，与其他货物分开存放。

②码放集装箱时，必须关闭箱门，码放整齐，箱门朝向宜保持一致。多层码放时，要角件对齐，不得超过限制堆码层数。

(2)集装箱装车作业

①集装箱装车时，应在集装箱运输信息系统中录入货车装载清单，记明箱号、车号等信息。

②集装箱装车前，应核对箱号，检查箱体和施封情况。必须清扫干净车地板，确认箱体、车体上无杂物。必须确认锁头齐全、状态良好。

③同一箱位的四个锁头须同端同向，应以低速挡将集装箱平稳下落至锁头上方120 mm左右悬停，调整箱体位置，确认角件孔与车辆锁头对正后，方可继续平稳下落，防止发生剧烈碰撞。

④装车后必须确认锁头完全入位，箱门处的集装箱专用平车门挡或共用平车端板立起。装车完毕后，运单状态变为“已装车”。

(3)集装箱卸车作业

①在集装箱系统调取票据信息,核实后组织卸车。

②集装箱卸车前,应核对箱号,检查箱体和施封情况。集装箱卸车时,应核对箱号,检查箱体。应先以低速挡点动起升 100 mm 左右,确认集装箱角件孔与车辆锁头分离后,方可继续起升。集装箱角件孔与车辆角座连挂、卡死时,应立即停止,落箱后点动缓钩排除。卸车完毕运单状态变为“已卸车”。

(4)人身安全

执行一站二看三通过、横越线路、横越列车车辆等人身安全的有关规定。

(5)着装,标志佩戴

按规定着装,标志齐全。

S15 货物损失处理

铁道行业职业技能认定货装值班员技师操作技能考核准备通知单

考核时间:60 min

一、鉴定站准备

1. 材料准备

序 号	材 料 名 称	规 格	数 量	备 注
1	《铁路货物运输规程》	本	1	
2	《铁路货物运输管理规则》	本	1	
3	《铁路货物损失处理规则》	本	1	

2. 考场准备

(1)作业现场或演练场,场地条件及工具、量具应满足实际操作的需要,不得存在安全隐患,必要时需酌情配设辅助操作人员。

(2)如因客观原因场地条件不能满足实际操作需要时,可采取模拟的方式进行操作。

①供模拟考试用教室 1 间。

②考场内须光线充足,空气良好,环境安静,卫生整洁。

二、考生准备

考生按现场作业要求,着规定的作业服,佩戴标志,严格执行劳动保护的有关规定。考生需自备考试工具。

铁道行业职业技能认定货装值班员技师操作技能考核试题(考评员用)

试题名称:货物损失处理

试题内容:2021 年 3 月 9 日,甲站以批量零散货物方式发运一批纤维板到乙站(“门到门”,130 件,保价金额 5 万元),3 月 12 日卸车,3 月 13 日送货时,经配送人员与收货人共同清点,有 15 件因包装破损客户拒签。3 月 14 日客户前往乙站货运营业厅询问赔付手续如何办理,工作人员以卸车时完好为由让客户联系物流企业,物流企业以无法编制货运记录为由让客户联系车站处理。

(1)请问在此事件中,车站工作人员及物流企业配送人员执行规章是否准确,依据是什么?

(2)如确定铁路责任,请写出赔偿依据。

(3)客户办理赔付时应提供哪些资料?

一、技术要求

1. 答题符合相关的法律、法规、规章标准的规定。
2. 服务用语规范。
3. 计算费用写出计算步骤。
4. 在不违反试题内容的前提下,未给定条件可自设。

二、考核要求

1. 本项技能鉴定为模拟考试。
2. 本项技能认定属综合型考试。
3. 本项技能认定由被认定人独立完成。

三、考核时限

1. 准备时间:10 min。
2. 正式操作时间:60 min。
3. 在规定时间内全部完成,不加分,也不扣分。每超时 1 min,从总分扣 5 分,总超时 5 min 停止作业。

四、考核评分

1. 考评人员 3 名及以上。
2. 评分点见“考核评分记录表”。
3. 评分程序及规则:考评员各自根据考生作业程序在评分表上给予记录评分,取平均分为评定得分。
4. 算分方法:百分制计算,满分 100 分,60 分为及格。

五、否定项

若考生发生下列情况之一,该考生成绩记为零分。

1. 严重违反考试纪律,立即终止其考试。
2. 考试过程中影响其他考生答题,立即终止其考试。

铁道行业职业技能认定货装值班员技师操作技能考核试题(考生用)

单位： 姓名： 准考证号：

试题内容：2021 年 3 月 9 日，甲站以批量零散货物方式发运一批纤维板到乙站(“门到门”，130 件，保价金额 5 万元)，3 月 12 日卸车，3 月 13 日送货时，经配送人员与收货人共同清点，有 15 件因包装破损客户拒签。3 月 14 日客户前往乙站货运营业厅询问赔付手续如何办理，工作人员以卸车时完好为由让客户联系物流企业，物流企业以无法编制货运记录为由让客户联系车站处理。

(1)请问在此事件中，车站工作人员及物流企业配送人员执行规章是否准确，依据是什么？

(2)如确定铁路责任，请写出赔偿依据。

(3)客户办理赔付时应提供哪些资料？

铁道行业职业技能认定货装值班员技师操作技能考核评分记录表

准考证号： 姓名： 性别： 单位：

试题名称：货物损失处理 考核时间：60 min

操作开始时间： 时 分 操作结束时间 时 分

序号	考核内容	考 核 要 点	配分	评 分 标 准	扣分	得分
1	作业标准	现场作业执行标准	45	每漏、错 1 处扣 5 分		
2	赔偿依据	执行标准	15	每漏、错 1 处扣 5 分		
3	理赔资料	资料齐全完整	30	每漏、错 1 处扣 3 分		
4	着装，标志佩戴	按规定着装，标志齐全	5	未按规定着装扣 5 分，未佩戴标志扣 2 分		
5	试卷质量	层次分明、清晰、整洁、文字流畅、无错别字	5	未达到 1 处扣 1 分		
合计			100			
备注	超时 1 min 从总分扣 5 分，超时 5 min 停止作业					
否定项：若考生发生下列情况之一，该考生成绩记为零分。 1. 严重违反考试纪律，立即终止其考试。 2. 考试过程中影响其他考生答题，立即终止其考试。						

考评员： 总分人： 年 月 日

参考答案要点

(1)作业标准

①物流企业配送人员执行规章有误，根据《铁路货物损失处理规则》第 11 条：“物流企业(包括铁路物流企业或铁路运输企业委托的社会物流企业)在接取送达过程中发现货物损失时，应由物流企业相关人员对发生损失货物情况拍照留存，并编制货物损失报告连同货物损失现场照片一并交车站。”

②车站工作人员执行规章有误，根据《铁路货物损失处理规则》第 3 条：“对于承运人责任明确的货物损失，应先对外赔付，后划分铁路内部责任，做到主动、及时、真实、合理。”

③车站应按照《铁路货物损失处理规则》第 20 条规定，妥善编制货运记录，按照规定程序进行调查处理。

(2)赔偿依据

保价运输的货物发生损失时的赔偿额，按照实际损失赔偿。全批货物损失时，最高不超过保价金额；一部分损失时，则按损失货物占全批货物的比例乘以保价金额赔偿。

(3)理赔资料

向铁路提出赔偿要求时，请准确、清楚填写“赔偿要求书”，其中提赔单位、姓名必须与货物运单或快运货票记载的收货人或托运人相符。需转账的，提供的开户行、户名和账号信息必须一致。同时，还需提供以下资料：

①货运记录(货主页)原件；

②货物运单；

③物品清单；

④领货凭证(货物全部灭失时须提供)；

⑤其他必要的证明材料。

(4)着装，标志佩戴

按规定着装，标志齐全。

S16　危险货物运输办理程序

铁道行业职业技能认定货装值班员技师操作技能考核准备通知单

考核时间：60 min

一、鉴定站准备

1. 材料准备

序　号	材　料　名　称	规　格	数　量	备　注
1	《铁路危险货物运输管理规则》	本	1	

2. 考场准备

(1)作业现场或演练场，场地条件及工具、量具应满足实际操作的需要，不得存在安全隐患，必要时需酌情配设辅助操作人员。

(2)如因客观原因场地条件不能满足实际操作需要时，可采取模拟的方式进行操作。

①供模拟考试用教室1间。

②考场内须光线充足，空气良好，环境安静，卫生整洁。

二、考生准备

考生按现场作业要求，着规定的作业服，佩戴标志，严格执行劳动保护的有关规定。考生需自备考试工具。

铁道行业职业技能认定货装值班员技师操作技能考核试卷(考评员用)

试题名称：危险货物运输办理程序

试题内容：客户到甲站办理货物托运业务，品名为葡萄糖酸钠。由于在《铁路货物运输品名检查表》《铁路危险货物品名表》中均未查到此品名，车站一口拒绝了客户的运输请求，货主对此极为不满。请谈谈你的看法，为什么？若可以办理，请描述货物运输办理程序。

一、技术要求

1. 答题符合相关法律、法规、规章和标准的规定。
2. 技术用语规范。
3. 工具、设备使用应符合规定。
4. 在不违反试题内容的前提下，未给定条件可自设。

二、考核要求

1. 作业过程完整。
2. 本项技能认定属综合型考试。
3. 本项技能认定由被认定人独立完成。

三、考核时限

1. 准备时间：10 min。
2. 正式操作时间：60 min。
3. 在规定时间内全部完成，不加分，也不扣分。每超时 1 min，从总分扣 5 分，总超时 5 min 停止作业。

四、考核评分

1. 考评人员 3 名及以上。
2. 评分点见“考核评分记录表”。
3. 评分程序及规则：考评员各自根据考生作业程序在评分表上给予记录评分，取平均分为评定得分。
4. 算分方法：百分制计算，满分 100 分，60 分为及格。

五、否定项

若考生发生下列情况之一，则应及时终止其考试，该考生成绩记为零分。
1. 操作不当造成设备、工具、仪器和材料损坏。
2. 严重违反安全作业规程，违反考试纪律。

铁道行业职业技能认定货装值班员技师操作技能考核试卷(考生用)

单位： 姓名： 准考证号：

试题内容：客户到甲站办理货物托运业务，品名为葡萄糖酸钠。由于在《铁路货物运输品名检查表》《铁路危险货物品名表》中均未查到此品名，车站一口拒绝了客户的运输请求，货主对此极为不满。请谈谈你的看法，为什么？若可以办理，请描述货物运输办理程序。

铁道行业职业技能认定货装值班员技师操作技能考核评分记录表

准考证号：　　　　姓名：　　　　性别：　　　　单位：

试题名称：危险货物运输办理程序　　　　考核时间：60 min

操作开始时间：　时　分　　　　操作结束时间：　时　分

序号	考核内容	考核要点	配分	评分标准	扣分	得分
1	可否办理	货物可以办理	5	漏、错扣5分		
		《铁路危险货物品名表》中未列载的物品且货物性质不明确的办理办法	10	每漏、错1处扣5分		
2	办理程序	应要求托运人填写“铁路货物运输技术说明书”(一式四份)；托运人对填写内容和送检样品真实性负责	10	每漏、错1处扣5分		
		经鉴定属于危险货物时，应办理危险货物新品名试运手续	15	每漏、错1处扣5分		
		危险货物新品名、新包装试运应符合铁路危险货物品名表“特殊规定”栏的特殊规定，由铁路局集团公司批准，并报国铁集团货运部备案	15	每漏、错1处扣5分		
		试运应在指定的时间和区段内进行	10	每漏、错1处扣5分		
		试运时间2年。国铁集团货运部组织专家进行技术审查，通过技术审查后公布新品名铁路运输条件，纳入正式运输	15	每漏、错1处扣5分		
		新品名试运货物运单填写	10	每漏、错1处扣5分		
3	试卷质量	层次分明、清晰、整洁、文字流畅、无错别字	5	未达到1处扣1分		
4	着装，标志佩戴	按规定着装，标志齐全	5	未按规定着装扣5分，未佩戴标志扣2分		
合计			100			
备注	超时1 min从总分扣5分，超时5 min停止作业					

否定项：若考生发生下列情况之一，则应及时终止其考试，该考生成绩记为零分。
1. 操作不当造成设备、工具、仪器和材料损坏。
2. 严重违反安全作业规程，违反考试纪律。

考评员：　　　　总分人：　　　　年　月　日

参考答案要点

(1)可否办理

货物可以办理。

《铁路危险货物品名表》中未列载的物品且货物性质不明确的，托运人办理运输时应委托国家安全生产监督管理部门认定的检测鉴定机构进行性质技术鉴定，出具鉴定报告；属于危险货物时，应办理危险货物新品名试运手续。鉴定机构对鉴定结果负责。

(2)办理程序

①应要求托运人填写“铁路货物运输技术说明书”(一式四份)；托运人对填写内容和送检样品真实性负责。

②经鉴定属于危险货物时，应办理危险货物新品名试运手续。托运人办理新品名试运时，

应向铁路局集团公司提交试运技术条件、事故应急预案和环保应急处理预案。试运前危险货物办理站、托运人双方应签订试运安全运输协议。鉴定为普通货物时,不须进行试运,可直接受理。

③危险货物新品名、新包装试运应符合铁路危险货物品名表“特殊规定”栏的特殊规定,由铁路局集团公司批准,并报国铁集团货运部备案。经批准后,发站、铁路局集团公司、托运人各留存一份“铁路货物运输技术说明书”。

④试运应在指定的时间和区段内进行。跨局试运时,由批准单位以电报形式通知有关铁路局集团公司。试运前办理站、托运人双方应签订试运安全运输协议。

⑤试运时间2年。试运结束时,托运人应会同办理站将试运结果报主管铁路局集团公司。铁路局集团公司对试运结果进行研究后,提出试运报告、新品名铁路运输条件建议报国铁集团。新品名铁路运输条件建议应包括事故应急预案和环保应急处理预案。国铁集团货运部组织专家进行技术审查,通过技术审查后公布新品名铁路运输条件,纳入正式运输。

⑥新品名试运时,由托运人在货物运单“托运人记事”栏内注明“比照铁危编号×××新品名试运,批准号×××”字样。

(3)着装,标志佩戴

按规定着装,标志齐全。

S17 提高运输效率

铁道行业职业技能认定货装值班员技师操作技能考核准备通知单

考核时间:60 min

一、鉴定站准备

1. 材料准备

序 号	材 料 名 称	规 格	数 量	备 注
1	《铁路货物装载加固规则》	本	1	
2	《铁路鲜活货物运输规则》	本	1	
3	《铁路货物运输规程》	本	1	

2. 考场准备

(1)作业现场或演练场,场地条件及工具、量具应满足实际操作的需要,不得存在安全隐患,必要时需酌情配设辅助操作人员。

(2)如因客观原因场地条件不能满足实际操作需要时,可采取模拟的方式进行操作。

①供模拟考试用教室1间。

②考场内须光线充足,空气良好,环境安静,卫生整洁。

二、考生准备

考生按现场作业要求，着规定的作业服，佩戴标志，严格执行劳动保护的有关规定。考生需自备考试工具。

铁道行业职业技能认定货装值班员技师操作技能考核试卷(考评员用)

试题名称：提高运输效率

试题内容：A 站某日计划装白糖(成件)1 车、棉花(成件)1 车、原煤(散装)1 车、磷矿石(散装)1 车，车站现有可用空车 4 辆，分别是 P_{64}3410089(标重 58 t)、P_{62NK}3313102(标重 60 t)、C_{64K}4944861(标重 61 t)、C_{70}1659886(标重 70 t)。请写出提高货车静载重的最优空车分配方案。到达卸车 4 车货物，其中棚车装载草鱼 1 车，棚车装载大米 1 车，租用敞车装载道岔 1 车，自备敞车装载玉米 1 车，请问以上 4 车卸车后，空车如何运用?

一、技术要求

1. 答题符合相关法律、法规、规章和标准的规定。
2. 技术用语规范。
3. 工具、设备使用应符合规定。
4. 在不违反试题内容的前提下，未给定条件可自设。

二、考核要求

1. 作业过程完整。
2. 本项技能认定属综合型考试。
3. 本项技能认定由被认定人独立完成。

三、考核时限

1. 准备时间：10 min。
2. 正式操作时间：60 min。
3. 在规定时间内全部完成，不加成，也不扣分。每超时 1 min，从总分扣 5 分，总超时 5 min 停止作业。

四、考核评分

1. 考评人员 3 名及以上。
2. 评分点见“考核评分记录表”。
3. 评分程序及规则：考评员各自根据考生作业程序在评分表上给予记录评分，取平均分为评定得分。
4. 算分方法：百分制计算，满分 100 分，60 分为及格。

五、否定项

若考生发生下列情况之一，则应及时终止其考试，该考生成绩记为零分。

1. 操作不当造成设备、工具、仪器和材料损坏。
2. 严重违反安全作业规程，违反考试纪律。

铁道行业职业技能认定货装值班员技师操作技能考核试卷(考生用)

单位： 姓名： 准考证号：

试题内容：A 站某日计划装白糖(成件)1 车、棉花(成件)1 车、原煤(散装)1 车、磷矿石(散装)1 车，车站现有可用空车 4 辆，分别是 P_{64}3410089(标重 58 t)、P_{62NK}3313102(标重 60 t)、C_{64K}4944861(标重 61 t)、C_{70}1659886(标重 70 t)。请写出提高货车静载重的最优空车分配方案。到达卸车 4 车货物，其中棚车装载草鱼 1 车，棚车装载大米 1 车，租用敞车装载道岔 1 车，自备敞车装载玉米 1 车，请问以上 4 车卸车后，空车如何运用？

铁道行业职业技能认定货装值班员技师操作技能考核评分记录表

准考证号： 姓名： 性别： 单位：

试题名称：提高运输效率 考核时间：60 min

操作开始时间： 时 分 操作结束时间： 时 分

序号	考核内容	考 核 要 点	配分	评 分 标 准	扣分	得分
1	提高静载重的装车方案	能增载的车型和货物品类	10	每漏、错 1 处扣 2 分		
		合理选择车辆、货种适合车种	10	每漏、错 1 处扣 5 分		
		满吨	10	每漏、错 1 处扣 5 分		
		经济地充分利用货车的载重力和容积	10	每漏、错 1 处扣 5 分		
		优化的装车方案	10	每漏、错 1 处扣 2.5 分		
2	卸车后，空车如何运用	草鱼卸空后按调度命令使用“特殊货车及运送用具回送清单”回送到指定洗刷消毒除污车站，洗刷消毒除污	10	每漏、错 1 处扣 5 分		
		大米卸空后按规定组织排空或装车使用	10	每漏、错 1 处扣 5 分		
		租用敞车卸空后由收货人提出货物运单向车站办理托运手续，按规定支付运费	10	每漏、错 1 处扣 5 分		
		自备敞车卸空后由收货人提出货物运单向车站办理托运手续，按规定支付运费	10	每漏、错 1 处扣 5 分		
3	试卷质量	层次分明、清晰、整洁、文字流畅、无错别字	5	未达到 1 处扣 1 分		
4	着装，标志佩戴	按规定着装，标志齐全	5	未按规定着装扣 5 分，未佩戴标志扣 2 分		
	合计		100			
备注	超时 1 min 从总分扣 5 分，超时 5 min 停止作业					
否定项：若考生发生下列情况之一，则应及时终止其考试，该考生成绩记为零分。 1. 操作不当造成设备、工具、仪器和材料损坏。 2. 严重违反安全作业规程，违反考试纪律。						

考评员： 总分人： 年 月 日

参考答案要点

(1)提高货车静载重的最优空车分配方案

①根据《铁路货物装载加固规则》附件 6 货车增载规定,P_{64}、P_{62NK}、C_{64K} 均为增载车型,C_{70} 车不允许增载;白糖、棉花、原煤、磷矿石均为适于增载的货物品类。

②合理选择车辆、货种适合车种,根据待装货物特性,白糖、棉花适于棚车装运,原煤、磷矿石适于敞车装运。

③P_{62NK} 车(标重 60 t)较 P_{64} 车(标重 58 t)可多装 2 t,因棉花是轻泡货物,用于装棉花不能装足可多装的 2 t,但用于装白糖则可以满吨。

④C_{64K} 车用于装原煤和磷矿石均可以增载,但整车磷矿石按 2 号运价率计费,整车原煤按 4 号运价率计费,为充分利用货车的载重力和容积,以及更经济的方式,应使用 C_{64K} 车装运磷矿石。

因此,提高货车静载重最优的空车分配方案是:P_{64}3410089(标重 58 t)用于装棉花,P_{62NK}3313102(标重 60 t)用于装白糖,C_{64K}4944861(标重 61 t)用于装磷矿石,C_{70}1659886(标重 70 t)用于装原煤。

(2)空车运用

草鱼卸空后按调度命令使用"特殊货车及运送用具回送清单"回送到指定洗刷消毒除污车站,洗刷消毒除污。

大米卸空后按规定组织排空或装车使用。

租用敞车卸空后由收货人提出货物运单向车站办理托运手续,按规定支付运费。

自备敞车卸空后由收货人提出货物运单向车站办理托运手续,按规定支付运费。

S18　受污染货件的处理

铁道行业职业技能认定货装值班员技师操作技能考核准备通知单

考核时间:60 min

一、鉴定站准备

1. 材料准备

序　号	材　料　名　称	规　格	数　量	备　注
1	《铁路货物损失处理规则》	本	1	

2. 考场准备

(1)作业现场或演练场,场地条件及工具、量具应满足实际操作的需要,不得存在安全隐患,必要时需酌情配设辅助操作人员。

(2)如因客观原因场地条件不能满足实际操作需要时,可采取模拟的方式进行操作。

①供模拟考试用教室 1 间。

②考场内须光线充足,空气良好,环境安静,卫生整洁。

二、考生准备

考生按现场作业要求,着规定的作业服,佩戴标志,严格执行劳动保护的有关规定。考生需自备考试工具。

铁道行业职业技能认定货装值班员技师操作技能考核试卷(考评员用)

试题名称:受污染货件的处理

试题内容:A 站发 B 站面粉整车一批,编织袋包装,2 400 件、60 t(件重 25 kg),使用棚车装运。到站开门卸见车地板有大量黑色粉状物,致使底层面粉外包装受到污染,经查,该车由 C 站发 D 站滤泥(无毒),D 站卸车后排空,到达 A 站送入粮食专用线装车。请问 B 站应如何处理?

一、技术要求

1. 答题符合相关法律、法规、规章和标准的规定。
2. 技术用语规范。
3. 工具、设备使用应符合规定。
4. 在不违反试题内容的前提下,未给定条件可自设。

二、考核要求

1. 作业过程完整。
2. 本项技能认定属综合型考试。
3. 本项技能认定由被认定人独立完成。

三、考核时限

1. 准备时间:10 min。
2. 正式操作时间:60 min。
3. 在规定时间内全部完成,不加分,也不扣分。每超时 1 min,从总分扣 5 分,总超时 5 min 停止作业。

四、考核评分

1. 考评人员 3 名及以上。
2. 评分点见“考核评分记录表”。
3. 评分程序及规则:考评员各自根据考生作业程序在评分表上给予记录评分,取平均分为评定得分。
4. 算分方法:百分制计算,满分 100 分,60 分为及格。

五、否定项

若考生发生下列情况之一，则应及时终止其考试，该考生成绩记为零分。

1. 操作不当造成设备、工具、仪器和材料损坏。
2. 严重违反安全作业规程，违反考试纪律。

铁道行业职业技能认定货装值班员技师操作技能考核试卷(考生用)

单位： 姓名： 准考证号：

试题内容：A站发B站面粉整车一批，编织袋包装，2 400件、60 t(件重25 kg)，使用棚车装运。到站开门卸见车地板有大量黑色粉状物，致使底层面粉外包装受到污染，经查，该车由C站发D站滤泥(无毒)，D站卸车后排空，到达A站送入粮食专用线装车。请问B站应如何处理?

铁道行业职业技能认定货装值班员技师操作技能考核评分记录表

准考证号： 姓名： 性别： 单位：

试题名称：受污染货件的处理 考核时间：60 min

操作开始时间： 时 分 操作结束时间： 时 分

序号	考核内容	考 核 要 点	配分	评 分 标 准	扣分	得分
1	处理程序	发现货物损失后作业内容	10	每漏、错1处扣5分		
		重点勘查并记明的情况	20	每漏、错1处扣5分		
		卸车时作业	10	每漏、错1处扣5分		
		进行损失鉴定的规定	20	每漏、错1处扣5分		
		发现次日内编制货运记录，编制当日以查复书形式传输A站及有关站调查	10	每漏、错1处扣5分		
		如食物染毒，应保留原车	10	每漏、错1处扣5分		
		如估计损失款额达到一级损失时的作业内容	10	每漏、错1处扣5分		
2	试卷质量	层次分明、清晰、整洁、文字流畅、无错别字	5	未达到1处扣1分		
3	着装，标志佩戴	按规定着装，标志齐全	5	未按规定着装扣5分，未佩戴标志扣2分		
合计			100			
备注	超时1 min从总分扣5分，超时5 min停止作业					
否定项：若考生发生下列情况之一，则应及时终止其考试，该考生成绩记为零分。 1. 操作不当造成设备、工具、仪器和材料损坏。 2. 严重违反安全作业规程，违反考试纪律。						

考评员： 总分人： 年 月 日

参考答案要点

(1)处理程序

①发现货物损失后，发现人员应保护现场，立即向车站负责人和货物损失处理人员报告。接到报告后，车站负责人应组织有关人员立即赶赴现场进行货物损失勘查、清理、资料收集并

编制“货物损失报告”,同时通知收货人。

②重点勘查并记明损失货物在货车(箱)内装载位置、包装状况,周围货件装载情况及有无撒漏情况;接触本批货物的车地板、端侧墙状态;被污染货物和污染源货物的性质、名称,污染物(源)位置、面积、包装情况、与被污染货物距离;车辆内外是否贴有“铁路货车洗刷回送标签”及车辆清扫、衬垫情况。

③卸车时,应将污染货件与完好货件分别码放,避免扩大损失。涉及食品污染,应通知防疫、检疫部门。

④车站应会同收货人(或托运人)进行损失鉴定,必要时邀请有鉴定能力的第三方机构进行鉴定。鉴定一般应自编制货运记录之日起 10 个工作日内完成,以“货物损失查复书”送有关单位。情况特殊需要延期时,应以查复书或电报说明原因通知有关单位,但最长不得超过 30 日。

⑤发现次日内编制货运记录,编制当日以查复书形式传输 A 站及有关站调查。

⑥如食物染毒,应保留原车。

⑦如估计损失款额达到一级损失时,应在 1 h 内逐级报告,24 h 内向有关车站、直属站段、铁路局集团公司和有关铁路公安部门以电报形式拍发“货物损失速报”,抄送国铁集团货运部。

(2)着装,标志佩戴

按规定着装,标志齐全。

S19 超偏载问题分析

铁道行业职业技能认定货装值班员技师操作技能考核准备通知单

考核时间:60 min

一、鉴定站准备

1. 材料准备

序 号	材 料 名 称	规 格	数 量	备 注
1	《铁路货物运输规程》	本	1	
2	《铁路货物装载加固规则》	本	1	
3	《铁路货运计量安全检测设备运用管理规则》	本	1	

2. 考场准备

(1)作业现场或演练场,场地条件及工具、量具应满足实际操作的需要,不得存在安全隐患,必要时需酌情配设辅助操作人员。

(2)如因客观原因场地条件不能满足实际操作需要时,可采取模拟的方式进行操作。

①供模拟考试用教室 1 间。

②考场内须光线充足,空气良好,环境安静,卫生整洁。

二、考生准备

考生按现场作业要求,着规定的作业服,佩戴标志,严格执行劳动保护的有关规定。考生需自备考试工具。

铁道行业职业技能认定货装值班员技师操作技能考核试卷(考评员用)

试题名称:超偏载问题分析

试题内容:A站发B站矿石一车,使用敞车(车型:C62AK,自重22.1 t)装载,该车通过某货检站的超偏载检测装置时发生报警,显示左侧偏载103 mm,车辆前端检测重量为30.08 t,车辆后端检测重量为41.44 t,系统检测该车总重为90.92 t。(1)请分析说明该车存在的问题。(2)该车是否要甩车处理?(3)在铁路运输过程中,货车发生偏载、偏重情况的主要原因有哪些?

一、技术要求

1. 答题符合相关法律、法规、规章和标准的规定。
2. 技术用语规范。
3. 工具、设备使用应符合规定。
4. 在不违反试题内容的前提下,未给定条件可自设。

二、考核要求

1. 作业过程完整。
2. 本项技能认定属综合型考试。
3. 本项技能认定由被认定人独立完成。

三、考核时限

1. 准备时间:10 min。
2. 正式操作时间:60 min。
3. 在规定时间内全部完成,不加分,也不扣分。每超时1 min,从总分扣5分,总超时5 min停止作业。

四、考核评分

1. 考评人员3名及以上。
2. 评分点见"考核评分记录表"。
3. 评分程序及规则:考评员各自根据考生作业程序在评分表上给予记录评分,取平均分为评定得分。
4. 算分方法:百分制计算,满分100分,60分为及格。

五、否定项

若考生发生下列情况之一，则应及时终止其考试，该考生成绩记为零分。

1. 操作不当造成设备、工具、仪器和材料损坏。

2. 严重违反安全作业规程，违反考试纪律。

铁道行业职业技能认定货装值班员技师操作技能考核试卷(考生用)

单位： 姓名： 准考证号：

试题内容：A站发B站矿石一车，使用敞车(车型：C_{62AK}，自重22.1 t)装载，该车通过某货检站的超偏载检测装置时发生报警，显示左侧偏载103 mm，车辆前端检测重量为30.08 t，车辆后端检测重量为41.44 t，系统检测该车总重为90.92 t。(1)请分析说明该车存在的问题。(2)该车是否要甩车处理？(3)在铁路运输过程中，货车发生偏载、偏重情况的主要原因有哪些？

铁道行业职业技能认定货装值班员技师操作技能考核评分记录表

准考证号： 姓名： 性别： 单位：

试题名称：超偏载问题分析 考核时间：60 min

操作开始时间： 时 分 操作结束时间： 时 分

序号	考核内容	考核要点	配分	评分标准	扣分	得分
1	存在的问题	确定偏载	5	漏、错扣5分		
		确定静载重、允许装载量	10	每漏、错1处扣5分		
		确定超载	10	每漏、错1处扣5分		
		确定偏重	10	每漏、错1处扣5分		
		是否处理情况	14	每漏、错1处扣3.5分		
		装运卷钢和本局管内装车站装运超偏载问题处理	5	漏、错扣5分		
2	发生偏载、偏重的原因	装载加固	6	每漏、错1处扣3分		
		方案	6	每漏、错1处扣3分		
		集装箱货物装载	6	每漏、错1处扣3分		
		空车内残存货物	6	每漏、错1处扣3分		
		装载不均衡	6	每漏、错1处扣3分		
		其他因素	6	每漏、错1处扣3分		
3	试卷质量	层次分明、清晰、整洁、文字流畅、无错别字	5	未达到1处扣1分		
4	着装，标志佩戴	按规定着装，标志齐全	5	未按规定着装扣5分，未佩戴标志扣2分		
	合计		100			
备注	超时1 min从总分扣5分，超时5 min停止作业					
否定项：若考生发生下列情况之一，则应及时终止其考试，该考生成绩记为零分。 1. 操作不当造成设备、工具、仪器和材料损坏。 2. 严重违反安全作业规程，违反考试纪律。						

考评员： 总分人： 年 月 日

参考答案要点

(1)该车存在的问题

①偏载:100 mm<103 mm<150 mm,属一般偏载。

②超载:该车装载净重=总重-自重=90.92-22.1=68.82(t)。

C_{62AK} 型货车装运煤炭允许装载量为 60+2+1.2=63.2(t)。

实际超载 68.82-63.2=5.62(t)<10 t,属一般超载。

③偏重:两转向架负重差=41.44-30.08=11.36(t)<15 t,属一般偏重。

④处理:依据《铁路货运计量安全检测设备运用管理规则》第 57 条,对严重超偏载货车,应立即甩车,整理后方能挂运。对一般超偏载货车,货检站在确认不危及行车安全时可不甩车整理,应记录车种、车号、发到站、货物品名等,并将上述信息及时通知发到站,电报通知下一编组站,同时在 24 h 内将信息上报铁路局集团公司货运主管部门。

对装运卷钢和本局管内装车站装运,并发生一般超偏载问题的货车,应比照严重超偏载车进行处理。

(2)货车发生偏载、偏重的原因

①货物加固强度不足或没有对货物采取加固措施,造成货物窜动。

②未按方案装车,货物装车后货车偏载、偏重。

③集装箱内货物配重不良造成货车偏载、偏重。

④空车内残存货物引起货车偏载。

⑤装载不均衡,如散堆装货物装载后未平顶等。

⑥其他原因造成的偏载、偏重。

S20　集装箱装卸作业

铁道行业职业技能认定货装值班员技师操作技能考核准备通知单

考核时间:60 min

一、鉴定站准备

1. 材料准备

序　号	材　料　名　称	规　格	数　量	备　注
1	《铁路货物装卸安全技术规则》	本	1	

2. 考场准备

(1)作业现场或演练场,场地条件及工具、量具应满足实际操作的需要,不得存在安全隐患,必要时需酌情配设辅助操作人员。

(2)如因客观原因场地条件不能满足实际操作需要时,可采取模拟的方式进行操作。

①供模拟考试用教室 1 间。

②考场内须光线充足，空气良好，环境安静，卫生整洁。

二、考生准备

考生按现场作业要求，着规定的作业服，佩戴标志，严格执行劳动保护的有关规定。考生需自备考试工具。

铁道行业职业技能认定货装值班员技师操作技能考核试卷(考评员用)

试题名称：集装箱装卸作业

试题内容：某站货 5 道，配置 1 台 36 t 门吊、1 个装卸工组(司机 1 名，起重工 3 名)，货运通知装 10 辆 20 英尺集装箱重箱，车辆为 F-TR 锁集装箱专用平车。货 8 道使用门式起重机吊卸集装箱平车(F-TR 锁上)的 20 英尺集装箱(额定总重量 30 480 kg)重箱 10 组，在起吊第一个集装箱时，司机接到起吊信号后直接采用高速挡一次直接起吊高度约 300 mm，造成集装箱钩连车辆脱轨事故。据调查，当时有一名辅助人员站在端部指挥。问货 5 道货装值班员在派班作业的步骤上、现场控制上、安全布置上应注意的事项。货 8 道有哪些违章行为？

一、技术要求

1. 答题符合相关的法律、法规、规章和标准的规定。
2. 技术用语规范。
3. 工具、设备使用应符合规定。
4. 在不违反试题内容的前提下，未给定条件可自设。

二、考核要求

1. 作业过程完整。
2. 本项技能认定属综合型考试。
3. 本项技能认定由被认定人独立完成。

三、考核时限

1. 准备时间：10 min。
2. 正式操作时间：60 min。
3. 在规定时间内全部完成，不加分，也不扣分。每超时 1 min，从总分扣 5 分，总超时 5 min 停止作业。

四、考核评分

1. 考评人员 3 名及以上。
2. 评分点见“考核评分记录表”。
3. 评分程序及规则：考评员各自根据考生作业程序在评分表上给予记录评分，取平均分为评定得分。

4. 算分方法：百分制计算，满分 100 分，60 分为及格。

五、否定项

若考生发生下列情况之一，则应及时终止其考试，该考生成绩记为零分。

1. 操作不当造成设备、工具、仪器和材料损坏。

2. 严重违反安全作业规程，违反考试纪律。

铁道行业职业技能认定货装值班员技师操作技能考核试卷(考生用)

单位：　　　　　　　　　　姓名：　　　　　　　　　　准考证号：

试题内容：某站货 5 道，配置 1 台 36 t 门吊、1 个装卸工组(司机 1 名，起重工 3 名)，货运通知装 10 辆 20 英尺集装箱重箱，车辆为 F-TR 锁集装箱专用平车。货 8 道使用门式起重机吊卸集装箱平车(F-TR 锁上)的 20 英尺集装箱(额定总重量 30 480 kg)重箱 10 组，在起吊第一个集装箱时，司机接到起吊信号后直接采用高速挡一次直接起吊高度约 300 mm，造成集装箱钩连车辆脱轨事故。据调查，当时有一名辅助人员站在端部指挥。问货 5 道货装值班员在派班作业的步骤上、现场控制上、安全布置上应注意的事项。货 8 道有哪些违章行为？

铁道行业职业技能认定货装值班员技师操作技能考核评分记录表

准考证号：　　　　　　姓名：　　　　　　性别：　　　　　　单位：

试题名称：集装箱装卸作业　　　　　　　　　　考核时间：60 min

操作开始时间：　时　分　　　　　　操作结束时间：　时　分

序号	考核内容	考核要点	配分	评分标准	扣分	得分
1	F-TR 锁集装箱专用平车装箱作业	派班作业注意事项	15	每漏、错 1 处扣 5 分		
		现场控制注意事项	15	每漏、错 1 处扣 5 分		
		安全布置注意事项	15	每漏、错 1 处扣 5 分		
2	吊卸集装箱平车(F-TR 锁上)的 20 英尺集装箱	辅助作业人员人数	15	每漏、错 1 处扣 5 分		
		低速点动试吊	15	每漏、错 1 处扣 5 分		
		先以低速挡点动起升 100 mm 左右，确认集装箱角件孔与车辆锁头分离后，方可继续起升	15	每漏、错 1 处扣 5 分		
3	试卷质量	层次分明、清晰、整洁、文字流畅、无错别字	5	未达到 1 处扣 1 分		
4	着装，标志佩戴	按规定着装，标志齐全	5	未按规定着装扣 5 分，未佩戴标志扣 2 分		
合计			100			
备注	超时 1 min 从总分扣 5 分，超时 5 min 停止作业					
否定项：若考生发生下列情况之一，则应及时终止其考试，该考生成绩记为零分。 1. 操作不当造成设备、工具、仪器和材料损坏。 2. 严重违反安全作业规程，违反考试纪律。						

考评员：　　　　　　　　　　总分人：　　　　　　　　　　年　月　日

参考答案要点

(1)货 5 道货装值班员的注意事项

①派班步骤上：要高度重视带 F-TR 锁集装箱专用平车作业，全面了解掌握待装集装箱堆放区域情况，开具“装卸作业单”，作业前详细向工组交代装车安全注意事项。

②现场控制上：到现场盯控，督促装车前，货运员与装卸工组共同确认锁具类型、锁头齐全、状态良好；由 1 名起重工担任信号员，另 2 名分别站在车辆两侧，盯控指挥作业；作业中必须做到标准指挥正确操作，出现异常，应立即停止作业工序，通知辅助人员检查处理，严禁臆测起吊，确保作业各环节安全得到有效控制。

③安全布置上：装车前应试吊确认制动性能；在集装箱离车辆锁头 120 mm 时必须点动操作门吊下降，保证四个角件完全对准到位；装车后应配合货运员按要求加强“后三检”。

(2)货 8 道的违章行为

①吊卸集装箱只有一名辅助人员，违反了《铁路货物装卸安全技术规则》第 136 条，装卸集装箱平车(F-TR 锁)，辅助作业人员不得少于 2 人。

②司机作业直接采用高速挡起吊，未进行低速点动试吊，违反了《铁路货物装卸安全技术规则》“每次作业的第一钩及起吊重量达到 80%额定起重量时，须试验制动性能”，以及第 81 条“未试吊不吊”的规定。

③司机接到起吊信号后直接采用高速挡一次直接起吊高度约 300 mm，违反了《铁路货物装卸安全技术规则》“应先以低速挡点动起升 100 mm 左右，确认集装箱角件孔与车辆锁头分离后，方可继续起升。集装箱角件孔与车辆角座连挂、卡死时，应立即停止，落箱后点动缓钩排除”的规定。